YINGKE® 盈科

盈科全国业务指导委员会系列丛书

知识产权前沿与实务

盈科知识产权线上课程精要

盈科律师事务所 / 编

王承恩 / 主编

陈 晨 向海龙 伍峻民 / 副主编

FRONTIERS AND PRACTICE

OF

INTELLECTUAL PROPERTY

法律出版社 LAW PRESS · CHINA

北京

图书在版编目(CIP)数据

知识产权前沿与实务：盈科知识产权线上课程精要 / 盈科律师事务所编；王承恩主编. -- 北京：法律出版社, 2023
ISBN 978 -7 -5197 -7692 -3

Ⅰ. ①知… Ⅱ. ①盈… ②王… Ⅲ. ①知识产权－研究－中国 Ⅳ. ①D923.404

中国国家版本馆 CIP 数据核字(2023)第 046242 号

知识产权前沿与实务
——盈科知识产权线上课程精要
ZHISHICHANQUAN QIANYAN YU SHIWU
—YINGKE ZHISHICHANQUAN XIANSHANG KECHENG JINGYAO

盈科律师事务所 编
王承恩 主编

策划编辑 朱海波
责任编辑 朱海波
装帧设计 汪奇峰
臧晓飞

出版发行 法律出版社
编辑统筹 法律应用出版分社
责任校对 蒋 橙
责任印制 刘晓伟
经　　销 新华书店

开本 710 毫米×1000 毫米 1/16
印张 22.25 **字数** 350 千
版本 2023 年 11 月第 1 版
印次 2023 年 11 月第 1 次印刷
印刷 天津嘉恒印务有限公司

地址:北京市丰台区莲花池西里 7 号(100073)
网址:www.lawpress.com.cn
投稿邮箱:info@lawpress.com.cn
举报盗版邮箱:jbwq@lawpress.com.cn

销售电话:010－83938349
客服电话:010－83938350
咨询电话:010－63939796

书号:ISBN 978－7－5197－7692－3
定价:80.00 元
凡购买本社图书,如有印装错误,我社负责退换。电话:010－83938349

序

律师之间的经验和技能传承非常重要，可惜见效非常缓慢。直到今天，很多律师同行仍然采用“师傅带徒弟”的传统方式，由资深律师通过言传身教，慢慢培养年轻律师。那有没有更高效的带教方法呢？

律师之间的思维碰撞，相互启发非常重要，可惜往往由于时间或空间的限制，难得有机会在一起切磋，更多的时候只能独自研究，身处人海，却如同只身登珠峰，说不尽的孤独与迷茫。那有没有更便捷的切磋方式呢？

签约委托之前，当事人了解律师过往经历、真实水平的途径很重要，如果只是听人推荐，或者只是看看简历，心里难免觉得不踏实，可选律师太多，也不可能每位都约时间面谈。那有没有更便于深入了解律师的渠道呢？

盈科组织各个领域的资深律师主讲、固定时间直播且可回放的线上课程，很好地同时解决了以上三个问题。

从 2020 年 10 月 17 日开始，每周六晚上 19:30，盈科的知识产权系列课程都会准时上线，累计已达 3 年。盈科全国知识产权法律专业委员会也因此成为律所 45 个专业委员会中坚持直播线上课程最久、课程内容最多者。

这一百多期知识产权系列线上课程，均由来自办案一线的律师主讲，未必像法学教材一样体系严谨，而胜在贴近应用场景，鲜活实际，是我们培训年轻律师、启发共同思考、展示律师风采时的宝贵资源。我们从中精选了部分课程，既涵盖了专利、商标、著作权等各种权利类型，又关注与律师工作密切相关的前沿热点、实务要义，邀请主讲人改编为文字作品，相对于视频来说，更便于查找与精读。

感谢盈科全国业务指导委员会、盈科国际律师学院、盈科全国知识产权法律专业委员会同事们的共同努力，并特别感谢法律出版社的大力支持，这本凝结着诸多主讲人心血的书籍最终得以付梓。同时，不足之处亦在所难免，还望读者朋友予以批评指正，也欢迎大家继续关注和支持我们的知识产权系列线上课程。

盈科全国知识产权法律专业委员会主任

王承恩

2023 年 10 月 25 日

目 录

CONTENTS

专题一 Part 1 综 合

专题二 Part 2 专 利

专题三 Part 3 商　标

专题四 Part 4 著作权

专题五 Part 5 竞争法

专题六 Part 6 互联网及娱乐

专题一

综　合

企业常见知识产权前沿热点法律问题及应对

北京市盈科(南京)律师事务所　闫东伟

一、常见著作权法律风险及应对

(一)商场、美术馆的著作权侵权高发领域案例

【案例】艾影(上海)与万象城等著作权权属、侵权纠纷案

基本案情:万象城委托第三方采购的"哆啦 A 梦"模具,而使用这些模型并未取得著作权人的许可。对此,万象城将模型摆放在商场内部,制作了广告牌、将充气模型摆放在商场门口、通过微信公众号对展会内容进行宣传发布等行为,属于侵犯他人著作权的行为,最终法院判赔 60 万元,第三方承担连带责任。

判决结果:万象城管理公司涉嫌多个著作权侵权行为:公开陈列"哆啦 A 梦"形象模型,侵害了原告就涉案作品享有的展览权,而篮伟公司向其提供侵权模型,承担连带责任;万象城未经原告许可在广告牌中使用了原告享有著作权的"哆啦 A 梦"形象,侵害了原告就涉案作品享有的复制权;在万象城商场入口通道两侧摆放充气模型的行为则侵害了原告就涉案作品享有的展览权;作为微信公众号运营主体,万象城未经授权在文章中使用"哆啦 A 梦"形象图片侵犯了原告对涉案作品享有的信息网络传播权。

案件思考:首先,合同约定是责任归属的重要依据,因此可以考虑通过合同的约定,尽量把风险进行进一步的转嫁;其次,一些大型的活动前,主办方要做知识产权相关的专业调查,比如作品是否具有授权,无授权可否更换主题;最后,判赔数额与地域及影响力有一定关系。

【案例】广东美术馆与李某辰、李某波财产损害赔偿纠纷案

基本案情:未成年人免费参观美术馆时,越过警示线,在《郭亮金秋》作品上写上“y”字,涂污展品。

判决结果:李某甲在参观期间跨越警示线对展品进行涂鸦的行为违反了展览馆规定,因李某甲的过错行为而造成展览作品受损害的后果,依法应承担损害赔偿的责任。

案件思考:首先,相关场所是可以加强对艺术品展览的物理保护,尽量完备;其次,展览安排的相关事宜均需要提前进行预警及安排,履行告知义务和安全注意义务;最后,与艺术家的合同中尽量对授权、第三人侵权责任等问题进行明确约定,便于事后追偿。

(二)著作权侵权常见误区

1. 常见误区一:网络转载充分声明即可,不需支付报酬。

【案例】大学老师全篇转载他人文章涉嫌侵权

某东北师范大学老师未经作者同意,在微信公众号全篇转载他人文章,虽然已经注明作者全名及来源,但仍然涉嫌侵犯他人著作权。

案件思考:企业转发公众号文章时,若非己方原创,建议告知并征求作者同意,否则可能涉嫌侵犯他人信息网络传播权等著作权。

2. 常见误区二:扩展使用自己的产品说明书不侵权。

【案例】委托创作人擅自使用设计图标涉嫌侵权

中国电信委托他人制作产品说明书,并将说明书中某Logo作为商标使用涉嫌侵犯他人知识产权,被受托人起诉索赔。

案件思考:《著作权法》第19条规定,委托合同未作明确约定或者没有订立合同的,著作权属于受托人。因此一方面,双方在委托合同签署时尽量对著作权归属进行明确约定;另一方面,若合同没有约定著作权归属,则著作权归受托人,委托人不能擅自使用,否则构成侵权。

(三)知识产权强保护——侵犯著作权刑事犯罪的走向

中美贸易战中第一战就是关于知识产权的摩擦,我国对知识产权保护的刑事措施较少,但这两年我国有强保护的一个趋势。《刑法》(2020修正)第217条规定了侵犯著作权罪,对于以营利为目的,有下列侵权行为之一,且违法所得数额较大或者有其他严重情节的，处3年以下有期徒刑，并处或者单处罚金；违法所得数额巨大或者有其他特别严重情节的，处3年以上10年以下（原为7年以下）有期徒刑，并处罚金：

1. 未经著作权人许可，复制发行、通过信息网络向公众传播其文字作品、音乐、美术、视听作品、计算机软件及法律、行政法规规定的其他作品的。

2. 出版他人享有专有出版权的图书的。

3. 未经录音录像制作者许可，复制发行、通过信息网络向公众传播其制作的录音录像的；未经表演者许可，复制发行录有其表演的录音录像制品，或者通过信息网络向公众传播其表演的。

4. 制作、出售假冒他人署名的美术作品的。

5. 未经著作权人或者与著作权有关的权利人许可，故意避开或者破坏权利人为其作品、录音录像制品等采取的保护著作权或者与著作权有关的权利的技术措施的。

【案例】盗版乐高玩具著作权侵权案

李某鹏起意并负责组织、指挥，在案人员均积极参与且分工明确，覆盖设计、生产、销售等各环节，作案时间较长，涉案金额特别巨大。不仅给权利人的商誉和经济利益造成重大损失，还破坏社会主义市场经济秩序，具有严重的社会危害性。最终法院判处被告人最高刑有期徒刑6年，罚金人民币9000万元；判处被告人最低刑有期徒刑3年，缓刑3年，罚金人民币20万元；违法所得予以追缴。

【案例】游戏著作权侵权案

上海某科技股份有限公司开发出一款“千炮捕鱼”游戏，并取得该游戏著作权登记证书。被告人王某博担任游戏策划工作，被告人郑某滨担任游戏程序员，二人以营利为目的，未经著作权人许可，通过信息网络向公众传播计算机软件，经营数额高达4000余万元，共同违法所得130余万元。判处王某博有期徒刑5年6个月，罚金150万元；判处郑某滨有期徒刑5年，罚金150万元；二人共同违法所得予以追缴，上缴国库。

（四）关于信息网络传播权的实务新走向

互联网技术在不断的发展，由最初的第一代互联网技术发展到第二代、第三代互联网技术，涉及“信息网络传播权”的概念，即权利人控制其作品通过信息网络传播（包括再传播）的专有权利。“信息网络传播行为”是一种交互式传播，属于“内容提供行为”，具备以“提供”为核心，并以“向公众”进行点对点式提供的行为特征。而侵害信息网络传播权的本质是未经许可擅自行使权利人的信息网络传播权，或者直接破坏权利人对其专用权的控制。未经许可的提供行为，是直接侵害信息网络传播权的核心行为。而如何界定“提供行为”，我国的司法实践中有不同标准：

1. 服务器标准：把作品复制置于向公众公开的服务器进行传播才是“提供行为”，这种观点深度链接不存在原始提供行为。

2. 用户感知标准：考虑网络用户的感知，用户认为被诉内容系由侵权人提供，即应认定为实施了提供行为。

3. 实质性替代标准：因选择、编辑、整理等行为、破坏技术措施行为及深层链接行为，对著作权人所造成的损害、行为人所带来的利益与直接向用户提供作品的行为无实质差别，构成信息网络传播行为。

此外，欧盟法院普遍采取另外两种标准：一是新公众标准，即如果设链网站的用户原本无法接触到作品，设链行为使得这些用户得以规避被链网站采取的限制措施，由于版权人未考虑为这些用户授权，这些用户构成新公众；二是非商业不明知标准（欧盟），即考虑链接设置之人主观状态是否为非为商业目的，且不知道也无合理理由应当知道被链接的作品的违法性。

二、常见商标法律风险及应对

（一）商标领域存在哪些常见的法律风险

商标的一个最主要的作用就是区分服务和产品的来源，比如某些 Logo 我们一看到就知道它是代表的哪家企业提供的什么服务，正因如此，经营中出现的商标问题和风险也比较多，常见的有以下风险：商标 Logo 设计与在先设计冲突商标注册类别不全面、商标国际注册不及时、商标被他人恶意仿冒、商标使用证据未保存、仿冒商标未及时维权等。

【案例】中国电信图标案

1995 年，中国电信委托他人制作企业产品手册，其后将手册中的一个图形 Logo 申请注册成一个商标使用；而对于该委托他人设计的作品，因委托合同并未约定著作权的归属，根据法律规定著作权归于受托人，包括手册中的 Logo 图形。因此受托人发现后便向中国电信索赔维权，最终 2002 年电信将图标更换，导致直接、间接广告推广费损失超过100亿元，标识的知名度受到损失；此外，新标宣传耗费数10亿元。本案是典型的商标和著作权竞合的案例，因商标设计、过程没有约定权属，没有考虑到后续商标使用问题，在使用时也没有进行有效检索和审查，导致丧失商标权益，造成巨大损失。

【案例】“口渴了”商标侵权案

“口渴了”这个商标，原来属于正版Coco的，但只在29、30、32、35、43这5个类别注册了，其他类别没有注册，包括榨水果服务培训或者产品研发等类别，之后被安徽某公司抢先注册；之后该假冒注册商标影响力逐渐发展，加盟店迅速扩张至400家左右，不仅非法强占了市场，更是因为加盟店食品安全质量参差不齐，导致对正版Coco的品牌声誉造成不良影响。后续维权之路从2011年到2016年，最后结果是判赔权利人100万元，但远不能覆盖巨大的维权成本，而该侵权行为对该品牌商誉的损失更是无法估量。试想，若注册商标类别全面，可以在很大程度上避免类似情况发生。

（二）如何进行商标维权

如何进行商标维权关涉商标的维权方式以及维权时间的确定。对于商标维权方式来说，权利人可以选择商业交涉、诉讼途径和行政手段等，商业手段成本较低，但因缺乏权威性，且难度较大；而诉讼途径权威性强，但程序复杂，不确定因素也较多；至于行政手段，只能打击行为，无法获得经济赔偿，对于权利人来说救济效果有限。

此外，对于维权时机的选择也有讲究，若权利人具有较强的维权意识，在发现侵权行为时立刻诉诸行动进行维权，可能会及时制止侵权行为，但最终赔偿结果不一定乐观；相反，若在一定范围内容忍，等到侵权证据完备或者损失赔偿梯度提高时再诉诸法律，则可能面临品牌建设遭受冲击以及已过诉讼时效等风险。

（三）商标风险规避思路

商标是权利人的产品或服务区别与他人产品或服务的重要标识，关涉企业的商誉和形象，具有巨大的商业价值，因此在商标的设计、注册、使用、维权等方面必须具有一定的风险规避意识。具体来说常见的风险规避包括但不限于以下几个方面：商标设计后，进行检索分析；商标类别注册尽可能全面；注册标志可以多维度保护；国内注册和国际保护并行；建立异议/无效宣告监测机制；核心类别商标驳回思考应对方案;商标使用证据按时保存,避免面临“撤三”风险。

总体来说,商标保护是全方位的,从商标的注册、变更、更正、续展、转让、许可合同备案、“撤三”等,到驳回复审、不予注册复审及答辩、异议及答辩、无效宣告及答辩、撤销复审及答辩,再到商标年度监测、商标年度顾问服务、商标贯标、驰名商标认定,最后商标民事或行政诉讼等,均需要较为全面和专业的商标知识和较强的维权意识,才能充分发挥商标的商业价值。

三、常见专利法律风险及应对

常见的专利法律风险包括专利申请、专利布局、专利调查、优质专利、知识产权追责条款、专利交易陷阱、专利维权和被诉侵权等问题。

(一)专利申请

【案例】中国 VCD 行业血泪教训

世界上第一台 VCD 是万燕公司所生产的,是我们中国人发明的 CD,上市后反响强烈。然而,这是一个专利零保护的产品:因零部件易采购,成本低,市场上很快就出现了仿品,外观也近似,且因为没有研发成本,售卖价格也便宜,很快就抢占了市场,而万燕公司对抗仿制品的成本也越来越高,最终被拖垮,消失在了人们的视野中。这就是没有及时进行专利申请,没有形成专利保护群所付出的巨大代价,具有研发专利的企业一定要重视这个问题。

这里涉及一个概念,即两个以上的申请人分别就同样的发明创造申请专利的,专利权授予最先申请的人,这就叫作“专利在先申请原则”,还记得贝尔实验室发明电话后申请的故事,所以专利申请正常情况是只要有思路了,不需要产品出来,早一天申请能拿到专利的机会就会大很多,被别人抢注的风险就会小很多。

(二)专利布局

当然,也有一个例外情形:对于在技术领域中具有一定优势地位的企业,可以慢慢释放专利技术,保持一个让竞争者追赶的状态,更有利于保护专利,并且保持一个比较稳定的竞争优势。

【案例】2002 年欧盟《CR 法案》

20 世纪 90 年代,我国制造的温州打火机出口国外,因价格便宜、实用方便,产品席卷了整个欧洲市场，动了欧洲生产商的“蛋糕”，他们便开始筹划布局专利，布设了十几个专利，形成专利集群；之后欧盟出台了《CR 法案》，强制要求所有打火机都必须加设这样一个安全锁，导致我国打火机出口欧洲时面临严格的安全审查标准，而这个代价是要缴纳高昂的专利许可费用，缴纳后产品价格必然加入更多成本，进而也就在国际市场上失去了原本的竞争优势，这就是专利布局的力量。

（三）专利调查

专利调查其实属于一种专利尽调，就是通过对专利、公开的技术信息、情报信息、技术发展动态等进行调查和分析，协助研发企业规避竞争对手的专利布局，避免研发弯路；及时进行侵权判断及规避；整合资源，提供技术支持；协助企业做专利布局等。

（四）优质专利

一个好的专利，首先是需要获得国家知识产权局的授权，其次是专利保护范围合适，最后是具有一个比较强的稳定性。

【案例】丹阳新辉电炉案

我们的客户星辉研发了一款电炉产品获得了专利授权，但在某次招标过程中，其发现另一家企业竞标产品与其产品近似，便怀疑对方涉嫌侵犯其专利权。然而经过查询专利产品权利特征，发现其中包含一项“用陶钉固定帽沿”的权利要求，而对方产品恰恰没有这样一个设计，因此即使涉嫌侵权产品整体设计与专利产品其他技术特征符合，但依然没有落入专利权保护范围，最终权利人对于1000 多万元的涉案金额也没有办法通过专利权维权的途径进行有效主张。因此，对于非必要技术特征，可以不写在权利特征中，避免保护范围过小，难以维权。

【案例】骑客平衡车案

本案是本人代理的印象比较深刻的案例。骑客在同一天申请了发明专利和实用新型专利，根据《专利法》第 9 条的规定，同样的发明创造只能授予一项专利权，但同一申请人同日对同样的发明创造申请两项专利的，申请人声明放弃尚未终止的实用新型专利权的，可以授予发明专利权。对于一般企业来说，一般会选择放弃实用新型专利，然而本案中客户却选择放弃了发明专利，理由是新型的创造性要求更低,稳定性更好,同时平衡车的技术更新换代快,不需要很长的保护期,因此实用新型专利保护方式是最合适的。

(五)知识产权追责条款

知识产权追责条款也是容易产生纠纷的一个领域,在我们代理的一起案件中,我方作为被告,面临高额的知识产权侵权赔偿风险,但最终我们通过多个方面将侵权责任赔偿减损至30%,客户也从中吸取了经验教训。

【案例】

客户顺发公司代加工生产SKG公司榨汁机,双方签订的合同里面有一条关于知识产权追责条款约定:因乙方相关专利知识产权侵犯第三方品牌给甲方(SKG)带来的相关损失均由乙方(顺发)承担。而后我方生产的产品,侵犯了第三人的专利权,进而被诉索赔,正是因为前述合同条款的约定,使我方面临被动局面。因此在签订合同时,涉及知识产权追责条款的内容,一定要充分考虑和协商,进行有效的风险防控。

(六)专利交易陷阱

专利虽然具有非常高的商业价值,但同时,专利交易过程中的各个环节以及专利本身的稳定性、可实施性和保护范围等都关涉交易结果的有效性,必须进行专利调查、评估等工作,避免陷入专利交易陷阱。

【案例】强胜案

这也是本人代理过的一个案件,客户是一家苏州的民企销售公司,主推产品是高压水泵,能够解决楼房高层供水问题,他们从一个中国农业大学老教授处花费500万元购买了一个专利独占许可权,之后为了做项目又投了200多万元,前后历时三四年,最后发现这个项目做不了,而究其原因是专利网络运营商未进行全面专利尽调,所以对于专利技术转让和许可,专利的稳定性怎么样,专利广泛性如何,能不能实际投产使用这些问题,都没有一个系统的了解和认识,最终导致巨大投入损失。

(七)专利维权和被诉侵权

【案例】江苏洋府酒业有限公司、宿迁市洋河镇天下秀酒业有限公司与御缘酿酒厂系列专利侵权案及恶意诉讼反索赔案

本人代理两被告参与了10件专利侵权案件,诉讼中我方将原告5件专利权成功全部无效，因此不必再向对方支付侵权赔偿款，为客户挽回数百万元损失；不仅如此，之后我方又针对御缘公司以其恶意提起知识产权诉讼损害责任纠纷为由提起诉讼，为客户取得数十万元的赔偿，该案入选“2019 年江苏法院知识产权司法保护十大典型案例”，打了一场漂亮的翻身仗。

针对技术类案件，专业和技巧均必不可少，需要同时具有专利代理思维和律师思维：对于专利代理人来说，他们一般选择从权利基础稳定性方面进行反击，而律师则是更擅长把握案件流程走向，应诉及反击，若将二者结合，则更有利于案件代理。

四、常见商业秘密法律风险及应对

商业秘密是具有商业价值，并经权利人采取相应保密措施的技术信息、经营信息等商业信息，经常会遭遇被侵害的风险。

(一)企业缺乏商业秘密保护意识，欠缺有效保护机制

很多企业并没有商业秘密保护意识，更没有保密措施，最多签署一个保密协议，而且约定也不一定完全，导致经营信息或者技术信息被大量窃取或泄露，在需要维权时非常被动。

(二)人才争夺战中，泄密事件愈演愈烈

竞争企业挖人时，看重的不仅是人才，还包括人才掌握的商业秘密。那如何防止人才被挖呢？首先企业要做好相应的保密教育，其次要健全员工人事资料，对于高级管理人员需要签署竞业禁止协议，而对于供应商客户也要做好第三人管理，定期进行梳理等。

(三)专业性极强，败诉率高

商业秘密案件中涉及很多专业知识，且证明难度高，因此本身有能力接案的律师就比较少；而其还有一个特点是败诉率高，大数据检索结果显示，近 3000 件商业秘密案件，胜诉率仅有 10%，很多企业最终也只是停留在咨询阶段，而没有通过诉讼手段进行维权。

泄密事件，很可能触及《刑法》第 219 条的侵犯商业秘密罪，该条规定有下列侵犯商业秘密行为之一，情节严重的，处 3 年以下有期徒刑，并处或者单处罚金；情节特别严重的，处 3 年以上 10 年以下(原为 7 年以下)有期徒刑，并处罚金：

以盗窃、贿赂、欺诈、胁迫、电子侵入或者其他不正当手段获取权利人的商业秘密的;披露、使用或者允许他人使用以前项手段获取的权利人的商业秘密的;违反保密义务或者违反权利人有关保守商业秘密的要求,披露、使用或者允许他人使用其所掌握的商业秘密的。此外,本法还新增了为境外的机构、组织、人员窃取、刺探、收买、非法提供商业秘密的,处5年以下有期徒刑,并处或者单处罚金;情节严重的,处5年以上有期徒刑,并处罚金。因此,从刑罚幅度的提高、规制行为的增加、入刑门槛的降低等方面也能看出国家对商业秘密的保护在加强。

【案例】北京某科技发展有限公司及苏某豪侵犯商业秘密案

北京某科技发展有限公司及其实际控制人苏某豪以不正当手段获取希涛公司的商业秘密(一种稠化剂配方)并使用,造成特别严重后果,构成侵犯商业秘密罪。最终北京某科技发展有限公司被判处罚金30万元,追缴违法所得290万元;而苏某豪被判处有期徒刑3年6个月,罚金5万元。因此,侵犯商业秘密的风险非常大的。

贸易战下我国对知识产权的保护工作在不断加强,大量相关立法及司法解释密集出台,比如《民法典》第1185条规定了故意侵害他人知识产权,情节严重的,被侵权人有权请求相应的惩罚性赔偿,这对我们后续的《著作权法》《商标法》《专利法》中关于赔偿标准方面的规定也都有借鉴意义,而南京市中级人民法院作出的“小米案”5000万元的赔偿判决,也预示着未来的应用更会趋于常态化。

五、结语

总之,知识产权是国家竞争力的重要体现,也是企业必须重点关注的无形资产。一个国家想要兴盛想要富强,就必须全面推进高质量知识产权创新、健全立法,完善更加严格的知识产权保护体系;而企业要想在市场竞争中获得优势地位,也必须对资产创新做强有力的保护,只有严格保护知识产权,才能优化营商环境、才能有效保护自主研发的关键核心技术。

知识产权案件裁判思维解析

上海市海华永泰律师事务所　邢雪梅

知识产权案件裁判思维解析，是一个比较抽象的题目。如何能成体系地、用可见的方式将裁判思维这个抽象概念呈现给大家，是此次分享的主要内容。鉴于笔者工作时间、个人经历及所从事工作的局限性，笔者将对自己曾经在法院工作期间审理的知识产权案件方面积累的个人经验进行了梳理，同时结合办案时对案件所涉法律规定、司法政策及对社会问题的独立思考及看法，为大家做一次知识产权案件裁判思维方面的解析。

一、裁判思维的特点

(一)裁判思维的无形性

如前文所述裁判思维属于抽象概念范畴，裁判思维的形成及存在，很多时候因人而异、因地而异也因时而异。我们经常能够接触到的是某一具体案件的裁判文书，从某种意义上说，裁判文书是对法官裁判思维呈现的最终载体。但从经历者的角度来讲，裁判文书也只是呈现了法官裁判思维的一小部分。如果对案件裁判文书不做更细致、更深入的研究，我们轻易看不到法官对某一类型案件的看法，看不到法官对某一具体法律规定的个人理解，更看不到法官在裁量案件时进行利益平衡时所考量的因素。如何能尽可能多地了解以上内容，我们需要从裁判思维形成过程及其他载体入手分析。

(二)裁判思维与经验和逻辑有关

裁判思维往往以经验与学识为依托，在具体案件处理过程中最终形成裁判意见。“法律的生命不是逻辑，而是经验。一个时代为人们感受到的需求、主流道德和政治理论、对公共政策的直觉——无论是公开的还是下意识的，甚至是法官与同胞们共有的偏见，在决定赖以治理人们的规则方面都比三段论推理大得多。”这是美国著名法学家、美国最高法院大法官霍姆斯在其著作《普通法》中说的一段话。作为法律工作者，每个人读这段话都有不同的感受。不管是法官、律师还是其他法律从业者，在理论学习阶段，可能接触的更多的是逻辑，逻辑成为我们构建个人知识体系的基础。在从事法官、检察官、律师等具体工作后，经验就成为我们知识体系中必不可少的部分，甚至超越了理论，超越了逻辑，成为我们聚焦的重点。但逻辑和经验又相辅相成缺一不可，在经验的积累过程中，需要逻辑予以指导、提升，最终成长为一名合格的法律工作者。

法律逻辑，我们涉及最多的是司法三段论，也即大前提、小前提、结论三个部分。司法三段论是一种基本的法律推理模式，也是最基本的法律适用方法之一。在司法实践中，简单案件的处理，适用司法三段论可能很容易就能得出案件的处理意见。但相较于重大疑难复杂案件，想要直接适用司法三段论得出案件的处理意见就不是那么容易了。这是因为，在疑难复杂案件中，司法三段论无法解决事实与规范的一一对应问题，这里就需要借助经验对事实和法律进行衔接。另外，法官在重大疑难复杂案件的裁判过程中，除了法律考量之外，对于各种构成公平正义的评价因素，包括当事人的身份、角色，同类型案件的已有判决，作为社会普通公民如何评判该类案件等，法官在案件的裁判过程中或多或少都会涉及。其中，法官个人对于此类案件以往的处理经验，对案件的最后裁判结果形成起到了至关重要的作用。

（三）裁判思维的程序性

在司法实践中，我们更多的时候是把重大疑难复杂案件约等于争议较大的案件。结合笔者的从业经验，争议较大的案件可以归纳为以下五类：第一，当事人之间对于案件事实以及法律规定的理解差异很大；第二，合议庭评议案件时，内部争议很大；第三，合议庭有裁判签发权的院庭长的意见与合议庭意见存在较大分歧；第四，法官联席会议讨论案件时，内部争议很大；第五，审委会讨论案件时争议比较大。这五类案件，对于法律从业者而言，能够有直观感受的是第一类，其他几类则是法官在对重大疑难复杂案件审理过程中因程序性要求而表现出的不同状态，同时也是法官集体裁判思维、司法智慧发挥作用的方式。从这个角度来讲，裁判思维也就具有了程序性的特点。

二、裁判思维的形成过程

司法实践中,案件的裁判具有过程性和程序性,裁判思维的形成也基本遵循这一特点,所以我们将裁判思维按照开庭前、开庭中、开庭后的时间节点进行分析。

(一)开庭前裁判思维雏形的形成

1. 庭前阅卷时

案件从立案开始,一般会由立案法官转至审判庭的承办法官。而开庭前也就特指案件转到了承办法官手里后到开庭前的这段时间。法官一般都会在庭前进行阅卷,法官阅卷时相应的裁判思维就逐渐开始形成。庭前阅卷的材料, 般包括原告的起诉状、证据目录、简单的证据材料及被告的答辩状和证据材料。法官通过翻阅这些书面材料,对案件会有一个基本的认识。这个过程中,每位法官的阅卷方式和阅卷习惯都不相同,有的法官会对案件做简单的记录,有的法官会将阅卷后发现的问题一并记录,有的法官会将案件所涉及的法律规定做简单查询后进行记录。就在这边看边记录的过程中,针对具体的个案,法官裁判思维的雏形就基本形成。这一裁判思维将延续至开庭中。

开庭前法官裁判思维的形成借助于原、被告立案及答辩期间提交的书面材料,而能够对法官裁判思维产生影响的也离不开这些书面材料,其中最为重要的是原告的起诉状和答辩状。这与法院进行案件审理,需紧紧围绕当事人的诉讼主张进行有关。作为当事人诉讼主张的载体,起诉状与答辩状是整个诉讼过程中法官尤为重视的部分。

2. 开庭前法官之间的案件沟通

法官也是普通人,受经历、经验的限制,也有认知上的盲区或能力欠缺的时候。但法官作为一个职业群体,个人的经历、经验的欠缺会在最短时间内得以弥补。笔者在法院工作期间,就得益于前辈们无私的经验传授,加上法院倡导的"传、帮、带"工作机制,个体的成长速度会非常之快。这些与法官裁判思维的形成有什么关系呢?法官开庭前与其他同事请教、讨论案件中所涉及的法律问题是很常见的情形,而被请教者的看法和观点会对主办法官裁判思维的形成起到潜移默化的作用。

（二）开庭中裁判思维的扩充与定型

1. 当事人或代理人的意见会修正或改变法官的裁判思维

如前文所述，法院的审理工作围绕当事人的诉讼主张进行展开，不管庭前材料如何简单或复杂，当事人的当庭陈述意见都会直接影响法官此前形成的裁判思维，或者修正或者直接改变，这也即案件庭审重要性及意义的体现。在此过程中，当事人或代理人观点的提出与论证，证据目的的阐述，辩论意见的发表，都将促使法官在开庭过程中初步形成案件处理意见。

2. 当事人提交的证据真实、客观、有效、充分，将有助于法官形成内心确信，也最终促使法官裁判思维的定型。

所有观点的形成都将建立在一定的事实基础上，而法律事实的形成依赖于当事人提交的证据，法官的裁判观点也不例外。在法官庭前阅卷及开庭中听取当事人意见后，法官内心已对所审理的案件有了初步的处理意见。这时，需要有相应的证据予以印证。而当事人提交真实、客观、有效、充分的证据，将有助于法官形成内心确信，也最终促使法官裁判思维的定型。

这里需要提到另一个问题，那就是当事人的主张及辩论观点，根本无相应的证据予以佐证，或者综合所有的证据，得出的法律事实与当事人主张的事实完全不一致。此时，法官会格外注意这些证据，自动修正或更改此前已形成的裁判观点。法官对证据的主动审查与认定，不取决于双方当事人有无提出相应的举证、质证意见。证据的主动审查与认定，与法官对待当事人的诉讼主张的被动、中立的态度相区别。这一区别也将直接影响法官裁判思维的最终形成。

（三）开庭后审理报告的撰写及裁判文书的制作

法官在开庭过程中形成的裁判思维，最终会以撰写的案件审理报告及制作的裁判文书的形式予以外化。撰写案件审理报告及制作裁判文书，是一个动态的过程，其间也会有程序性的要求。只不过撰写审理报告除了文体结构上有一定的要求外，更多的是对法官此前形成的裁判思维予以呈现，体现了法官处理案件的个性化特征。案件审理报告是对此前形成的裁判思维的记录，也是裁判思维最终成形进行对外输出的媒介。鉴于此，司法实践中，案件审理报告一般不对外公示，也不作为可查阅的文书材料予以提供，仅作为案件档案材料一并入卷保存。

相较于案件审理报告,裁判文书以法院的名义作出,其形式与内容都有严格的要求。《人民法院裁判文书样式》作为法官人手一本的参考书,将法院各类裁判文书格式均罗列其中。具体到某一案件,裁判文书中证据的认证意见及裁判理由部分是案件主办人(简易案件)或合议庭对该案件的最终裁判意见,也就是我们所说的裁判思维。这部分来源于审理报告,但又不同于审理报告。原因一方面在于审理报告在程序上前置于裁判文书,必然存在被修改的可能;另一方面在于审理报告的不公开性,即作为法官裁判思维的个性化的体现,审理报告仅代表主办法官的个人观点。

三、解析典型案例,探寻裁判思维如何形成

如前文所述,裁判思维是一种无形的存在状态,最终以法院裁判文书的形式呈现。从裁判思维到裁判文书,我们能够看到的是裁判文书,但针对每一个具体案件,法官从庭前阅卷到开庭,到撰写审理报告,最后到裁判文书的制作和签发,在这一过程中,法官对案件的思考和看法形成完成的动态裁判思维。对于法官个体而言,这些思考及看法长期会形成经验和惯例。

本部分笔者将从曾经负责审理或参与审理过的三个具有典型性的案例入手,来探寻裁判思维的形成方式。以下内容更多涉及笔者在案件审理过程中的一些思考,不具有代表性。但以实例作为研究对象,是我们进行理论探究的方法之一。探究裁判思维的形成方式也不例外,以有形案例探究无形的思维模式(或形态)的存在,让读者能够获得更为直观的感受,也即此次课题分享的意义之所在。

案例1:原告青海互助青稞酒销售有限公司与被告银川市金凤区富尊便利店、宁夏和平酒业有限责任公司、青海互助县威达青稞酒有限责任公司及第三人银川市兴庆区和平坊酒水经销部著作权权属、侵权纠纷案[(2017)宁01民初322号]

本案案由是著作权权属、侵权纠纷。原告主张其对由其生产的"天佑德"牌青稞酒外包装酒盒上印有的"天佑德青稞酒"美术作品享有著作权,同时主张被告威达青稞酒公司生产的酒盒外包装上印有"原生态青稞酒"字样侵犯了原告的著作权,要求被告停止侵权,赔偿损失并公开赔礼道歉。在本案的审理过程中,被告威达青稞酒公司主张上述酒盒外包装系其委托第三方和平坊酒水经销

部生产，且主张该外包装不构成对原告著作权的侵犯。后原告追加和平坊酒水经销部为本案被告并要求承担相应的侵权责任。和平坊酒水经销部主张由其负责设计并生产的酒盒外包装上的“原生态青稞酒”字样，是经案外人张某、北京北大方正电子有限公司授权其使用，案外人张某、北京北大方正电子有限公司各自享有著作权的作品，及案外人张某授权其使用“原生态青稞”包装盒外观专利，对原告著作权不构成侵权。在案件审理过程中，原告后又撤回追加和平坊酒水经销部为本案被告，但为查清本案事实，法院将和平坊酒水经销部为列为本案第三人。

本案的裁判文书可以在裁判文书网上查询到，具体的裁判理由及结果不再赘述。这里主要谈谈笔者在负责审理这个案件过程中的一些思考。首先，不同著作权登记证书的效力及证明力如何？著作权权属认定应当遵循什么原则？本案中，获外观设计专利酒盒外包装上的字体与本案原告享有著作权的美术作品之间是什么关系？其次，原告基于什么原因放弃对第三人和平坊酒水经销部追究法律责任？如果涉案侵权产品确实对原告的著作权构成侵权，本案被告威达公司应否承担责任？如果承担侵权赔偿责任，赔偿金额该如何确定？最后，原告与被告威达公司存在竞争关系，被告威达青稞酒公司的行为是否对原告构成不正当竞争关系？不正当竞争的诉请的必要性。

可以说以上问题从案件开庭前到开庭后，作为案件主审人，笔者的思维一直聚焦于以上三个问题。当然最后的裁判结果也是对以上三个问题的回应。提出问题，解答问题，最后形成相应的裁判思维，在审查当事人的诉请、答辩、举证意见及辩论意见的过程中逐渐成。问题—思考—结论，一个动态的思维过程就这样贯穿于案件的诉讼过程中。

案例2：原告北京起步公司与被告宁夏伊品公司技术委托开发合同纠纷案［（2018）宁01民初1056号］

本案案由为技术委托开发合同纠纷，从案由上讲属于合同纠纷案件。双方当事人以合同为基础，在本案诉讼中分别提起本诉与反诉。原告要求被告按照合同约定支付合同尾款945,000元（不含195,000元的质保款）；被告反诉请求解除合同，判令反诉被告北京起步公司返还已支付的合同款810,000元，并支付违约金113,295元。可以说双方当事人的诉讼主张针锋相对，审理的重点自然在原、被告提交的关于合同履行方面的证据的审查。但本案双方存在的争议，也即合同约定的开发项目尚未全部完成,原告按照合同约定将已开发完成的项目向被告交付,被告是否可以使用,如果使用客观上对未开发完成的项目构成阻碍,被告是否应对此负有相应责任?除此之外,为正确认定本案所涉及的相关证据及事实,有两个问题亟须解答。首先,被告擅自使用未完成的开发平台接入其他非合同项目,单方实现平台的运行是如何操作完成的?如果安排双方现场演示,上述操作运行的结果对未完成部分的项目的开发需求是否还存在?其次,诚实信用原则在本案中能否作为界定原、被告双方过错大小的参考?同样地,从问题的提出到解答,到最后裁判意见以裁判文书的形式出现时,完成的裁判思维即已形成。

案例3:原告中石化公司与被告兰州长城公司、宁夏江水源公司、宁夏鑫河泉公司、宁夏鑫泉公司侵害商标权及不正当竞争纠纷案[(2018)宁01初243号、(2019)宁民终185号、(2020)最高法民再124号]

本案案由为商标侵权及不正当纠纷。案件基本事实如下:被告兰州长城公司的前身为1990年成立的兰州长城化工厂(乡办集体企业),后经企业改制,于2005年4月5日工商登记注册为兰州长城公司。1985年11月30日、1997年9月21日,涉案“长城”图文组合商标及文字商标先后获得注册。1999年,使用在润滑油产品上的“长城”商标被国家工商行政管理局商标局认定为驰名商标。被诉侵权产品为“西域”牌工业闭式齿轮油,其包装、装潢为:大圆桶呈圆柱形,桶身为上、中、下三个部分,采用上下绿色、中间白色设计,中间白色区域上一侧印有红色字体,内容为商品品类及被告公司名称、地址、客服热线;圆桶顶部印有被告涉案商品商标“西域”,下方印有较小字体包括执行标准、客服热线、公司地址及“兰州长城润滑油有限责任公司(出品)”字样。原告诉请确认“长城”商标在润滑油商品上为驰名商标;被告立即停止销售侵权产品;兰州长城公司立即停止侵害中石化公司知名商品特有包装、装潢的不正当竞争行为,并销毁库存侵权产品;兰州长城公司立即停止使用“长城”文字作为其企业字号;被告赔礼道歉、消除影响;被告赔偿原告经济损失及合理费用100万元。

针对这个案件,因分属两个并列案由即商标侵权纠纷及不正当竞争纠纷,总结案件争议焦点至为关键。具体到本案的审理,涉案商标的驰名认定,商标与企业名称竞合的认定,知名商品包装、装潢构成不正当竞争的认定是本案审理的焦点。但三个焦点问题哪一个是核心问题,关系到案件事实的认定方向及处理结果。另外,在事实认定及法律关系梳理的过程中,这三个问题又存在交叉情形,尤其企业名称与商品包装、装潢同时附着在商品外包装(油桶)上,真正混淆的因素到底应落在哪一个要件上,这一问题涉及商标与企业名称竞合是否构成侵权这一问题的界定上,而这一问题又取决于涉案商标的驰名认定。当剔除被告企业名称这一要素后,原告关于特有商品包装、装潢构成不正当竞争的主张是否成立?原告就此问题的认定提交了外地法院已生效判决,是否具有参考性?案件经历了一审、二审及再审,再审的裁判结果是撤销加维持,可见该案件的复杂程度,也同时反映出该案件的审理对裁判者综合性的裁判思维提出的要求更高。感兴趣的朋友可以检索该案例,有机会可以共同探讨、交流。

知识产权裁判思维解析,针对这个课题,笔者从裁判思维的特点、形成过程方面进行分析,同时结合自己曾经主办或参与办理的典型案例,针对具体案件中存在的不同问题提出了自己的思考和看法。这一过程中,呈现更多的是个人的思考和判断,仅供大家参考。

最后,裁判思维的形成是个动态的过程,与所有的思维形式一样具有无形性,但由于案件的审理具有程序性特点,裁判思维又具有程序性的特点。在具体案件审理过程中,提出问题,解答问题,最后形成相应的裁判意见,以问题—思考—结论的形式将裁判思维完美贯穿于案件诉讼的始终。在裁判思维探索的路上,让我们携手共进,仅此小文献给曾经的自己和喜欢学习分享的大家。

如何提升知识产权诉讼案件办理质量

北京市盈科(深圳)律师事务所　王承恩

虽然标题冠了“知识产权”这个定语,但本文的很多内容和处理其他类型案件的要求是相通的,希望我分享的内容能够有助于在盈科全国知识产权专委会的范围内形成统一的办案流程和标准。

一、总体原则

(一)设定接案原则

“有所为,有所不为”,律师不能什么案件都接,要设置一定的接案原则。例如,我们团队坚持三个按案原则:

1. 不接当事人诉讼目标达成可能性低的案件。很多的当事人都喜欢问律师,你代理这个案件有几分胜算?这个问题在我们这里其实不用问,基本上我们愿意承接的案件,那都是我们有一定把握的。不是说我们有把握一定能胜诉,但至少是我们有把握能够达到我们当事人的预期目标,比如当事人只是希望能够通过诉讼的方式达到与对方和谈的目的,或者是在未决案件中,通过各种手段争取让裁判文书尽可能晚生效等。但如果在面谈的时候,我们发现依据案件本身的证据和法律依据不太可能达到当事人的预期目标值,都会婉言建议当事人再咨询下其他的律师。

2. 不参与价格恶性竞争。司法行政机关与律师协会都不允许律师恶性竞争,对于价格实在太低的案件,也不建议接受委托。

3. 选择价值观相近的当事人。虽然很多技术类型的知识产权案件并不涉及价值观的问题,例如,争议的只是专利是否符合授权条件等纯技术问题,但是律师如果发现与当事人的价值观有严重冲突时,建议也不要接受委托或者解除委托关系。

(二)八字办案风格

1. 用心。如果用心办案,随时随地都有可能会突然冒出灵感。例如,我们团队的律师常说在洗澡的时候想到了办案灵感,挤地铁的时候想到了办案灵感。我原来是开车上下班的,但是开车考虑案件容易出交通事故,所以我现在基本上是乘坐地铁上下班。

2. 进取。每一个案件都要争取做到完美,而且即使这一次我们感觉好像已经做到完美了,但仍然要通过庭后复盘的方式去总结出到底还有没有哪个地方能做得更好? 不断地挑战自己,不断地让自己的案件做得更加出色。

3. 细致。对于双方的证据一定要看得非常细致,既要防止自认对于己方不利的情况,也要争取能够发现对方由于不细致而产生的漏洞,从而一击即中,获得胜诉。例如,我们团队许国兴律师在办理一个专利侵权案件时,作为被告代理人的他就发现原告取证的时候,相关公证书上记载的公证购买时提供的快递单号,与原告向法庭作为物证提交的实物包装上的快递单号不一致。因为这种关键信息的不一致,原告也无法向法官作出合理解释,只能撤诉。所以,在办理案件的过程中一定要细致。

4. 主动。要能够主动发现问题,主动解决问题。而且在发现问题的同时,就一定要去想解决方案,而不是被动地问怎么办。

(三)五大法宝

这五大法宝不是我的原创,天同律师事务所讲他们的三大法宝,即可视化、大数据和模拟法庭。我们团队在此基础上增加了两个法宝来进一步提升办案质量,减少出错的可能性,提升胜率:

1. 流程管控。就是加强流程管理,设置各种提醒,避免错过开庭、上诉、缴纳诉讼费等重要期限。

2. 进阶文本。开庭笔录是法官裁判时必定仔细查看的文档,为了让己方的意见进入开庭笔录,在重要案件中需要像写话剧剧本一样,把庭审时可能会涉及的重要事项都写好文字稿,并发送给书记员,以便在庭审时,速录员只需要复制、粘贴就可以把相关意见记入笔录。

二、谈判委托阶段

(一)在接触案件的第一时间录入 Lawwit 系统

1. 尽早避免因为利益冲突无法承接的案件耗费我们太多的时间和精力。盈科律师事务所现在越来越大了,确实会经常出现利益冲突,特别是知识产权案件。因为它往往发生在大企业和大企业之间或者大企业和小企业之间,这种情况经常会发现存在利益冲突而无法承接。我此前对这个问题认识不足,导致有两三次都到最后签约阶段了,才发现对方当事人在由盈科律师事务所的同事提供常年法律顾问服务,或者是其他没办法处理利益冲突的委托人等。

2. 有助于提高成交率。律师朋友们可能都知道,线上沟通的成交率低于线下面谈的成交率。有些当事人出于便利,可能会在线上咨询多位律师,再要求报价,然后选择价格最低的委托。不能线下见面,就会阻碍达成委托合同,也助长了恶性价格竞争。破解的方法之一就是告知当事人,盈科律师不能对外提供可能对已签约委托人不利的咨询意见,需要当事人先告知对方当事人的名称或姓名,我们初步检索利益冲突,再现场核对其带来的案件资料无误之后,才可以接受咨询。这样就创造了线下见面的机会,也提高了签约的可能性。

3. 有助于避免我们自己和同事被恶意地免费咨询。作为律师,给亲朋好友提供一些免费法律咨询很正常。但有些人不仅没有委托律师代理的意向,而且利用盈科律师事务所大、执业律师多的特点,向多位盈科律师免费咨询。我曾经遇到最夸张的恶意咨询,从始至终没有委托意向,至少咨询了十多位盈科同事。如果接待咨询的律师把案件信息录入 Lawwit 系统,并养成咨询开始之前就检索利益冲突,就能避免把时间浪费在这种没有意义的事情上。

4. 有助于统计分析案件数据。我现在每个年度都会统计一下各类型的案件数据,包括共接待多少次咨询,有多少签署了委托合同,哪些没有签署委托合同,原因大致是什么,需要做哪些改进等。如果平常没有坚持录入案件信息,那么年终就没有办法做这样的分析。

(二)前期大数据分析

1. 对方当事人。要详细了解对方当事人现在的经营情况,是正常经营,还是已经官司缠身,很可能已经资不抵债了？这对于律师是采用固定收费还是风险收费,风险收费的比例定多高非常有帮助。

例如,我们团队曾经代理过某委托人向当时还赫赫有名的某集团索要广告费的案件,我们的案件推进速度比较快,胜诉之后实现了约一半的债权。而后续起诉某集团的案件,很多就没能拿回来一分钱。如果后续案件的原告律师采取风险收费方式,很可能就投入产出不成正比了。

2. 对方代理律师。在代理被告的案件时,我都会习惯性地了解下原告的律师是谁。盈科律师事务所现在购买的威科先行数据库非常好用,只要把代理律师的名字输入,就能大致了解该律师曾经代理过哪些案件,执业年限大概多久,擅长哪些领域,以往多在哪些法院出庭等,也能从该律师的专业水平来预测对方当事人对本案的态度是志在必取,还是只不过走走程序?

有时,我们代理的是原告,此时尚不知道被告的代理律师是谁,则可以通过查看被告以往案件的代理律师来预测其后续会委托哪位律师处理。

3. 己方当事人。分析自己一方当事人以往的诉讼记录,以往案件的代理律师,能大致预测其付费能力和预算情况。我曾经接待过一家企业的法律咨询,对其进行大数据分析时,发现该公司合作的律师事务所和代理律师非常分散,100多个案件分散到三四十家律师事务所。我当时就猜测他们对价格很敏感,后续事情的发展果然印证了我的猜测。

4. 预测案件争议焦点。如果是经常办理的案件类型,律师对于主要争议焦点通常都非常了解。但如果是不太熟悉的业务领域,就需要通过大数据分析提前知悉该类案件通常的争议焦点是什么,并在与当事人面谈的时候,着重了解与通常争议焦点相关的事实和证据。

5. 了解管辖法院的裁判尺度。我们团队在参与一个案件的公开招投标时,除了正常提交报价之外,还就该案涉及的诉讼时效问题制作了一份报告,虽然当时参与招投标的其他律师事务所也都关注到诉讼时效的问题,但唯有我们团队就本案的一审法院及可能的二审管辖法院对类似情况下如何认定诉讼时效的公开案例进行了梳理,全面归纳了对己方当事人有利的因素以及不利的因素,并提出具体建议。当事人感觉到我们团队所付出的心血,以及所表现出来的专业度,最终选择了委托我们。我们根据案例检索的情况,制作了可视化图表提交一审法官,并在法院的主持下,达成了调解协议,为己方当事人争取到大约 2500 万元的利益。

（三）面谈要点

1. 塑造自身价值。在很多律师的观念中，当事人好像都特别在意价格。不可否认有些当事人确实是价格敏感型，但是也有很多当事人其实是有付费能力和付费意愿的，只是由于律师不能给他正确引导，让他关注到这个律师和其他律师有什么不同？在他无法分辨的时候，就只能去选择一个价格低的律师。所以在面谈的时候，一定要通过你的专业能力、成功案例让当事人感觉出来，你在这个案件中间能够发挥不同于其他律师的作用，你能给他创造更大的价值。

2. 询问案件细节。很多时候当事人在电话里面或者是在微信上介绍的案情都很粗略，那么我们就要抓住面谈的机会，详细地去问，无论是书面的一些资料，还是交谈过程中发现的蛛丝马迹，都要细细询问，这样才能准确了解案件情况，便于后续制作服务方案，并提供符合当事人心理预期的服务报价。

3. 解释风险、机会与流程。当事人都喜欢问律师，你到底有几成把握？怎么回答呢，两三成，五五开，七八成？看上去有道理，其实都不对。正确的回复应该是，解释这个案件中间有利于己方的机会在什么地方，不利于我们的风险又是什么，我们要如何尽可能地引导法官关注有利于我们的事实，并做哪些工作以规避不利于我们的风险点（注意：不是在法庭撒谎或者伪证，而是尽可能合理地去解释），从而提高案件的胜算。

让当事人了解案件流程也很有必要，虽然对于非法律专业的当事人来说，他可能真的分不清什么是和解，什么是调解？他也分不清什么是二审，什么是再审？我们最好能有一个流程图去对照着跟他解释案件流程会怎么走，每一个流程法定的审限是多长。如果确实对法院、对法官非常熟悉，你知道大概结案时间是多久，也可以大致预测一下结案时间。但是对于很多法院来讲，法官都非常忙，通常不好预测这个案件会在什么时候结案。

4. 当事人偏好。特别是要了解当事人对服务报价的偏好，是比较喜欢固定收费，还是更愿意选择半风险收费，或者全风险收费？是愿意选择资深、价格高一点的律师，还是想控制成本，在预算范围内选择性价比较高的律师？这些都不妨在面谈的时候直接问。

5. 签署《法律咨询单》。盈科深圳提供的文书模板里有《法律咨询单》，它最重要的意义是，请前来咨询的当事人签字或盖章确认，无论是免费咨询还是收费咨询，都不视为双方已经建立了正式的合作关系。如果咨询结束之后，当事人在约定期限内不委托盈科,我们将有权利接受对方当事人的咨询和委托。

三、庭前准备阶段

(一)通过表格的形式引导当事人等提供资料

在办理案件的过程中,经常会遇到需要当事人或其他相关方提供各种材料的情况,最好使用表格形式,标注好份数、原件/复印件、来源、加盖公章/法定代表人私章等信息。这样让需要准备资料的人一目了然,非常清楚他需要做的事情。

(二)通过微信和邮件积极推动或紧跟程序

律师既然属于服务行业,就特别讲究给当事人提供什么样的用户体验。而法律工作又特别重视时效和程序,就需要我们通过一些工具来推动或紧跟程序。

无论是作为原告,还是作为上诉人,委托人往往希望案件能够快速推进,我们就需要主动推进,如了解立案进展、分案情况、排期开庭等。

但在另外一些案件中,我们代理被告或者是被上诉人,委托人对于案件并不要求尽快推进,但代理律师也不能不闻不问,还是要紧跟。当案件程序出现一些新的进展时,你要第一时间告知委托人。我比较推荐建立专门的微信群,你了解到相关进展后,第一时间在微信群中告知,如果需要委托人快速作决定的,可以电话跟进。

涉及重要事情时,除了微信告知当事人,最好还要发送电子邮件。因为由于手机空间限制、手机故障或更换手机等原因,微信上的信息比较容易灭失。电子邮件保存的时间长,而且比较方便查找。

对当事人在微信群里提出的问题,建议要在第一时间回应,哪怕不是直接回答他的问题,能够先给予回应也会让当事人感觉放心,如"收到,正在开会中,结束后回复您""收到,我们先研究下,下周一之前回复您"等,尽量避免长时间没有回应的情况,会给当事人留下不好的印象。

(三)认真准备实体问题

1. 把诉讼请求当支票写。对诉讼请求要字斟句酌,曾经有个案件,当事人本来已经委托律师了,但由于那位律师(更可能是该律师的助理)起草的诉讼请求中,连索赔金额都没有写正确,该写"万"字的地方没有写,不该写的地方写了个

"万"字,导致当事人最终解除了委托。

2. 把双方证据当情书看。情书百看不厌,承办案件的律师要能把双方的证据当作情书反复看。读书百遍,其意自现。很多的案件也是这样,刚刚接触案件时,找不到突破口在哪里,反复翻看双方证据,就可能突然之间灵光乍现找到突破口。

我曾经代理的一个商业秘密案件,刚拿到原告的证据时,真是没有看出来这个案件在哪里能够突破,然后就第二遍、第三遍、第四遍反复地看,终于发现了突破口。

原告在主张采取保密措施的时候,提供了内部的保密制度。这份保密制度上面留有原告办公室的地址,我当时纯属试试,查看了原告的工商变更记录,结果发现原告变更过经营地址。当原告搬到保密制度上所显示的地址时,被告已经从这家公司离职了。所以在开庭审理时,我代理被告主张原告的证据不足以证明在被告于原告任职期间已经对相关信息采取了保密的措施,最终这个主张也得到了法院的支持,从而取得了胜诉。

3. 把开庭当话剧演。电影和话剧最大的区别在于,电影没拍好,导演可以叫停重拍,话剧演砸了就是砸了,没有补救的机会。如前文所述,我们建议对于重要案件,开庭时可能说的每一句话最好都有文字脚本,避免出现重大失误。

(四)输出观点和依据

除了起诉状、答辩状这些常规文书之外,我们还可以准备以下诉讼文书:

1. 证据说明。按照法院审理此类案件的逻辑顺序编排己方的证据清单和证据,标注重点,并起草书面的证据说明。

2. 质证意见。对于对方的证据,要认真阅读,就是否认可对方证据的真实性、合法性、关联性和证明目的等,出具书面质证意见。

3. 参考资料。包括类似的在先案例,各级法院的一些司法文件(审判指引、会议纪要等),权威学者或者明星法官的著作,这些都有可能对案件裁判起到非常大的作用。

4. 提问清单。大陆法系的律师可能在发问方面相较于英美法系律师缺少一些训练,所以我们往往在法庭审理的时候不会发问。发问往往由法官来处理。但对于重要的案件,建议代理律师把重要的问题列好,一有机会就抛出来,引起法官对这些问题的关注。

5. 证据梳理表。知识产权案件有时候证据太多,而且可能随着审理的深入,双方都在不停的补充证据,把原来的证据编排逻辑打乱了。这时就可以根据裁判逻辑、时间先后、法律关系、证据序号等制作一份证据梳理表,让法官能够一目了然看清楚事实。

(五)庭前会议及其他

一般会在开庭前两周举行内部庭前会议。对我们的证据、观点进行再次审核,要站在对方的角度去看我们所做的准备是否存在纰漏。

庭前会议开完后,会通知当事人准备证据原件,确认是否派员旁听等。

我们有开庭准备的事项清单供对照检查,列明律师袍、文具袋、投影仪、幕布、激光笔、排插、U 盘等,尽量避免遗漏。

还可以准备质证意见记录表,把对方对己方证据的真实性、合法性、关联性的质证意见都以表格形式先列好,开庭时直接画钩或打叉就可以快速记录下来。

四、庭后阶段

(一)庭审汇报

庭审结束后,无论是通过电话、微信还是邮件等形式,都需要给委托人就庭审情况作汇报。对于大型的企业模式,往往需要做正式的庭审报告,因为他们可能还要内部流转,由法务接口人向更高层次汇报。

(二)撰写代理词

虽然对于我们团队来说,越来越弱化代理词,因为很多时候我们发现法官其实不怎么看,所以我们更注重把所有的要点在开庭时就表达完,但如果真有必要,该撰写代理词还是要撰写的,把相关意见尽可能地完善进去。

(三)案件复盘

一般开完庭,团队主办律师、协办律师都要开会做复盘,对案件的诉讼请求、案件证据、争议焦点、适用法律、参考案例,包括去法院的时候,选择什么交通工具,在庭审的过程中对于法官提到的某个问题,你的回复有没有更优方案等都进行反思和总结,确保我们做的每个案件都精益求精。

知识产权案件中的电子证据取证与质证探析

北京市盈科(常州)律师事务所　邱　影

通过大量知识产权案件的办理可以发现,电子证据的取证与质证一直是该类型案件所要面临的重要问题。为了适用新形势下的案件审理需要,最高人民法院此前修改了《民事诉讼证据的若干规定》,其中多处涉及电子证据,由此可见电子证据已经频繁地出现在案件的审理过程中。电子证据除具有无形性、易破坏性等特征外,还具有易于保存、传送和运输方便、可以反复重现等特点。借由电子证据的这些特点,其与传统的证据之间具有一定的区别,所以给我们在电子证据的取证、举证及质证上带来新的要求,下面我们就列举一些具有特点的取证应用场景来探析电子证据的取证与质证。

一、网站侵权主体的取证

在知识产权侵权纠纷中,首先要确认侵权主体。而在互联网环境下侵权者一般身份较为隐蔽,需要我们采用相应的调查手段对侵权行为人的主体身份进行调查取证。一般通过网站形式而实施的侵权行为,通常需要考虑两个主体取证的要素,一是要考虑网站域名的备案主体,也就是这个域名在国家工业和信息化部备案的经营者信息;二是该网站的实际经营者身份信息。一般常见的网站备案主体信息与实际经营者身份信息应该是重合的,但是也无法排除一种特殊情形的存在:网站原经营者将域名进行了备案,但是域名到期不再使用后未能及时注销备案信息,而域名被他人抢注用于实施侵权行为。所以,对于网站的实际经营者的主体信息我们也需要考量。而《北京市高级人民法院侵害著作权案件审理指南》也作出以下规定：网站登记备案信息、网站中标示的信息载明的经营者，是网站经营者。上述经营者主体不一致的，可以认定为共同经营者，但有相反证据的除外。根据该规定，要求我们在取证过程中，对网站内容所公示的主体信息也要予以关注。

那么如何查询网站登记备案信息呢？我国网站登记备案管理的职能部门为工业和信息化部，所以我们仅需要登录工业和信息化部政务服务平台的 ICP/IP 地址/域名信息备案管理系统，输入要查询的网站域名或开办单位名称就可以获取相应的网站经营者信息。借由该查询的信息，我们可以初步举证该网站的经营者信息。

二、视频或文字作品的侵权取证

在知识产权侵权诉讼中，电子证据的完整性是案件审理的要点，也是质证过程中重要的突破点。而在著作权侵权纠纷中，多见视频作品或文字作品的侵权纠纷。视频作品通常分为电视剧或电影，电视剧动辄数十集，电影则一般时长也有 1 小时以上。而文字作品如小说类也会有较多的章节。这给我们取证带来一个困扰：如果该视频或文字无法下载，我们如何对侵权事实进行完整的取证？

首先，我们来看一个案件的质证意见：原告提交的公证书并未完整显示网站存储视频的内容，其采用的截图方式存储下来的页面不能排除该网站仅存储播放了部分预告片、宣传片花的合理怀疑。由此可见，被告正是针对视频的取证过程不完整进行了抗辩，作出了其仅是播放了预告片或片花的抗辩理由。权利人面临该抗辩理由，是否需要将所有侵权的电视剧集或电影完整的播放，并通过屏幕录像的方式进行取证呢。笔者认为大可不必，我们仅需要在取证时留存可以证明被告侵权高度盖然性的证据即可。

针对多视频证据，我们可以请公证员在公证书中记载：在网页中标有“选集”的区域中，随机选择标有“第 1 集”的链接打开，在播放的视频内容中选择 0 分 5 秒处内容播放，并取得截图；随机点击进度条到 28 分 20 秒，取得截图；再随机点击进度条到 35 分 20 秒，取得截图；最终点击进度条到视频 45 分 20 秒处，取得截图。再随机选择若干集，做同样的操作与记载，整个操作过程进行屏幕录像。

其中我们需要注意的是，上述表述中有两种不同的截图方式，一是“选择某分某秒”,二是“随机点击进度条到某分某秒”。为什么要区别记录两种进度条的选择方式呢？首先,我们需要固定的证据包括:片头剧名,用于证明作品的名称;剧集结尾出品方的名称,用于证明著作权的权利主体。这两者多出现在固定的时间段,所以我们采用的是“选择某分某秒”进行播放并截图。而在著作权侵权纠纷中,需要将被控侵权视频或文字与享有著作权的作品进行比对,以判断两者是否相同或实质相同,所以需要对剧情内容进行取证。此时我们可以使用“随机点击进度条到某分某秒”并播放一段时间,用以取得侵权内容。当然,这种方法针对的是一般常见的盗版视频的取证,如果是剧情抄袭等侵权行为,需要我们对剧情中比较重要的环节进行取证,如人物关系、剧情梗概、剧情的转折点等,我们也可以通过指定时间的方式请公证员进行播放、截图等操作。

而针对多个文本的文字侵权行为与视频的取证大同小异,我们可以请公证员在公证书中记载:在网页中标有“正文”的区域中,随机选择标有“第 1 章”“第 10 章”“第 17 章”“第 21 章”“第 51 章”“第 76 章”的链接打开,并取得网页截图。然后,根据代理人的指定,点击“第 13 章”“第 100 章”的链接,并取得网页截图。指定章节进行截图的原因是为了针对具有较强独创性的内容单独取得截图,如剧情的转折、结局等。

所以,针对该种内容极多的视频或文字作品证据,作为权利人取证时只要达到高度盖然性的标准即可完成证明目的,不应苛求对所有的侵权证据全部进行固定。可以通过“随机”一词表明取证人员在选择播放时间上的随机性,多个随机播放的内容与权利人的作品都相同或实质相同,则已经可以达到权利人的举证目的。

三、专利无效宣告请求案件中的证据取证

在专利无效宣告请求案件中,多见使用涉案专利不具有新颖性或创造性为由申请宣告专利无效,所以证据的公开性及公开时间是该类案件的审查重点。以下我们通过常见的电子证据来了解在专利无效宣告请求案件中如何进行取证与质证。

(一)使用朋友圈或 QQ 空间所记载的图片或视频作为现有技术或设计

朋友圈或 QQ 空间已经成为众多人必不可少的社交空间,其中记载了发布者大量的生活或工作信息,也能反映出发布者及时的状态,且具有相应的交流功

能,受到大量使用者的喜爱。而一些使用者将朋友圈作为对外宣传的窗口加以利用,所以在朋友圈中也记载了大量的商业信息。在专利无效宣告案件中,也多见使用朋友圈或QQ空间所记载的图片或视频作为现有技术或设计。《专利法》对现有技术或设计的定义:指申请日以前在国内外为公众所知的设计或技术。而根据审查指南的规定,公开的方式也包括使用公开,使用公开的方式包括能够使公众得知其技术内容的制造、使用、销售、进口、交换、馈赠、演示、展出等方式。只要通过上述方式使有关技术内容处于公众想得知就能够得知的状态,就构成使用公开,而不取决于是否有公众得知。此外,使用公开还包括放置在展台上、橱窗内公众可以阅读的信息资料及直观资料,如招贴画、图纸、照片、样本、样品等。所以判断是否属于现有技术或设计取决于该证据是否处于公众想得知就能够得知的状态,而朋友圈也类似于上述规定中的公众可以阅读的信息资料及直观资料。使用公开是以公众能够得知该产品或者方法之日为公开日。由此带来该类证据常见质证意见:涉案朋友圈并非所有人都可以浏览,必须是其微信好友这种特定人群方能浏览,朋友圈内记载的内容不处于公众想得知就能够得知的状态。并且,朋友圈照片或视频在上传时可以选择为私密状态,其转换为"公开状态"时上传时间也不会变更,所以上传时间并不能证明公开时间。

针对该种质证意见,我们来看北京知识产权法院在一个案件中的裁判理由:微信朋友圈系免费社交软件"微信"的一项主要功能,深受社会公众的广泛喜爱和使用。随着使用范围和用途的拓展,微信朋友圈不但是微信好友之间的信息分享交流平台,还是微信用户向其好友推广产品的营销平台,日益增多的微商群体更是将其作为专业营销平台从事产品销售。此类微信朋友圈,在一定程度上具有了社会公开性和市场价值,承载了产品广告发布功能,符合产品销售广告的性质特征。关于微信朋友圈的广告营销内容,由于发布该内容的目的就是广而告之,自然希望被更多的人看到,在发布内容时不设为私密状态的可能性已达到高度盖然的程度,可以认为在发布时为所有好友或部分好友可见。通常情况下,此类微信朋友圈的信息发布者具有明示或者默示圈内好友对外转发推广的意愿,而随着圈内好友的转发或共享行为,此类微信朋友圈所发布的信息的私密程度不断降低,逐渐处于不特定的社会公众想获知即能获知的状态。

由此可见,要完成朋友圈的公开性的证明目的,需要合理地规划取证内容,我们简单地总结了针对该类证据的取证方式:无论载有在先上传照片或视频的微信号是对方、己方还是案外人所有，都需要注意一定要取得该照片或视频的上传行为系为了进行广告销售或其他原因大概率会进行公开展示的证据。例如，我们需要关注，发布有该证据的微信名称是否带有行业、公司名称等特征；涉案证据在朋友圈中前后时间发布的内容，是否具有营销特性，是否多数朋友圈内容都是为了宣传产品使用；朋友圈留言或点赞的共同好友的身份是否多为产品相关的销售商、购买者或其他关联的从业人员。如通过自己控制的账号进行的取证，可以对好友列表及该些好友的身份信息进行取证，比如查看该好友在专利申请日之前的朋友圈，聊天信息等是否与涉案专利产品具有关联性，是否为涉案专利产品的相关从业人员。如取证对象是对方或是案外人控制的账号，可以采用邀请共同好友来公证该朋友圈公开的信息，并提供该共同好友在专利申请日之前朋友圈，任职公司信息等来证明行业相关性。

同时，我们还可以关注该证据中的照片或视频的拍摄背景、地点等信息是否处于公共空间如展会、商场等。如果是在展会期间进行的拍摄，我们可以检索该展会的相关材料，提供自行参加展会的合同、发票及现场照片等，用以证明展会开设的时间或地点等与该朋友圈中的记载吻合。即使朋友圈公开性被否定，我们也可以主张在展会中予以了公开。

（二）朋友圈证据的取证注意事项

在朋友圈取证过程中我们需要注意的是取证设备、网络的清洁性。如果通过公证的方式进行取证，建议使用公证处的设备以及网络完成整个取证过程。如果公证处无法提供设备，则建议按照以下步骤进行取证：使用公证处的录像设备对操作过程进行录音录像。将自己携带的手机恢复出厂设置，保证设备的清洁性。拨打公证处手机，取得本机号码，使用公证处手机回拨，显示公证处手机号码。使用公证处网络进行联网，如公证处不能提供，则使用手机自身 4G 或 5G 网络进行联网，并通过应用商店下载微信程序进行登录。登录后，点击微信“我”，取得网名昵称，微信号。再分别点击：我→设置→账号与安全，取得取证用微信的账号。对朋友圈图片或视频进行取证时，尽量不要仅使用截图，以防局部显示不清。在公证员允许情况下，应下载主要图片或视频保存。如不能下载保存，也应对与案件争议焦点有关的部分照片或视频局部进行放大后截图。

当然，除了公证的方式，我们也可以使用第三方软件来对朋友圈的证据进行取证，如“权利卫士”手机 App。“权利卫士”是联合信任开发的一款具有现场取证、互联网线上取证功能的电子取证工具,“权利卫士”通过拍照取证、录像取证、录音取证、网页取证、录屏取证功能对正在发生的事实进行取证并立即进行可信时间戳固化,生成不可否认和篡改的电子证据。其还带有一项功能:手机程序验真,可以确保我们取证所使用的程序未经篡改,其可通过第三方账号登录“权利卫士”进行认证的方式来验证程序的真伪性。我们在使用“权利卫士”过程中可以选择“微信验证”功能,并使用 4G 或 5G 的公共网络进行访问,“权利卫士”会自主核实取证使用的手机 ROOT 情况是否为未开启 ROOT、开发者选项是否为开发者选项未开启、VPN 是否为未开启 VPN、代理是否为未使用代理,如符合上述条件则可进行手机的录屏操作。至此,我们可以通过与公证过程中相同的浏览方式对微信朋友圈公开的证据进行取证。取证结束后,“权利卫士”会生成视频文件,认证证书文件及时间戳证书三个文件。如果需要验证视频文件的真实性,我们通过访问可信时间戳验证中心的官网 https://v. tsa. cn,提交视频文件以及时间戳证书文件来核查视频文件是否经过篡改。这里需要注意的是,我们在工作过程中传输该取证的视频文件一定不要通过微信等文件传输功能进行传输。因为该功能可能对视频数据进行压缩处理,文件遭到修改,可信时间戳验证中心对该经过压缩的文件会给出未能核验通过、文件被修改的结论,存在极大的举证风险。

(三)境外电子证据的取证,以互联网档案馆为例

现有技术或设计规定其可以为国内外公众所知悉的,所以通常在国内检索不到在先公开的证据材料,可以将视线放到国外的网站平台中。通常,可以直接访问的境外网站我们采取的取证方式与境内网站并无不同。而由于我国法律法规的限制,部分国外网站在我国大陆无法直接访问,如互联网档案馆等,在我国大陆仅可通过非法的“翻墙”手段进行访问。但是“翻墙”这种取证方式必然不符合证据的合法性原则,所以需要我们使用合法途径取得境外的电子证据。

我们通过一个无效决定来看该类在我国大陆无法访问的网站应当如何进行取证。在第 29998 号无效决定书中记载了使用了互联网档案馆作为证据的举证方式及认定规则。请求人提供的证据 1:香港翁余阮律师行出具的声明书公证文件复印件,其中包含 http://archive. org(互联网档案馆)网页资料。

我国香港特别行政区并无相应法律限制境外网站的访问,所以在香港特别行政区访问这些受控网站是符合法律规定的。而根据《中国委托公证人(香港)

管理办法》规定，取得我国香港特别行政区委托公证人资格可以从事相关的公证事项，其业务范围是证明发生在香港特别行政区的法律行为、有法律意义的事实和文书，证明的使用范围在内地。所以在香港特别行政区浏览境外网站并进行证明符合该办法的规定。通过香港特别行政区的委托公证人对境外网站进行访问取证，可以满足证据合法性的要求。

而互联网档案馆（The Internet Archive），www. archive. org，自 1996 年成立起定期收录并永久保存全球网站上可以抓取的信息，其功能类似于搜索引擎快照，但是一般搜索引擎的快照并不储存图片等内容，而互联网档案馆可以提供的数字资料有网站、网页、图形材料、音乐、视频、音频、软件、动态图像和数百万书籍等永久性免费储存及获取的副本。

在上述无效决定中复审委（现专利复审与无效审理部）认为：证据 1 是针对互联网档案馆的网页进行的公证，互联网档案馆的运行机制为通过一定的技术手段从网络中抓取网页、记录其抓取时间并予以保存可供查询，抓取方式是对单独网页内容进行独立抓取，被抓取的网页上方有时间记录条，每个时间记录条对应一个时间。根据第 18 页显示的内容，该页面上方有时间记录条，记录条左侧有“07. 02. 11 – 08. 02. 23”字样，该页面底部有网址……”根据公证书的公证过程，第 18 页的网页是通过产品目录点击而得到，而并非通过点击时间记录条所得到，因此，公证过程中没有关于该页面对应的时间记录条的具体时间信息，从该页面记载的内容看，记录条左侧有“07. 02. 11 – 08. 02. 23”字样也仅表示该记录条的时间端点，并不指向具体的某一个时间点；而底部的网址数字也无法看出“20070211”必然代表 2007 年 2 月 11 日，因此，请求人主张的 2007 年 2 月 11 日的公开时间无法得以确认。但是，根据记录条左侧有“07. 02. 11 – 08. 02. 23”字样，可以确认该网页是上述时间段内的某一条记录，考虑到即使是 2008 年 2 月 23 日这一条记录，仍然在涉案专利的申请日之前，因此，第 18 页网页上所显示的产品的外观设计，可以作为现有设计评价涉案专利是否符合《专利法》第 23 条第 1 款、第 2 款的规定。由此可见，复审委对具有合法性的互联网档案馆证据是予以认可的。

综上所述，在知识产权案件中，电子证据的取证与质证相较于一般证据仍有较多不同，需要我们根据证明目的合理地选择取证方式。而在进行质证时，则对电子证据存在的易篡改等特征进行分析，找到合适的突破口。

如何依据商品载明的信息确定生产商

北京市盈科(济南)律师事务所　王召猛

在侵害知识产权纠纷案件中,随着侵权者(生产者)的警惕和防范意识越来越强、他们开始采取一些不正当手段以应对权利人的维权诉讼,尤其权利人只在销售环节取得被诉侵权商品,且商品上标注虚假的信息,使权利人无法从产品包装的直观信息上确定侵权人,在这种情况下,如果销售商没有提供合法来源的证据,权利人又想从制造侵权产品的源头制止侵权行为,确定被诉侵权产品的生产者就成为权利人提起诉讼面临的首要难题。

一、依据商品载明的信息确定生产商——法律推定

权利人要想证明被控侵权人实施了生产或制造行为,最好的证据就是在被控侵权人的厂址或者生产地点获得相关证据,也就是所谓的人赃俱获。然而,现实生活中,知识产权侵权行为具有较大的隐蔽性,权利人维权时一般很难知悉生产商主体身份,即使知道生产商主体信息,也很难查明生产地点,更遑论去生产地点进行取证了。所以,很多知识产权侵权案件中,权利人都是在销售商处公证购买被控侵权商品,然后依据被控侵权商品上的信息指向来认定生产商,这属于法律推定。

二、法律推定的不同标准

(一)法律推定的不同标准

1. 依据商品上有指向的全部信息无矛盾地共同指向主体认定生产商。即作为一种法律推定,必须是被控侵权商品上能够查明指向的信息均共同指向的主

体才可以确认为生产商,否则,在信息指向存在矛盾的情况下,不能排他地作出被控侵权人是生产商的推定。

2. 依据商品上大部分信息指向认定生产商。该种观点认为,在被控侵权商品上大部分信息指向被控侵权人的情形下,能够形成优势信息,参照优势证据原则,此时可以依据优势信息指向确定生产商。

3. 仅依据商品上有被控侵权人的信息就认定被控侵权人为生产商。只要被控侵权商品上标注的信息能够体现被控侵权人企业或个人信息,就可以认定其为生产商,而不管信息指向是否存在矛盾。

(二)法律推定的法律依据

依据是《最高人民法院关于产品侵权案件的受害人能否以产品的商标所有人为被告提起民事诉讼的批复》(法释〔2002〕22 号)(以下简称《产品侵权批复》)。

北京市高级人民法院:你院《关于荆某廉、张某荣等诉美国通用汽车公司、美国通用汽车海外公司损害赔偿案诉讼主体确立问题处理结果的请示报告》(京高法〔2001〕271 号)收悉。经研究,我们认为,任何将自己的姓名、名称、商标或者可资识别的其他标识体现在产品上,表示其为产品制造者的企业或个人,均属于《民法通则》(已失效)第 122 条规定的"产品制造者"和《产品质量法》规定的"生产者"。本案中美国通用汽车公司为事故车的商标所有人,根据受害人的起诉和本案的实际情况,本案以通用汽车公司、通用汽车海外公司、通用汽车巴西公司为被告并无不当。

该批复针对的是商品上标注的生产商能否作为被告被提起诉讼的问题作出的答复,答复内容也指明商品上标注的信息指向的主体均可以作为被告被提起侵权之诉,也即商品上体现信息的主体均是适格的被告,解决了诉讼主体问题。但被控侵权商品是否由该被告生产销售,属于实体问题,仍然要依据证据规则来进行实体审查认定,而这并非该批复解决的问题。因此,该批复仅解决了被告主体是否适格的程序性问题,并未涉及被控侵权人是否商品生产商的实体问题,不能仅依据被控侵权商品上有被控侵权人的信息就当然认定被控侵权人是生产商。

三、认定生产商的两个要件

(一)被诉侵权商品上的信息共同且无矛盾地指向同一个主体

最初,要求被诉侵权商品上的所有信息共同且无矛盾地指向同一个主体,也即商品上所体现的信息均要共同且没有矛盾地指向同一个主体才可以作出推定,只要有一个信息没有指向,就不能据此认定其他信息指向的主体为生产商。依据当初的认识,对权利人而言太过苛刻。

一方面,存在信息无法查明指向的问题,在此种情况下,如果排除无法查明指向的信息,在其他信息共同且无矛盾地指向同一主体的情况下,仍不能作出推定,是对权利人苛以过重的举证责任,对于权利人而言是极为不公平的,也不利于权利的保护;另一方面,考虑到司法裁判具有引导社会行为的功能,如果坚持该标准,会引导被控侵权人在被控侵权商品上修改一个信息或者制作一个无指向的虚假信息,反而会实现帮助被控侵权人轻易逃脱侵权责任的后果,无法实现司法公正。

(二)被控侵权人没有提出相反证据

考虑到现实生活中冒用他人商标、企业名称等商业标识或信息生产假冒产品的现象客观存在,故在第一个条件满足的情况下,还需要给予被控侵权人机会,由其提供相反证据证明被控侵权商品并非其生产。

1. 反驳推定事实。例如,被控侵权人维权的报警记录、工商行政处罚决定书、司法裁判文书等能体现他人存在生产与争议案件商品相同商品的证据。

2. 反驳基础事实。例如,本案中能够举证证明侵权行为发生时公司尚未成立、主体并不存在的事实、商标尚未申请等。

四、需要审查的商品标注信息

商品标注信息:企业名称、商标、地址、传真、邮箱、网址、电话、二维码、生产许可证号码、条形码、CCC证书、质量认证证书。另外,还可以通过微信公众号、抖音、快手、网店进行收集补充证据。

五、审查商品信息的三个层次

(一)审查商品信息是否有明确的指向以及指向的主体

在依据商品上的信息认定生产商时,应审查被控侵权商品上的所有信息,而不能仅依据某个或某几个信息就直接简单地认定生产商。

(二)审查相关信息之间是否共同且无矛盾地指向同一主体

1. 对外指向矛盾

如果信息存在对外指向矛盾即不能共同指向同一主体,那么根据相关信息不能排他性地认定被控侵权人为生产商。

2. 对内指向矛盾

在相关信息不存在对外自相矛盾、能够共同指向同一主体的情况下,还需要审查相关信息是否存在对内指向矛盾,也即指向同一主体的信息是否存在不自洽情形。比如被控侵权商品生产时被控侵权人的企业名称或者其他信息是否与商品上的信息一致、被控侵权商品上的生产日期是否在生产许可证号的有效日期内等。

无矛盾的信息并不要求与被控侵权人注册信息完全一致,如果要求被控侵权商品上的企业名称或地址与被控侵权人工商登记的信息完全一致,既不利于权利人的维权,也与客观交易习惯不符。否则,被控侵权人只要将被控侵权商品上的信息稍微与工商登记信息有所区别就认定其不是生产商,将给被控侵权人大开方便之门,也会导致权利人的权利处在无法保护的真空状态。

(三)审查被控侵权人是否有相反证据

被控侵权人主张他人冒用其公开的相关信息,不仅应该证明相关信息可以通过公开渠道获得,还应该提供初步证据证明他人存在冒用行为。

六、审查中应注意的其他问题

(一)部分信息指向无法确认的问题

企业名称、商标、地址、传真、邮箱、网址、电话、生产许可证号码、条形码、CCC 证书、质量认证证书或者二维码,部分信息指向无法确认的问题,这种情况下,如果其他信息能够共同无矛盾地指向同一主体且该主体无反证的,亦可认定该被指向主体是生产商。

（二）举证责任分配问题

权利人需要提供证据证明推定的基础事实也即信息须共同且无矛盾地指向同一主体。

在被控侵权商品上的信息不能无矛盾地指向同一主体的情况下，权利人的举证义务没有完成，其负有提供其他证据与信息指向结合来证明被控侵权商品系被控侵权人生产的义务。如果上述基础事实得不到充分证据证明，则不能适用推定规则认定生产商。此时，亦不能将举证责任转移给被控侵权人，由其提供反证证明被控侵权商品不是其生产的。

（三）区分优势证据和优势信息的问题

在商品上的大部分信息能够指向同一个主体的情况下，可以形成优势证据，认定商品是被控侵权人生产的，其实，这种情况下仅形成了优势信息，而非优势证据。

在商品上的信息指向存在矛盾时，如果权利人能够补充提供其他证据，如被控侵权商品是销售商直接从被控侵权人处购买的证据等，这种情况下，被控侵权商品和直接购买的证据结合才能形成所谓优势证据，证明被控侵权商品系被控侵权人生产。而此时的认定，已经不再属于法律推定，而是依据优势证据规则作出的事实认定。

（四）共同侵权认定问题

被控侵权商品上的信息并非无矛盾地指向一个主体，而是指向两个主体，也即其中部分信息指向一个主体，另外的信息指向另一个主体。

一种情况是被控侵权商品上的信息能够反映出上述信息指向的该两个主体具有关联关系，比如一方是委托制造商或监制方，另一方是加工方或生产方，而且商标、电话、生产许可证号码、条形码等均能指向该两方主体。这种情况下，因为信息可以共同且无矛盾地指向两个有关联的主体，可以根据信息指向认定该两方主体共同实施了侵权行为。

另一种情况是被控侵权商品上的商标信息指向一个主体，其他信息指向另一个主体，根据商品信息无法确定两者具有关联关系，还需继续收集证据，确定生产商。

案例一：

在(2016)粤民终1568号案中，广东省高级人民法院指出：随着社会分工的细化，也由于市场经营主体自身生产能力的限制和经营策略的考虑，生产的方式呈现多样化，并不限于单独、直接生产的唯一方式，大量存在委托、代工等间接生产和共同生产的生产方式。授意他人在委托生产的产品上使用自己的商标，更是明确向一般消费者昭示自己是产品的生产者。因此，无论是自己直接生产还是委托他人生产被诉侵权产品，其均应承担生产者的法律责任。

案例二：

在(2012)民申字第197号案中，最高人民法院明确了在贴牌加工的情况下如何判断“生产者”。在委托加工专利产品的情况下，如果委托方要求加工方根据其提供的技术方案制造专利产品，或者专利产品的形成中体现了委托方提出的技术要求，则可以认定是双方共同实施了制造专利产品的行为。如果证据充分，就算被控侵权产品上没有标注被控侵权者信息，法院也可认定被控侵权者。

七、典型案例

（一）营业执照经营范围

在(2012)民申字第211号案中，广东雅洁公司主张温州蓝天公司为被诉侵权产品的制造者，其提供的唯一证据是被诉侵权产品的包装盒上标示有温州蓝天公司的商标。最高人民法院认为：温州蓝天公司作为知识产权代理公司，其经营范围是从事知识产权代理业务，不具有制造被诉侵权产品锁具的能力，且广东雅洁公司也没有提供证据证明温州蓝天公司与他人使用该商标共同实施了制造被诉侵权产品的行为。因此，仅凭该证据尚不足以认定温州蓝天公司系被诉侵权产品的制造者。

（二）未注册商标

未注册商标同样包括在内。在(2018)最高法民申4912号案中，童梦公司称“VOVO”品牌的被诉侵权产品并非其制造，而是从爱贝尔公司购买，对此其在原审诉讼中提供了该公司的送货单、廖某辉的支付宝转账凭证等证据。被诉侵权产品的外包装上记载了童梦公司及爱贝尔公司的公司名称、地址和联系电话，标注了童梦公司曾申请注册的“VOVO”商标。

最高人民法院认为:虽然该“VOVO”商标并未最终获得注册,但童梦公司在被诉侵权产品及外包装上标注其商标和企业名称的行为足以表明其系以生产者、制造者身份对外公示,足以让购买者相信其为该产品的生产者、制造者。原审法院据此认定童梦公司与爱贝尔公司共同制造了被诉侵权产品并无不当。

(三)被告产品被仿冒的可能性分析

被告可能会抗辩被诉侵权产品极有可能系他人假冒被告的名义生产、销售的。被告需要对其主张进行举证,不能消极地提出该抗辩理由。如果真的存在被假冒情况,被告在其被起诉后就已知晓的情况下,放任假冒不采取相应维权措施,也与常理不符。

在(2016)最高法民申字2378号案中,烟台长思公司主张其未在任何网站进行宣传和销售,是另有侵权人所为,但没有提交证据予以证明,亦没有证据证明他人冒用烟台长思公司名义生产了该产品的事实。

最高人民法院认为:根据经验法则,其他不相关的市场主体花费成本在网络上对烟台长思公司生产、销售的产品进行宣传,与市场主体追求经济利益的常理明显不符。

(四)如果被告合法来源不成立,不能迳行推定被告系侵权产品的生产者

1. 在(2019)最高法民申6172号案中,博全公司主张由于春儿商行不能提供合法来源,则应当承担制造者的法律责任。根据行业经营惯例,春儿商行通过定制方式实施了制造行为。二审法院在春儿商行主张的合法来源不能成立,春儿商行又无法提供其他任何有效来源的情况下,仍然判定春儿商行不存在制造行为,违背了生活经验法则。

最高人民法院认为:根据《专利法》第11条的相关规定,制造、销售以及使用是各自独立的侵权行为。春儿商行是经营食品销售的个体工商户,货架是其开展营业的工具,并非其销售的商品。根据日常生活经验,食品零售商通常并不自行生产制造货架。博全公司提交的公证保全证据仅能证实春儿商行实际使用了被诉侵权产品。合法来源抗辩制度旨在通过免除使用者及销售者的赔偿责任,鼓励追溯生产者,实现打击源头,彻底制止侵权的目的。

使用者或销售者主张的合法来源抗辩不能成立,并不能当然推定使用者或

者销售者构成制造商。博全公司基于现有证据,主张由于春儿商行未说明被诉侵权合法来源即应当承担被诉侵权产品的制造责任,缺乏法律依据。

2. 另外,虽然以销售被诉侵权产品且未能提供合法来源抗辩为由就推定被告为生产者,这种处理方式欠妥,但是如果还附加其他证据,情况就会有所不同。在(2016)粤民终1819号案中,一审法院单纯以泉锦公司系有生产电脑键盘能力的企业、其销售被诉侵权产品且未能提供合法来源抗辩为由推定泉锦公司为生产者,广东省高级人民法院认为该处理欠妥。

但是,广东省高级人民法院认为本案还存在一个重要的事实,泉锦公司将被诉侵权产品邮寄给雷柏公司时一并邮寄了一份产品宣传册,展示了被诉侵权产品及其英文性能介绍。这份产品宣传册不仅能够证明泉锦公司存在许诺销售被诉侵权产品的行为,而且因没有标明生产厂家,故可以认定为对自身生产的产品的宣传,结合泉锦公司的经营范围包括生产电脑键盘、其不能提供销售合法来源的事实,应认定泉锦公司存在生产被诉侵权产品的侵权行为。

(五)权利与义务相一致的原则

在(2016)浙民终375号案中,艾维依斯公司在购入本无生产者信息的被诉侵权产品后,在该产品的网络销售页面上明确标注其注册商标“迪卡西”,并称“产品采用的原材料及生产工艺全部遵照美国加州标准”;售出产品所附安装图纸上亦有“迪卡西”字样,所附售后服务卡上则有其企业名称。

浙江省高级人民法院认为:上述行为意味着艾维依斯公司主动将自己的商标、企业名称与被诉侵权产品相关联,将本无任何来源信息的“三无产品”作为其自己生产的产品进行销售,其在向社会公众彰显生产者身份、享受生产者利益的同时,也应承担作为生产者的相应义务,包括确保其产品不侵害他人知识产权的义务。因此,艾维依斯公司的上述行为已构成专利法意义上的制造行为,其作为生产者应当在其产品侵害他人专利权时承担相应的法律责任。

(六)“三无产品”制造商的推定

“三无产品”一般是指无生产日期、无质量合格证以及无生产厂家,来路不明的产品。针对这一类型的侵权产品,权利人在取证过程中往往无法获取生产厂家的有关信息,同时,销售商为了逃避责任,往往会否认自己是生产商从而寻求合法来源抗辩以减轻赔偿责任。

首先我们可以通过被告工商登记的经营范围进行判断,如果对方的经营范围包含相关产品的制造的。根据对方的销售网页中的内容进行推定,如对方在网页上上传相关生产设备、生产场地的图片进行宣传,又或者在宣传界面突出"厂家直销""工厂定制"等字样,那么在无相反材料抗辩的前提下,同样可以推定对方实施了制造的行为。

(七)"理性经济人"

在原告中央制塑(天津)有限公司诉被告山东全民塑胶有限公司(以下简称全民公司)侵害商标权及不正当竞争纠纷一案中,原告是"POLYCOAT"商标的注册人,其在环球经贸网、中华模具网发现以被告全民公司名义发布销售标有涉案商标的防腐胶带的广告信息,遂诉至法院要求被告停止侵权、赔偿损失。庭审中发现,网站销售信息标注的联系人为胡某,其为东营市另一家生产同类商品的公司法定代表人,页面显示的联系方式均属于后者。

法院经审理认为,由于网站销售信息显示的联系方式不属于被告,广告信息的受众无法通过该信息直接联系到被告,所以全民公司不能通过该信息直接受益。虽然从理论上讲,也有全民公司通过发布信息,借助涉案商标提高公司知名度的可能,但从违法成本到实际利益的投机风险太大,不符合利益最大化的"理性经济人"理论。而相比之下,广告的受众能够通过该信息直接联系到胡某,胡某所在公司可以利用这种方式引导客户与之取得联系,推销其生产的商品,同时还能利用互联网自由发布信息的特点隐去其侵权人的真实身份,从成本与收益的比较来看,胡某所在的公司作为实际侵权人更符合常理。

知识产权典型案件的诉讼策略及具体工作

北京市盈科（深圳）律师事务所　王承恩

律师工作有时候就像考古，需要到现场，从很多素材中，把碎片化的事实按时间先后、法律关系梳理好，再交给法院按法律依据裁判，梳理得好，就能得到法院的支持，梳理得不好，就可能得不到法院的支持。

以下，我通过两个案例来说明律师梳理证据、还原事实并说服法官支持诉讼请求的工作。

一、深圳市腾讯计算机系统有限公司诉谭某文因恶意提起知识产权诉讼损害责任纠纷案[①]

（一）案情简介

深圳市腾讯计算机系统有限公司（以下简称腾讯公司）拥有多项“QQ 企鹅”系列美术作品的著作权以及注册商标专用权。谭某文系某为科技（深圳）有限公司（以下简称某为公司）的股东及董事。2008 年 12 月，谭某文向国家知识产权局申请“音箱（Xzeit 迷你企鹅型）”外观设计专利，并获得授权。2011 年 3 月，腾讯公司以谭某文、某为公司销售的 QQ 迷你音箱侵害其著作权和商标权为由提起诉讼。后双方就该两案达成和解，谭某文同意停止侵权并支付赔偿款 2.5 万元。谭某文同时承诺，将于 1 个月内向国家知识产权局撤回其企鹅音箱外观设计专利申请。后经法院查明，谭某文并未履行承诺，且持续缴纳该外观设计年

① 本案曾入选最高人民法院公布的“2019 年中国法院十大知识产权案件”。

费至 2015 年 12 月。此后,腾讯公司与深圳市中科睿成智能科技有限公司(以下简称中科公司)合作生产、销售企鹅外形音箱。2016 年 2 月,谭某文以腾讯公司及中科公司侵害其外观设计专利权为由,提起诉讼。腾讯公司随即针对谭某文的外观设计专利提出无效宣告请求,原国家知识产权局专利复审委员会经审查宣告该外观设计专利权无效。广东省深圳市中级人民法院遂裁定驳回谭某文的起诉。后腾讯公司以谭某文明知其外观设计专利不符合授权条件,仍然恶意提起侵害专利权的诉讼,并给腾讯公司造成了包括商誉损失、律师代理费、差旅费、预期可得利益等在内一系列损失为由,向广东省深圳市中级人民法院提起本案诉讼,请求判令谭某文赔偿损失、赔礼道歉并消除影响。

(二)律师策略及工作

本案属于比较少见的案件类型,从案件立案的地域管辖、级别管辖开始,在程序及实体上有很多问题需要研究。

本案胜败的核心关键则在于如何证明谭某文在(2016)粤 03 民初 236 号案中对腾讯公司的起诉具有主观上的恶意。

承办代理人通过申请阅卷,复制了与本案相关的深圳市中级人民法院(2016)粤 03 民初 236 号案、深圳市福田区人民法院(2011)深福法知民初字第 348 号、第 349 号案的卷宗,通过比对,进一步证明谭某文的主观恶意,还特意调取了(2010)深证字第 196922 号公证书中谭某文曾经销售的、侵害腾讯公司知识产权的 QQ 企鹅音箱彩色照片,结合全案证据,整理出可以证明谭某文存在主观恶意的以下事实:

1. 谭某文在 2008 年 12 月 23 日申请相关外观设计专利之前,已经明知腾讯公司对 QQ 企鹅形象享有著作权。

(1)根据相关公证书固定的网页图片,可知在 2008 年 12 月 23 日之前,安装和登录腾讯的 QQ 软件(包括此前的 OICQ),就会显示腾讯公司享有知识产权的 QQ 企鹅图标。

(2)在 2003 年 9 月腾讯 QQ 用户的注册数就升到了 2 亿,而根据深圳市福田区人民法院审理的、谭某文作为被告之一的(2011)深福法知民初字第 348 号、第 349 号案卷宗,谭某文使用的 QQ 号为 8 位数。

由此可知,谭某文知道和使用 QQ 软件及了解 QQ 企鹅形象的时间不会晚于 2003 年 9 月。

(3)谭某文作为股东和董事，与他人于 2008 年 11 月 10 日在香港注册名为“某为科技(深圳)有限公司”的离岸公司，说明谭某文在此日期之前，就已经到深圳了，与腾讯公司同城而处。

而腾讯公司在 2008 年 6 月时，QQ 注册用户接近 8 亿，谭某文与腾讯同城而处，不可能不在 2008 年 12 月 23 日申请涉案外观设计专利前还不知道腾讯公司及其 QQ 企鹅形象。

2. 谭某文以不诚信的方式，将与腾讯公司著作权相冲突的设计恶意申请外观设计专利，并获得专利证书。

以腾讯公司 QQ 企鹅的知名度，及其与涉案外观设计专利的相似程度，可以合理排除谭某文自行设计，只是巧合的可能性。

谭某文不顾自己对 QQ 企鹅形象不享有实质权益的事实，于 2008 年 12 月 23 日向国家知识产权局提交涉案专利申请，并利用外观设计专利只进行形式审查(初步审查)的特点，经过形式审查后，2010 年 1 月 13 日授权公告，获得外观设计专利证书。

3. 谭某文曾不当利用腾讯公司 QQ 企鹅形象广受市场欢迎的优势，设立在香港的离岸公司，并生产、销售侵害腾讯公司知识产权的产品牟取非法收益。

谭某文作为股东和董事，与他人于 2008 年 11 月 10 日在香港共同注册名为“某为科技(深圳)有限公司”的离岸公司，作为生产、销售侵害腾讯公司知识产权的 QQ 迷你音箱的实体。

谭某文通过互联网销售和许诺销售侵犯腾讯公司知识产权的企鹅形状的 QQ 迷你音箱，使用 QQ 号与买家联系，告知买家收款账号，用某达快运等寄送侵权产品，并以其个人银行账号于 2010 年 12 月 6 日收取销售侵权产品的款项，计人民币 850 元。腾讯公司于 2010 年 12 月 7 日和 2011 年 1 月 14 日申请深圳市公证处以(2011)深证字第 17857 号、第 196922 号公证书对相关收货行为及网页进行了公证。

4. 谭某文违反放弃(撤回)涉案专利的承诺，还持续不断缴纳年费以维持涉案专利的效力。

腾讯公司于 2011 年 3 月 9 日向深圳市福田区人民法院起诉谭某文等侵害著作权及商标权[(2011)深福法知民初字第 348 号、第 349 号]。谭某文认可腾讯公司所主张的侵权事实，并且愿意向腾讯公司支付共 5 万元赔偿款以了结案件。后续(2016)粤03民初236号案的庭审笔录中,谭某文的代理人也说“对产品侵犯被告二(腾讯公司)的版权是认可的”。

相关案件的法院案卷显示,谭某文不仅在深圳市福田区人民法院的调解书中承诺立即停止销售侵权产品QQ企鹅音箱的行为,愿于2011年6月13日前各案分别赔偿腾讯公司款项2.5万元,更重要的是,谭某文还在2011年5月23日的调解笔录中承认其于2008年12月23日向国家知识产权局对音箱(Xzeit迷你企鹅型)申请外观设计专利(该外观设计专利与侵权产品的外观一致),但谭某文并没有如实告知法院及腾讯公司该专利已于2010年1月13日授权公告的事实,只是保证在1个月内(2011年6月23日之前)向国家知识产权局撤回上述外观设计专利的申请,而不是放弃已经授权的该专利。

然而,谭某文并未遵守其在前述调解笔录中的承诺,不仅没有主动放弃涉案外观设计专利(或者说主动撤回相关申请)。经查询,谭某文仅申请了两个专利,其中名称为“音箱(Xzeit迷你企鹅型)”的外观设计专利有且只有这一个,可以排除其已放弃其他同名外观设计专利的可能性。相反,在2011年12月至2015年12月,谭某文还主动持续自行或通过深圳市某专利代理事务所缴纳年费,维持上述外观设计专利的效力。

5. 谭某文向深圳市中级人民法院恶意起诉腾讯公司侵害其外观设计专利权。

谭某文在明知自身不是QQ企鹅形象的真正权利人,涉案外观设计不符合授予专利权的实质要件的情况下,以腾讯公司及中科公司生产、销售的企鹅外形音箱共同侵害涉案专利为由,于2016年2月19日向深圳市中级人民法院起诉[(2016)粤03民初236号],请求深圳市中级人民法院确认腾讯公司及中科公司侵害其外观设计专利权,并支付专利使用费90万元。

谭某文对涉案外观设计专利不符合授予专利权实质要件一事心知肚明,但仍然向腾讯公司提起诉讼,还索要高额专利使用费。

腾讯公司作为该案被告,只能花费开支,委托代理人应对谭某文的起诉,并于2016年3月21日向国家知识产权局专利复审委员会提出无效宣告请求申请。

6. 在(2016)粤03民初236号案的审理及涉案专利的无效过程中,还有诸多细节可以证明谭某文的恶意。

(1)在(2016)粤03民初236号案中,因为谭某文明知不可能胜诉,所以连最基本的、网上购买涉案产品的过程都不做公证取证，以最大限度节约其诉讼开支。

(2)深圳市中级人民法院(2016)粤03民初236号案的庭审笔录显示，谭某文明知腾讯公司已就涉案专利提出了无效宣告请求，但仍然不撤回起诉，坚持其诉讼请求。

(3)谭某文在涉案专利无效宣告过程中，继续与腾讯公司纠缠不休。

在国家知识产权局专利复审委员会审理涉案专利的无效宣告请求的过程中，谭某文继续违反放弃相关专利(或撤回专利申请)的承诺，在收到国家知识产权局专利复审委员会转送的腾讯公司对涉案专利提出无效宣告请求的材料和证据后，于2016年6月8日提出意见陈述书，理由明显不能成立，但仍然坚持委托代理人参与2016年6月17日的口头审理。

(4)在涉案专利被宣告无效后，谭某文仍然不反省，不罢休。

国家知识产权局专利复审委员会于2016年6月29日作出第29537号《无效宣告审查决定书》，决定宣告涉案外观设计专利权全部无效。但谭某文仍然不反省、不罢休，没有作出任何善意的举动，以节约深圳市中级人民法院的司法资源，并减少腾讯公司的损失。甚至深圳市中级人民法院为(2016)粤03民初236号案，就第29537号《无效宣告审查决定书》进行质证时，谭某文方面仍然不服，并表示会向北京知识产权法院起诉，直到2016年8月5日深圳市中级人民法院裁定驳回其就(2016)粤03民初236号案的起诉。

通过承办律师归纳的以上六项事实，无可置疑地证明了本案的核心要点，一审、二审法院均认可谭某文具有主观上的恶意，从而判定其构成恶意诉讼。

二、深圳市卫邦科技有限公司与李某毅等专利权权属纠纷案[①]

(一)案情简介

深圳市卫邦科技有限公司(以下简称卫邦公司)系从事医院静脉配液系列机器人产品及配液中心相关配套设备的研发、制造、销售及售后服务的公司。自2010年起，卫邦公司申请了多项涉及自动配药设备和配药装置的专利，其中于

---

① 申请再审阶段入选最高人民法院2021年7月公布的第28批指导性案例(第158号)，并入选最高人民法院公布的“2019年中国法院50件典型知识产权案例”。

2012年9月4日申请、2013年1月2日公布的名称为“自动化配药系统的配药方法和自动化配药系统”、公布号为CN102847473A(以下简称473专利)的专利申请主要涉及注射科药液自动化配置的技术方案。

李某毅于2012年9月24日入职卫邦公司,并与卫邦公司签订《深圳市劳动合同》《员工保密合同》,约定由其担任该公司生产制造部门总监,主要工作是负责研发“输液配药机器人”相关产品。李某毅任职期间,曾以部门经理名义在研发部门采购申请表上签字,在多份加盖“受控文件”的技术图纸审核栏处签名,相关技术图纸内容涉及“沙窝复合针装配”“蠕动泵输液针”“蠕动泵上盖连接板实验”“装配体”“左夹爪”“右夹爪”“机械手夹爪1”“机械手夹爪2”等,系有关自动配药装置的系列设计图。

此外,李某毅还以工作邮件的方式接收研发测试情况汇报,安排测试工作并对研发测试提出相应要求。且从邮件内容可知,李某毅多次参与研发方案的会议讨论。

李某毅与卫邦公司于2013年4月17日解除劳动关系。李某毅于2013年7月12日向国家知识产权局申请名称为“静脉用药自动配制设备和摆动型转盘式配药装置”、专利号为201310293690.X的发明专利(以下简称涉案专利)。李某毅为涉案专利唯一的发明人。涉案专利技术方案的主要内容是采用机器人完成静脉注射用药配制过程的配药装置。国家知识产权局在涉案专利实审过程中出具的第一次审查意见通知书,明确将卫邦公司的473专利作为对比文件1,而且首次检索报告将473专利定为可以单独影响涉案专利权利要求新颖性、创造性的X类型文献。

李某毅于2016年2月5日将涉案专利权转移至其控股的深圳市远程智能设备有限公司(以下简称远程公司)。李某毅在入职卫邦公司前,并无从事与医疗器械、设备相关的行业从业经验或学历证明。

卫邦公司于2016年12月8日向法院提起诉讼,请求确认涉案专利的发明专利权归卫邦公司所有,得到了一审法院和二审法院的支持。

李某毅不服,向最高人民法院申请再审被驳回,一审和二审判决得到维持。

(二)律师策略及工作

1. 此前类似案件裁判标准

此类案件的裁判依据为《专利法》第6条第1款、《专利法实施细则》第12

条第 1 款第 3 项,核心要点在于如何认定前员工在与原用人单位终止劳动、人事关系后 1 年内申请的专利,与其在原单位承担的本职工作或者原单位分配的任务是否相关?

从最高人民法院到各高级人民法院,此前均从侧重保护原用人单位的角度,在认定前员工离职 1 年内申请的专利是否与其在原单位承担的本职工作或者原单位分配的任务相关时持非常宽松的尺度,通常并不对前员工申请的专利与在原单位接触的技术方案进行比对。

最高人民法院在就张某与天津南开大学蓖麻工程科技有限公司专利申请权纠纷作出的(2011)民申字第 1486 号民事裁定书中认为:“判断涉案发明创造是否为职务发明创造,主要是判断涉案发明创造是否与张某在蓖麻公司从事的工作任务相关,而不是将涉案申请专利的技术与蓖麻公司申请的专利技术相比对,判断二者是否为同一技术。因此,张某关于一审和二审法院将两项专利技术予以混淆,没有对二者的本质区别进行审理的主张不能成立。”从而判定涉案发明创造是与张某在蓖麻公司从事的工作任务有关的发明创造,并驳回了作为一审被告、二审上诉人的张某的再审申请,天津市高级人民法院作出的涉案专利权归属原用人单位的(2011)津高民三终字第 26 号民事判决得以维持。

无独有偶,上海市高级人民法院在审理上海锦农机械设备有限公司与上海鑫百勤专用车辆有限公司专利权权属纠纷的(2014)沪高民三(知)终字第 112 号二审民事判决书,也没有对涉案专利与前员工在原用人单位接触的技术方案进行详细分析,仅笼统提到由于“胡某磊在鑫百勤公司期间担任副总经理,其职责中即有负责管理技术部,且附有生产样图的多份销售合同均有胡某磊签名”,从而认定“胡某磊在鑫百勤公司的本职工作与技术相关”,并驳回鑫百勤公司前员工胡某磊担任法定代表人的一审被告锦农公司的上诉,维持了涉案专利归属原用人单位的一审判决。

2. 承办律师的重点工作

依据此前类似案件裁判标准,作为原告的原用人单位只需要证明涉案发明创造与作为被告的离职员工在原告任职时从事的工作任务相关,而不需要证明涉案发明创造与离职员工在原告任职时的工作内容为同一技术,但是为了确保卫邦公司能够胜诉,承办律师重点做好以下几方面的工作:

(1)提供李某毅在卫邦公司任职期间,作为研发管理者亲笔签名的技术图纸、实验物料的采购申请表、从李某毅工作邮箱发送的多份与涉案发明创造相关的电子邮件，以及李某毅本人在卫邦公司相关设备样机前的照片，以证明李某毅接触了涉案专利的相关技术。

(2)提供涉案发明专利在授权过程中，国家知识产权局首次检索所提到的对比文献，其中卫邦公司在涉案专利申请日的10个月之前所申请的另外一份专利，在首次检索中被作为可以单独影响权利要求新颖性的“X”类型文献，由此进一步印证涉案发明专利与李某毅在卫邦公司任职时工作内容的相关性。

(3)提供卫邦公司在2010年2月至2016年7月先后申请的60余项涉及医疗设备、方法及系统的专利内容，其中有44项专利是在李某毅入职卫邦公司前申请，且有多项专利涉及自动配药装置，以证明卫邦公司在该领域的长期研发积累。

(4)提供李某毅入职卫邦公司时填写的表格，证明其在入职卫邦公司前并没有从事涉案发明创造的类似经历，其在离职之后不到3个月，就作为唯一的发明人申请涉案专利，违反该类产品的正常研发规律，其技术只能是来源于卫邦公司。

《人类简史》一书里面讲，人类进化的过程就是不同的信息，不同的算法，最后得出不同结果过程。而法官的裁判思维方式是“以事实为依据、以法律为准绳，最后作出裁判”，换句话说，法官就是要“以事实为信息，以法律为算法，从而得出最终结论”。

我们律师的工作既然是全力为当事人争取合法权益，就要跟上法官的上述裁判思维，在案件审理的过程中做好法官的助手，了解法官最需要的是什么。

大多数的情况下，法官对该如何适用法律是非常清楚的，所以在法律方面，法官较少需要律师的帮助。法官对律师最大的需求：把事实整理清楚，并把这些事实通过证据的形式提交给法官，成为法官可以采用的信息。而且对于复杂案件而言，很有必要做可视化图表，方便法官最大限度理解律师的意见，支持律师的主张。

知识产权民事侵权及不正当竞争诉讼策略

北京盈科(上海)律师事务所　成立辉　张信豪

一、确定当事人的诉讼目的

作为代理律师,尤其作为原告的代理律师,当我们见到自己当事人,听完当事人的陈述后,需要做的第一件事应当是明确原告的诉讼目的。毋庸置疑,我们接下来所进行的法律关系选取,以及整个诉讼大局均应当围绕当事人合法的诉讼目的进行。如果当事人的诉讼目的不明确,整个诉讼方案可能就会出现偏差,甚至一着不慎满盘皆输。诉讼目的并非诉讼请求,诉讼请求往往是表象,而诉讼目的却隐含在诉讼请求的背后。例如,案件的诉讼请求是停止侵权,其诉讼目的可能是为了占领相关市场,攫取市场竞争的优势地位,也可能纯粹是基于营销和市场推广的考虑。通常情况下在知识产权民事诉讼中,主要有以下三种诉讼目的:

(一)为了打击侵权、净化市场,占领市场高度

诉讼作为维护自身合法权益的有效手段,权利人的首先目标往往是保障自身的利益不被侵犯。当市场上出现较多的侵权商品时,往往会扰乱正当的竞争秩序,导致权利人产品利润受损和公司商誉下降,甚至导致权利人相关产品的市场占有率下降。权利人往往希望通过对侵权行为的诉讼,维护自身权益,净化市场环境。在这种诉讼目的下,诉讼的重心往往不是赔偿数额的高低,而是制止侵权行为的紧迫性。在这种诉讼目的下,权利人的代理律师需要了解所有的诉讼细节,并结合多种手段如行政投诉来配合诉讼。

(二)通过侵权人的赔偿来获得收益

有些公司拥有稳定的专利或具有较高知名度的商标、作品,致力于提起多起诉讼来获得赔偿款,甚至作为权利人的主营业务从而收获一定的利润。这种目的下,权利人往往倾向于通过调解、和解收取赔偿款。

(三)商业宣传

在非恶意诉讼的前提下,通过诉讼能够展现企业的相关市场地位,并提高企业的知名度和影响力,从而更好地达到宣传效果。

二、案由的选取

(一)案由选取的重要性

诉讼目的明确之后,代理律师即应当根据当事人的诉讼目的进行诉讼方案的设计。诉讼方案设计的首要之举即为法律关系的选取。法律关系的选取如登山,为了达到登峰览众山的目的,我们可以选不同的路径,各路径或有优劣,需要我们慎重分析。当事人的纠纷之后可能混杂着不同的法律关系,例如,商标侵权法律关系、著作权侵权法律关系以及不正当竞争纠纷并存。我们究竟打商标侵权还是不正当竞争?需要根据个案量身打造。

《最高人民法院民事案件案由规定》指出,民事案件案由是民事案件名称的重要组成部分,反映案件所涉及的民事法律关系的性质,是对当事人诉争的法律关系性质进行的概括,是人民法院进行民事案件管理的重要手段。在法院受理案件时,法院立案庭一般会根据法律关系确定案由。

案由在立案阶段需要由当事人和律师自行选择确定,案由直接反映案件的基本法律关系,诉讼请求、诉讼策略、证据准备往往都围绕案由展开。另外,法院通常会根据不同案由对案件进行分流,并由内部不同的民事审判部门专门负责审判,从而使案件的审理更具有专业性和针对性。在法院审理的过程中,由于不同的案由所反应的基本法律关系不同,因此会对案件的争议焦点的归纳和举证责任产生重要的影响,适用的法律也可能随着案由的不同有所变化,在一些案件上可能导致责任的承担方式有所不同甚至可能产生诉讼请求被驳回而导致败诉的风险。

(二)知识产权民事诉讼中多发案件的案由

根据2020年修改后的《民事案件案由规定》,知识产权与竞争纠纷主要包括以下四大类案由,分别是知识产权合同纠纷,知识产权权属、侵权纠纷,不正当竞争纠纷,垄断纠纷。在上述案由中,知识产权民事诉讼案件又以侵权案件和不正当竞争案件为多发案件。在知识产权民事诉讼实践中,我们多见到以下案由的案件:

1. 著作权权属、侵权纠纷或相应下位案由——侵害作品复制权纠纷、侵害作品发行权纠纷、侵害作品信息网络传播权纠纷、侵害作品改编权纠纷、侵害计算机软件著作权纠纷。

2. 侵害商标权纠纷。

3. 侵害发明专利权纠纷、侵害实用新型专利权纠纷、侵害外观设计专利权纠纷。

4. 不正当竞争纠纷或相应下位案由——仿冒纠纷或(1)擅自使用与他人有一定影响的商品名称、包装、装潢等相同或者近似的标识纠纷,(2)擅自使用他人有一定影响的企业名称、社会组织名称、姓名纠纷;虚假宣传纠纷;侵害商业秘密纠纷;商业诋毁纠纷;网络不正当竞争纠纷。

(三)案由选取的方法及考量因素

对于选择案由的问题,应当由低到高的顺序选择具体个案的案由,也就是优先选择更具体的案由,这一级当没有相对应的案由时再到上一级去找相应的案由,这样能够更具体地反映待审案件的基本法律关系的性质。另外,当案件涉及多个法律关系时,可以按照诉争的法律关系并列确定案由,如“侵害商标权及不正当竞争纠纷”等。

对于个案案由的变更问题,在人民法院受理案件之后,在审查阶段发现当事人诉争案件的法律关系与实际的法律关系不一致的,在结案时人民法院会根据实际查明的法律关系变更案由。在诉讼过程中当事人增加或者变更诉讼请求而导致法律关系发生变更的,人民法院会相应的变更个案案由。因此,当起诉后发现案由错误时,并非一定要撤诉后修改案由重新起诉,如果只是案由错误而事实和诉讼请求没有错误的情况下,可以向法院申请变更案由或者由法院主动调整案由。

对于案由的选取需要结合证据进行确定。比如,在专利权纠纷下,通过初步技术比对分析,预判被控侵权技术方案是否落入权利人的保护范围,以及权利人的相关证据是否足以证实被控侵权人的侵权行为。

(四)案由选取的案例

【案例1】

原告A公司是一家致力于研究、开发、生产、销售某装置的企业,并就该装置拥有自主计算机软件著作权“×××监测软件”,并进行了计算机软件著作权登记,但A公司并未就研发该装置的技术申请专利。被告B公司是一家和原告生产、销售同类产品的企业,且B公司曾是A公司的经销商,有充分机会接触原告的产品及产品部件。A公司发现B公司生产、销售的同类产品与A公司的界面、功能、性能均相同,认为B公司的行为侵害了其合法权益,但不确定B公司侵犯了其何种权利,也不清楚应当如何依法维权。

在本案中,我们初步接触原告后,认为该案可以选取的案由有两个:技术秘密侵权纠纷和计算机软件著作权侵权纠纷。经过对原告现有证据及后续进一步取证方向的考量,最终经过慎重取舍,经征求当事人的意见,选择了计算机软件著作权侵权纠纷这一法律关系进行诉讼方案设计。

【案例2】

原、被告均是涉及某产生研发和生产的企业。原告A公司和被告B公司相识后,双方即开始洽谈合作,原告提供技术,被告提供项目,并签订了合作协议。合作协议约定:A公司提供给B公司的工艺、图纸等技术资料属于A公司的商业秘密,未经A公司书面同意,B公司不得擅自使用;B公司支付A公司工程款后合同生效。合作协议还约定了违约金数额,并约定双方产生纠纷由B公司所在地法院解决。在合作协议的履行过程中,A公司将图纸、工艺交付B公司,并由B公司出具了收据,项目也进行了基建。之后,B公司以A公司的技术未通过B公司上级公司的评审为由,向A公司致函解除合作协议并终止合作。然而,B公司依旧使用该技术继续进行项目建设直至完工,遂产生纠纷。

在本案中,A公司本可以选择合同纠纷起诉B公司违约,但考虑到合同约定的条款内容未必对A公司友好,另行选择了侵害商业秘密纠纷进行诉讼。

三、知识产权侵权及不正当竞争纠纷的诉讼主体

在知识产权侵权及不正当竞争纠纷中,律师在设计诉讼策略时,需要分析的问题之一就应当是案件各诉讼当事人的主体资格问题。若原告代理律师在诉讼当事人主体资格方面出现了错误,法院可以依法驳回原告的起诉。作为被告的

代理律师,亦可以在诉讼主体资格方面做文章,甚至可以起到意想不到的好效果。

(一)专利权侵权纠纷的主体

我们在这所讲的专利权侵权纠纷的主体不只限于专利权的主体,还包括专利权的被许可人。我们另需要特别关注涉及以下情形的专利侵权案件的主体资格。

1. 合作发明创造

合作发明创作是指两个人以上共同努力而完成的发明创造。合作发明创造一旦完成,除非有合同另行对权属作出了约定,否则发明创造就属于共有人共同共有。这里需要注意的是,并非所有的合作者都属于共有人,只有在发明创作过程中起到了主要作用的合作者才有可能成为共有人。这种共同共有主要表现在两个方面:一是共同申请专利,也就是说,合作发明创造在申请专利时,应当取得所有共有人的同意;二是共同实施专利,每个实施人均可以单独实施或者许可他人实施该项专利,许可他人所获得的相关受益应当由全体共有人进行分配。在司法实务当中,往往优先审查的是合作发明创造的权利归属问题,如果只有一个合作者起诉,法院应通知其他合作者作为共同原告参加诉讼,除非该合作者明确表示放弃其相关权利。其他合作者被列为共同原告但未参加诉讼的,不影响案件的审理。

2. 职务发明创造

职务发明创造是指发明人为了履行本单位所交付的工作任务而完成的发明创造。职务发明创造主要包括两类,分别是"执行本单位的任务"和"主要利用本单位的物质技术条件"所完成的发明创造。注意,这里的"主要利用"强调的是单位的物质技术条件在发明创造过程中的作用和比重,如果发明人只是少量利用了本单位的物质技术条件但并非"主要利用"的情况下则不属于职务发明,如何去判断案件中对单位物质技术条件的使用需要结合具体的案件具体分析。通常情况下,职务发明创造的专利权归单位所有,但是单位与发明人(工作人员)也可以通过协议约定专利权的归属。

3. 委托发明创造

委托发明创造是指委托人通过委托合同委托他人完成的发明创造。委托发明创造的专利权归属首先按照委托合同的约定,若合同未约定或者约定不明的情况下,则专利权归属于受托人(发明人)。因此,在诉讼过程中,律师首先审查的就是委托合同中是否对委托发明创造的权利归属作出了明确的约定。

4. 专利许可

专利许可通常是指专利实施许可,也就是专利权人将其专利技术有偿地许可他人在一定范围内使用的行为。在我国,专利实施许可主要有以下三种方式:

独占实施许可,是指被许可人在合同约定的期限和地域范围内使用专利的独占权。在许可他人独占使用的情况下,即使是专利权人本人也不能够实施专利,更不能再次许可他人使用,也就是说,专利使用权完全转移到被许可人名下,在此种情形下,出现第三人侵犯专利权纠纷时,被许可人有权以自己的名义作为原告向人民法院提起诉讼。

排他实施许可,是指被许可人在合同约定的期限和地域范围内独家使用专利,许可人不再许可被许可人以外的第三人使用该项专利的许可方式。在此种情形下,出现第三人侵犯专利权纠纷时,被许可人有权在被许可人不起诉的情况下,以自己的名义单独向人民法院提起诉讼。

普通实施许可,是指被许可人在合同约定的期限和地域范围内使用专利,同时许可人保留自己在该范围内使用专利并授权其他人实施专利技术的权利。在此情形下,被许可人只有在许可人授权的情形下才可向人民法院提起诉讼。但在实务中可能存在一种比较特殊的情况就是当普通实施许可被同时授予了两个被许可人的情况下,两个被许可人能否作为同一诉讼中的共同原告进行起诉,还是说其中一个被许可人提起诉讼需要其他被许可人的放弃诉讼权利或者同时委托该被许可人提起诉讼。

专利实施许可还涉及备案问题,备案就是专利局或者专利代办处对签署的专利实施许可合同加以备案并对外公示的效力,根据《专利法实施细则》的规定,专利权人与他人订立的专利实施许可合同,应当自合同生效之日起3个月内向国务院专利行政部门备案。未经备案的专利实施许可不能对抗善意第三人,但是,专利实施许可合同作为一种民事合同,备案并不是合同的生效要件,因此即使未经备案也不影响专利实施许可合同的效力。

在诉讼实务中,对于专利权人的主体资格的审查应当注重以下两个方面:

第一,专利权人的权利基础,包括专利权证书、专利登记簿副本、专利评价报告等相关文件。

第二,相关合同协议的效力。主要包括专利转让合同、专利实施许可合同等内容,特别需要注重对专利实施许可合同的相关审查,主要包括专利的许可方式、是否授权被许可人单独提起诉讼以及是否进行了登记等内容。

(二)商标权侵权纠纷的主体

商标权侵权纠纷的主体通常包括商标权人和商标被许可人。商标权人拥有对商标的专有使用权、转让权和许可使用权。

商标使用许可是商标权人依据合同授权商标被许可人在一定条件下使用其注册商标的行为。在商标许可使用的过程中,商标被许可人获得商标的使用权。商标使用许可主要存在三种方式,分别是独占使用许可、排它使用许可、普通使用许可,与专利权的许可使用相类似。

关于商标许可备案的效力,通常商标许可人应当在商标许可合同签署生效的 3 个月内报商标局备案,由商标局进行公告,未经备案不得对抗善意第三人。

在诉讼实务中,律师对于商标权人和商标被许可人的主体资格审查要注重以下两类证据:

第一,商标权人的权利基础,包括当事人的权属证据等内容,比如商标注册证、商标公告等内容。

第二,相关合同协议的效力,如商标的使用许可合同、商标转让合同等以及合同中是否授权被许可人提起诉讼的条款。

(三)著作权侵权纠纷的主体

著作权纠纷的主体主要包括作者和通过转让、继承、赠与等方式取得全部或部分著作权的人。

1. 作者

根据《著作权法》的规定,除《著作权法》另有规定,著作权属于作者,如无相反证据证明,在作品上署名的公民、法人或其他组织为作者。

不过在诉讼实务中,由于著作权登记证书仅为自愿登记,并未取得著作权的条件,因此,作者需要提交底稿、原图、源代码、公开出版物、发表证明等证据材料证明其作者身份。

2. 合作作品作者

合作作品是指两个人以上共同创作完成的作品。根据《著作权法》的规定,合作作者对于合作创作的作品共同共有著作权。在司法实务中,根据合作作品能否进行分割使用,对于合作作品的诉权的行使主要分为两种形式:一是如果合作作品可以分割使用,那么合作作者可以作为共同原告共同提起诉讼。当然部分作者也可以针对自己享有的著作权部分进行起诉,在通常情况下,作者是不能在未经授权的情况下针对他人享有的著作权部分进行起诉。因此,我们在面对此类诉讼案件时,首要的就是审查对方是否有针对他人享有的著作权部分进行起诉的诉讼主体资格。二是如果合作作品不能够分割使用,通常情况下应当由全体权利人作为共同原告进行起诉。在实务中,如果只有部分合作作者提起诉讼,法院可能会依据职权追加其他合作作者作为共同原告。

3. 职务作品作者

职务作品通常是指员工为了完成工作单位的工作任务所创作的作品。我国将职务作品分为一般职务作品和特殊职务作品。在实务中,由于职务作品涉及员工与工作单位两个主体,在诉讼主体的资格条件上有所不同。因此涉及职务作品的诉讼案件,应当先审查作品是属于一般职务作品还是特殊职务作品。

一般职务作品是指员工完成单位的工作任务但未主要利用单位的物质技术条件所创作的作品。一般职务作品的著作权由作者享有,因此一般职务作品侵权纠纷作者有权单独提起诉讼,而单位不是提起诉讼的适格主体。不过,在一般职务作品中,单位具有优先使用权。在优先使用权的 2 年内,单位能够与作者作为共同原告提起诉讼。

特殊职务作品是指主要利用工作单位的物质技术条件制作,并主要由工作单位承担责任的工程设计图、计算机软件设计图等相关职务作品。特殊职务作品的作者仅仅享有署名权,其他著作权权利由单位享有。也就是说,此种作品类型下的作者只能够针对作品署名权纠纷提起诉讼,而单位享有对署名权以外的其他权利提起诉讼。

4. 委托作品作者

委托作品是指委托人委托受托人而创作的作品。在通常情况下,委托作品著作权通过委托合同进行约定,在没有约定的情况下,著作权通常属于受托人。在司法实务中,比较有争议的是委托合同中能否对著作人身权进行约定,有的人认为著作人身权具有较强的人身属性,因此不能通过合同轻易进行约定;也有人认为应当尊重当事人的意思自治,允许在委托合同中进行约定。《北京市高级人民法院侵害著作权案件审理指南》中认为:“受托人与委托人对著作人身权的行使进行约定,未违反公序良俗的,不宜一概认定无效,可以根据合同内容进行审查”。因此当我们面对委托作品的起诉主体资格审查时,我们尽可能地需要做好两手准备。

四、起诉状的起草

起诉状是原告向人民法院提出的控诉被告的书状。公民、法人或者其他组织向人民法院提起诉讼应当提交起诉状。作为原告的代理律师往往需要代理当事人撰写起诉状。起诉状的内容应当包括标题、各方诉讼参与人的身份信息、诉讼请求、事实与理由、落款五部分。

其中当事人的信息应当包括原告、被告的姓名、性别、出生年月日、民族、身份证号码、住所地、联系方式等内容,如有代理人则写在原告的下一行,之后再写第三人。在知识产权民事诉讼中,当事人往往是企业,这时就需要提供企业名称、企业地址、统一社会信用代码、法定代表人的姓名、职务、联系方式等内容。

诉讼请求即原告诉至人民法院请求法院解决原告诉争事项的具体请求,如请求赔偿、赔礼道歉、停止生产销售侵权产品等。诉讼请求需要明确、具体、准确,比如涉及给付赔偿的,应当写明赔偿的金额,其中关于金额的具体内容需要特别注意。

事实与理由部分主要包括双方争议的具体问题,应当真实、简明地阐述争议发生的起因、经过、现状,事实部分应当与提供给法院的证据严丝合缝逐个对应,比如证据中只能够证明对方实施了销售行为,则不能在内容中增加生产行为,否则容易增加不被法院采纳的风险。

起诉状的落款包括受诉法院、具状人、日期三个部分。起草这一部分时需要正确填写受诉法院的名称,原告为个人时,需要本人亲笔签名;原告为公司时,需要加盖单位的印章。

值得注意的是,知识产权民事诉讼相较于一般的民事诉讼而言更具有专业性,需要在清晰明确表达自己的观点的同时,在语言的措辞上更加严谨、专业,尽量减少使用反问句这类具有感情化的用语,多使用陈述句型来表达自己的观点。

五、知识产权民事诉讼的证据

(一)公证证据保全中的注意事项

1. 灵活应对公证管辖权

公证管辖指的是各个公证机关之间在办理公证事务时的职责分工。根据《公证法》的规定,公证机构可以在县、不设区的市、设区的市、直辖市或者市辖区设立;在设区的市、直辖市可以设立一个或者若干个公证机构。公证机构不按行政区划层层设立。也就是说,公证机构并不实行级别管辖,而实行地域管辖,在申请办理公证时,可以向住所地、经常居住地、行为地或者事实发生地的公证机构进行申请。

2. 注意公证申请人与诉讼代理人的衔接

在司法实务中很容易出现的一个问题就是公证申请人和原告代理人之间的如何衔接。比如在A公司与B公司的侵害商标权纠纷案中,A公司提供的公证证据并不是该公司所申请,同时也不是该公司的诉讼代理人及所在的律师事务所申请的,而是案外的一家知识产权代理公司的员工申请的,法院和B公司都不了解该公证申请人。那么此时该公证证据与本案是否具有关联性可能会受到质疑。因此在进行公证申请时,一定要在公证处留存档案时进行详尽的登记和备注,或者由A公司或A公司所委托的诉讼代理人以及诉讼代理人的工作单位作为公证申请人。

3. 网络采买公证的“一物一证”

“一物一证”也就是说在网络采买的过程中,买货时需要制作一份公证书,在收货时需要另行制作一份公证书。目前在司法实务中对于“一物一证”已经有所放松,但是部分地方法院还是对此比较重视,因此建议各位律师谨慎起见,在购买公证过程中,购买和收货分开制作公证书。

4. 网购公证时,订单号与邮递单号应相印证

通过网购进行公证保全时,每个采购订单均有一个订单号,再通过邮寄的方式发货时又会产生一个快递单号,法庭需要审查订单号和快递单号是否相印证。如果订单号和快递单号不一致,法庭就可能认定该公证保全的被控侵权产品与待证事实不具备关联性。在司法实践中,权利人往往可以这么操作:电话或者微信购买时,当我们收到货物时,再与出卖人进行联系,将货物与快递单号的照片

发送给出卖人进行确认;网络购买时,在购物平台上能确定订单号与邮递单号的,可以进行截图取证并提交法院。

5. 公证收货中的细节

无论是何种公证采买方式,只要是被控侵权方通过邮寄方式进行销售、寄送货物,尽量不要将货物邮寄至快递柜等第三方快递寄存处后,再另行到寄存处取货并公证。因为快递员将货物存储在第三方快递柜到权利人取货具有时间差,法庭可能会因此否定该公证书的证明力,毕竟在这个时间差内法院难以确定所订购的货物与收到的货物是否为同一货物,况且在这个时间差内被控侵权产品是否会出现破损、更改等可能性,均可能会成为法庭审查的一个方面。因此,当收取货物时,最好还是让快递员送货上门,并在快递员的见证下当场开封快递,并进行相应的拍照、录像。相应地,作为被控侵权方的代理人,需要在法庭调查中对快递的快递单号、签收时间等方面与公证书的记录内容进行比对审核,如果存在时间差,可以就该证据向法庭提出异议。

(二)申请证据保全与勘验中的注意事项

被控侵权产品系大型设备或者被控侵权产品价格昂贵时,有时难以通过公证采买的方式进行证据保全时,这就需要申请证据保全或者勘验。有些侵害发明专利或者实用新型专利权的案件,被控侵权产品的技术特征往往难以通过对产品外观的拍照、录像进行确定,若法院在证据保全时仅对产品外观进行了拍照、录像,则难以查明事实。这就需要权利人在法院进行证据保全之前,先行向法院解释清楚证据保全的要点及注意事项,并建议法院同时保全被控侵权产品的说明书等佐证被控侵权产品技术特征的证据材料。若申请法院对被控侵权产品进行勘验,则权利人可以申请陪同法官前去被控侵权产品所在地,诉争双方对被控侵权产品的技术特征当场进行比对分析,并由法官记入勘验笔录。

六、知识产权民事诉讼的法律依据

(一)法律

知识产权民事诉讼涉及的法律主要包括《专利法》《商标法》《著作权法》《反不正当竞争法》等。

(二)法规规章和规范性文件

为了更好地为各级政府和相关部门提供规范的指引,国务院和国家知识产权局往往会制定相关的行政法规、部门规章和规范性文件，其中主要包括《商标法实施条例》《专利法实施细则》《著作权法实施条例》《专利审查指南》《商标审查及审理标准》《知识产权反垄断指南》《驰名商标认定和保护规定》《类似商品和服务区分表》等。

（三）司法解释

司法解释是指国家最高司法机关在适用法律的过程中对具体应用法律问题所做的解释。在知识产权诉讼领域中的司法解释主要包括《最高人民法院关于审理专利纠纷案件适用法律问题的若干规定》《最高人民法院关于审理商标民事纠纷案件适用法律若干问题的解释》等。我国在 2020 年左右修订了一大批司法解释，也在近几年废除了一些司法解释，因此在适用司法解释时需要注意相关的问题。

（四）地方性的规范性文件

许多地方法院为了更好地提高审判质量和效率，往往会在现有的法律法规和司法解释的基础上，并结合本地区司法实践中的具体情况对裁判规则进行总结、汇总、提炼，制定相关的规范性文件，如《北京市高级人民法院关于商标授权确权行政案件的审理指南》《北京市高级人民法院侵害著作权案件审理指南》。

七、诉讼中的细节

（一）骑缝章

律师提交法院的诉讼文书若加盖骑缝章，每页的骑缝章需要相互对应。在司法实践中，若起诉状的骑缝章无法对应，很可能就会出现被法院驳回起诉的情况。骑缝章所体现的是一个律师的态度问题，而不是律师的专业问题，因此也需要代理律师认真对待。

（二）对证据关键内容及页码的标注

证据上页码，在开庭的过程中，法官可能会根据相应的诉讼请求寻找证据中的某个信息，此时证据页码就是法官最好的“指南针”。代理律师也可以根据证据页码直接告诉法官某关键证据体现在证据材料的哪一页。如果缺少页码，在紧张的庭审氛围中，当事人和代理律师可能连自己也找不到对应的证据，这甚至就可能导致诉讼出现败诉风险。在证据较多的情况下，我们可以对关键证据进行加粗，用记号标注或者折角，以便于法官快速、准确注意到相应证据。

（三）当事人主体信息务必准确

在知识产权纠纷诉讼中，当事人主体往往是企业。在起草当事人主体信息时务必准确，比如将被告“某某股份有限公司”错误地写成了“有限公司”，看似只是缺少了“股份”二字，但是却完全有可能因为这个错误而导致被告不存在或不适格而被法院驳回。因此，我要求团队律师在起草当事人主体信息时，一律直接登录国家企业信用信息公示系统并对统一社会信用代码、主体的地址等信息进行复制粘贴，并认真核对二至三遍。

（四）比对意见

在涉及技术类案件的知识产权侵权纠纷中，比对意见最好提前写好，在开庭比对过程中提交法院或者当面进行阐述，比对意见的观点应当清晰，让法官能够清楚明白意见中的观点。在司法实务中，并不是每个法院都有技术调查人员，且知识产权纠纷所涉及的技术较广，包括电学、化工、生物等。因此，比对意见的一项重要作用就是将技术语言“翻译”成法官能够听懂的法律语言，从而避免法官对于相关技术缺乏了解而作出不符合事实的判决。

（五）鉴定申请、专家意见

一份鉴定申请书或者第三方的专家意见，或者一些省份的法律援助中心、专利检索中心也可以出具相关意见，从而让法官更好的理解相关技术。

（六）工具书、模型、动画

知识产权侵权纠纷，特别是在专利等技术类侵权纠纷案中，一些大型设备由于体积原因不能够带到法庭现场，我们可以做一个模型或者动画来便于法官理解。如果法官对某一技术概念不清楚，则可以提交相应工具书来帮助法官理解。

（七）重视庭前准备工作

第一，代理律师通过菜单的方式告知当事人庭审需要准备的材料：身份证、证据原件等，并告知当事人将证据原件按照证据目录顺序排列好，这是因为证据较多容易导致关键材料一时难以找到而浪费庭审时间。

第二，如果时间允许的情况下，可以庭前进行模拟开庭。通过开庭模拟，让当事人熟悉庭审流程和法庭质证。

第三，研讨调解方案。开庭前一定要与当事人商讨好合适的调解方案，以避免庭上调解时,由于事前缺乏调解方案而陷入被动。

八、知识产权侵权判定

在我国,学者多将知识产权定义为人们对其创造性的智力成果所依法享有的专有权利,其法律关系的客体是智力成果。[①] 知识产权主要包括著作权、专利权、商标权等内容。知识产权侵权指的是侵权人的行为对他人的知识产权的财产权和人身权造成了侵害,应当承担民事责任。

(一)专利权的侵权判定

专利的保护范围也就是专利权的客体,在我国主要包括发明专利、实用新型专利、外观设计专利三种类型。

1. 发明专利、实用新型专利权的侵权判定

(1)侵权判定的法律依据

《专利法》第 64 条第 1 款规定:“发明或者实用新型专利权的保护范围以其权利要求的内容为准,说明书及附图可以用于解释权利要求的内容。”

《最高人民法院关于审理侵犯专利权纠纷案件应用法律若干问题的解释》第 7 条第 1 款规定:“人民法院判定被诉侵权技术方案是否落入专利权的保护范围,应当审查权利人主张的权利要求所记载的全部技术特征。”

判定被诉侵权技术方案是否落入专利权保护范围的步骤(发明专利、实用新型专利):对被控侵权技术方案进行技术特征分解,进而确定其全部技术特征;把原告的专利权利要求书中的技术方案进行技术特征分解,进而确定其全部技术特征;就原告专利权利要求书中的全部技术特征与被控侵权技术方案中的全部技术特征,进行比对;根据比对结果,判断是否侵权。

(2)全面覆盖和等同原则

根据《最高人民法院关于审理侵犯专利权纠纷案件应用法律若干问题的解释》第 7 条第 2 款的规定可知,被诉侵权技术方案的技术特征与权利要求记载的全部技术特征相比,缺少权利要求记载的一个以上的技术特征,或者有一个以上技术特征不相同也不等同的,人民法院应当认定其没有落入专利权的保护范围。

---

① 参见吴汉东:《知识产权法》,法律出版社 2021 年版,第 5 页。

根据《最高人民法院关于审理专利纠纷案件适用法律问题的若干规定》第13条的规定，等同特征，是指与所记载的技术特征以基本相同的手段，实现基本相同的功能，达到基本相同的效果，并且本领域普通技术人员在被诉侵权行为发生时无须经过创造性劳动就能够联想到的特征。

(3)间接侵权

《最高人民法院关于审理侵犯专利权纠纷案件应用法律若干问题的解释(二)》(2020年修正)第21条规定："明知有关产品系专门用于实施专利的材料、设备、零部件、中间物等，未经专利权人许可，为生产经营目的将该产品提供给他人实施了侵犯专利权的行为，权利人主张该提供者的行为属于民法典第一千一百六十九条规定的帮助他人实施侵权行为的，人民法院应予支持。

明知有关产品、方法被授予专利权，未经专利权人许可，为生产经营目的积极诱导他人实施了侵犯专利权的行为，权利人主张该诱导者的行为属于民法典第一千一百六十九条规定的教唆他人实施侵权行为的，人民法院应予支持。"

2. 外观设计专利权的侵权判定

《专利法》第64条第2款规定："外观设计专利权的保护范围以表示在图片或者照片中的该产品的外观设计为准，简要说明可以用于解释图片或者照片所表示的该产品的外观设计。"

(1)被控侵权外观设计使用的产品与外观设计使用的产品相同或类似。

在一般外观设计专利纠纷中，对于产品相同或者类似的判断主要分为两步，首先是要判断被控侵权产品和外观设计产品是否构成相同产品或者类似产品，相同产品就是两类产品在功能和用途上均具有一致性，而类似产品是指用途上相同或者功能有所不同的产品，对于产品用途的确定，律师可以参考外观设计专利申请的简要说明、《国际外观分类表》、产品使用的实际情况等相关内容。

(2)被控侵权外观设计与专利外观设计在整体上视觉效果"相同"或者"实质性近似"。

当认定被控侵权产品与外观设计产品构成相同产品或者类似产品时，再将被控侵权产品与外观设计产品的外观进行比对，对于这种比对需要以市场上的一般消费者为准，即按照一般消费者的认知水准是否会对两种产品的外观设计产生混淆。

3. 专利侵权的抗辩事由

专利侵权的抗辩事由涵盖不侵权抗辩、权利用尽抗辩等多个抗辩事由，若被控侵权产品未落入权利人专利权保护范围则法院可以据此认定被控侵权产品不侵权。此外，被控侵权人还可以针对权利人的涉案专利提起无效宣告程序。下面，我们重点针对现有技术抗辩、合法来源抗辩和先用权抗辩进行论述。

(1) 现有技术抗辩

现有技术是指在专利申请日之前，已经在国内外为公众所知的技术设计。那么技术设计属于国内外公众所知的边界在哪呢？为公众所知并非是要求公众每一个人都知道相关技术特征，而是一般人通过正当的途径能够获得相关的技术特征即可，这是一种技术特征可知的状态。因此，这就需要律师在审查案件时，一定要同当事人进行具体的沟通，提前做好相应的风险提醒，包括专利申请之前是否通过某种方式将技术进行公开。如果未进行仔细审查，在案件的诉讼当中对方根据有关证据提出现有技术抗辩，则会使我们在诉讼中陷入巨大的劣势。同时，在进行证据搜集时，对相关的信息传播方式也要进行有效的取证。

【案例 3】

原告 A 公司是一家研发、生产某工业废水处理装置的企业，并就该产品技术申请了实用新型专利，目前专利处于合法有效状态。A 公司认为作为同行的 B 公司未经 A 公司许可，擅自在网上销售侵害 A 公司实用新型专利权的产品，遂向某中级人民法院提起诉讼，要求法院判决 B 公司停止销售被控侵权产品并赔偿损失。B 公司向法院提出了现有技术抗辩，并提交了一台标有 A 公司企业名称的废弃产品，并提交了 A 公司的采购合同，据此认为 A 公司在申请专利之前即通过在先销售的方式对其涉案专利技术进行了公开，并因此要求法院驳回 A 公司的诉讼请求。法院经审理后认为，B 公司提交的证据来源和真实性无法确认，据此对 B 公司的抗辩未予支持。

(2) 合法来源抗辩

根据《专利法》第 77 条的规定，为生产经营目的使用、许诺销售或者销售不知道是未经专利权人许可而制造并售出的专利侵权产品，能证明该产品合法来源的，不承担赔偿责任。合法来源抗辩是知识产权侵权纠纷案件中常使用的一种抗辩事由，律师在提出合法来源抗辩时，需要搜集相关证据，从而证明被控侵权产品具有合法来源,比如商品的购买凭证、购买时的发票、合同等。

【案例4】

原告A公司诉称其为某发明专利的专利权人,被告B公司生产、销售、许诺销售的某产品侵害了A公司的发明专利权,给A公司造成了巨大的经济损失。A公司请求法院判令B公司立即停止侵犯其发明专利权的行为,停止生产、销售、许诺销售侵权产品;销毁制造侵权产品的专用设备、模具,销毁侵权产品的库存,停止对侵权产品的任何商业宣传行为;赔偿原告经济损失及制止侵权产权产生的合理开支共计100万元。

被告B公司辩称:被诉产品不是被告生产,是被告从案外人C公司购进,支付了合理对价,有合法来源,原告没有证据证明被诉产品侵犯其专利权,被告没有侵权,不承担侵权责任,故请求驳回原告的诉讼请求。

法院判决被告B公司停止销售、许诺销售侵犯原告A公司某发明专利权的涉案产品,销毁库存侵权产品,驳回原告的其他诉讼请求。

在本案中,B公司提供了完整的证据,充分证明了其采购过案外人C公司的少许被诉侵权产品。B公司的证据包括采购被控侵权产品的增值税专用发票、银行转账凭证、采购合同,及案外人C公司认可B公司自C公司处采购产品的公证通话录音,以及C公司另行向B公司邮寄的被控侵权产品实物D,且产品D的收货过程由公证处进行了公证,产品D也由公证处进行了封存。经过法庭质证和当庭就A公司封存的被控侵权产品和产品D进行比对,法庭一定程度上支持了B公司的合法来源抗辩。

合法来源抗辩的适用问题,除法律知识合理运用外,更重要的是如何取证以获得完整证据链证明涉诉产品具有合法来源,若遇到此类的侵权诉讼纠纷,当事人应当积极配合取证,以维护自身的正当合法权益。

(3)先用权抗辩

根据《专利法》的规定,先用权抗辩是指在专利申请日前已经制造相同产品、使用相同方法或者已经作好制造、使用的必要准备,并且仅在原有范围内继续制造、使用的,不视为侵犯专利权。在涉及先用权抗辩的专利侵权纠纷案中,律师至少需要证明被控侵权产品在先使用的证据,主要包括行为上已经制造、使用或者已经作好必要准备,时间上制造、使用等行为早于专利申请日,使用范围在原有范围内。这里所谓“原有范围”是指生产规模、生产数量等。

【案例5】

原告A和被告B均是研发、生产某教学用具的市场主体。A公司名下就其教学用具持有一项实用新型专利,且专利处于有效状态。A公司认为B公司未经A公司许可,擅自销售侵害A公司实用新型专利权的产品,遂向某法院提起诉讼,要求法院判决B公司停止销售被控侵权产品并赔偿损失。B公司在诉讼中提出先用权抗辩,认为在A公司申请专利之前就已经开始实施涉案技术。最终,B公司未能提供扎实的证据证明其主张,最终其观点未被法院采纳。

(二)商标权的侵权判定

1.法律依据

《商标法》第57条作出了以下规定。有下列行为之一的,均属侵犯注册商标专用权:

(1)未经商标注册人的许可,在同一种商品上使用与其注册商标相同的商标的;

(2)未经商标注册人的许可,在同一种商品上使用与其注册商标近似的商标,或者在类似商品上使用与其注册商标相同或者近似的商标,容易导致混淆的;

(3)销售侵犯注册商标专用权的商品的;

(4)伪造、擅自制造他人注册商标标识或者销售伪造、擅自制造的注册商标标识的;

(5)未经商标注册人同意,更换其注册商标并将该更换商标的商品又投入市场的;

(6)故意为侵犯他人商标专用权行为提供便利条件,帮助他人实施侵犯商标专用权行为的;

(7)给他人的注册商标专用权造成其他损害的。

2.被控侵权人的应对策略

抗辩事由有多种,本文仅重点分析以下几种抗辩事由。

(1)先用权抗辩

商标权的在先使用通常是在商标注册人申请注册商标前,他人已经在相同商品或者类似商品上使用与注册商标相同或者相似的商标,且具有一定的影响力。法律基于对先使用人的在先权利的保护,规定商标注册人无权禁止使用人在原范围内的继续使用,但是可以要求使用人采取一定的措施来对商品标识进行区别。当律师在使用先用权抗辩时,要注意证据的采集,比如商品的销售记录、相应的发票等用于证明在先使用人在注册商标申请注册前已经进行了商标使用。

(2)商标权用尽抗辩

商标权的权利用尽抗辩同专利权的权利用尽有所相似,即带有商标的商品经商标权人或被许可人销售以后,在该商品上的商标权权利用尽,不影响他人在市场上继续销售或使用该商品。此处的主要证据包括购买该商品的相关证据,比如发票、合同协议等。

(3)非商标性使用抗辩

【案例6】

A公司向国家工商行政管理总局商标局提出字母“××××××”商标注册申请,并由国家商标局核准商标注册,注册号为第×××号,核定使用在第××类商品上。A公司认为,B公司未经原告许可,擅自在网络平台上销售标注字母“××××××”的商品,该字样和A公司注册商标标识相同,其使用的商品也与A公司注册商标核准使用商品类似,且在功能、用途、销售渠道、消费对象等方面易使相关公众产生混淆。因此A公司认为B公司侵犯了其商标专用权。

法院经审理后认为:被诉侵权商品上使用的“××××××”标识不易被消费者识别,并未用于区分其他同类商品,不应认定作为商标使用。进而,法院对原告A公司主张被告销售的被诉商品侵犯其商标专用权的主张不予支持。

(4)合法来源抗辩

合法来源抗辩主要适用那些销售不知道是侵犯商标专用权的商品的善意经销商。这里主要需要注意是否尽到了合理的注意义务和商品的合法来源。实务中对方律师往往会用涉案商标的知名度和商品的价格差来进行对抗以证明未尽到合理的注意义务,从而导致抗辩事由不被采纳。另外,为了证明商品的来源合法,需要在证据中去搜集涉案商品的采购合同、付款凭证、发票等相关文件。此外,抗辩的证据搜集工作与专利权的合法来源抗辩类似,在此不再赘述。

(5)被控侵权人的商标“撤三”“无效”等行政程序

商标“撤三”是指商标因连续3年未使用而被撤销的情况。其他任何单位和个人都能够向商标局递交撤销申请，因此当商标权人的商标权被撤销时，商标权人也自然失去了权利基础。在商标“撤三”的诉讼实务中，为了避免商标“撤三”的情况，需要商标权人准备商标使用的证据，在商标“撤三”中，被申请人证明该注册商标于指定期间内在其核定使用的商品或服务上进行了真实、合法、有效的商业使用至关重要。

与商标“撤三”程序的目的类似，被控侵权人通过商标无效程序亦是通过“釜底抽薪”的方式使权利人丧失主张商标侵权的权利基础。

(6)提出注册商标3年未使用

对于注册商标3年未使用而无须承担侵权赔偿责任的抗辩事由这一点，我们深有体会。我们之前代理过一个类似的案件，原告是国外的一家品牌公司，在中国国内起诉一家中国被告商标侵权，我们团队当时提出的抗辩就是该品牌公司虽然在国内注册了商标，但是都在国外进行销售，原告也缺乏证据证明该商标在国内进行了使用。

(三)著作权侵权

1. 法律依据

根据《著作权法》第52条、第53条的规定，未经著作权人许可，发表其作品的，没有参加创作，为谋取个人名利，在他人作品上署名的，歪曲、篡改他人作品的，剽窃他人作品的，未经著作权人许可，复制、发行、表演、放映、广播、汇编、通过信息网络向公众传播其作品的，本法另有规定的除外等情形，侵权人应当承担侵权责任。

2. 作品及独创性

根据《著作权法》第3条的规定，作品，是指文学、艺术和科学领域内具有独创性并能以一定形式表现的智力成果。

在司法实践中，权利人在诉讼维权之前，需要做的重要准备工作之一就是审核权利人的作品是否具备独创性。若作品是抄袭、剽窃的他人作品，或者较多地借鉴了公有领域或者他人作品，则法院很可能据此认定权利人的权利基础不具备独创性，从而作出驳回原告诉讼请求的判决。若涉案作品借鉴了公有领域的部分内容，则法院会根据独创性和创作高度，裁判赔偿数额。相应地，被控侵权方也可以在涉案作品是否具备独创性上进行充分抗辩。

3. 权利内容

在著作权纠纷案的司法实践中，被控侵权人侵害权利人的权利内容多见于侵害署名权、修改器、复制权、发行权、信息网络传播权等。权利人在诉讼准备工作中，应当明确证据可以指向哪些权利内容，相应地，被控侵权人也可以反驳其未侵害权利人的哪些权利内容。若被控侵权人侵害的权利内容不涵盖发表权、署名权、修改权等人身权利，法院可以据此判决被控侵权人不承担赔礼道歉的法律责任。此外，以美术作品为例，若被控侵权人仅侵害了权利人的信息网络传播权，而未侵害权利人的复制权、发行权，则法院可以据此判决被控侵权人承担较少的赔偿数额。

【案例 7】

A 公司诉称：B 公司在与 A 司合作中获取了某系统的安装程序，并用于开发软件程序，生产了某产品供客户使用；该系统系 A 公司享有的软件著作权，B 公司未经 A 公司允许，复制、使用该系统，侵犯了 A 公司的软件著作权，要求 B 公司停止侵权活动并赔偿 20 万元。

B 公司辩称：(1) 被告将拥有自主版权的软件免费试用的行为属于行使自身权利的合法行为；(2) A 公司提交的证据均不能证明被告侵害了原告的著作权。

在诉讼中，A 公司向法院申请司法鉴定，要求鉴定被控侵权软件与 A 公司的软件是否具有同一性。经诉争双方协商，法院委托某知识产权司法鉴定所进行鉴定。之后，因某些原因无法继续推动鉴定工作，鉴定机构将鉴定材料退回法院。在整个申请鉴定期间，A 公司也始终没有预交鉴定费。最终，法院判决驳回 A 公司的诉讼请求。

本案对复杂的计算机软件著作权侵权纠纷案提供一定的借鉴意义和指导意义：在复杂的技术类案件中，需要专业律师对技术和鉴定知识有深入的了解，综合运用法律、技术知识进行案件代理工作。

专题二

专　利

现有外观设计专利权评价报告的缺陷及如何在纠纷中颠覆性运用

北京市盈科（深圳）律师事务所　王华永

一、以案例浮现问题

笔者代理的两起侵害外观设计专利权纠纷，都涉及外观设计专利权评价报告初步结论以及具体说明和解释的错误给案件带来的实质性影响。

第一起案件是代理原告方。当事人为外观设计专利的设计人，拥有某外观设计专利。侵权人申请在后的近似专利并以此为基础申请了专利权评价报告，该评价报告引用的对比设计包含原告的在先外观设计专利，而评价报告的结论显示符合《专利法》第23条第1款、第2款的规定。侵权人为此以该专利及评价报告的结果为基础，大肆生产被控侵权产品。原告在笔者的建议下，在启动诉讼过程中通过用其在先专利作为唯一的对比设计文件，将其在后专利予以无效。在后专利权人不服国家知识产权局的决定，起诉至北京知识产权法院，北京知识产权法院驳回诉讼请求。同时在法院的侵权案件，一审、二审判决也认定被告以其专利生产的产品落入原告专利权的保护范围之内。

第二起案件是代理被告方。原告以其外观设计专利起诉被告相似产权侵犯其专利权。原告起诉专利的外观设计专利权评价报告其引用了包含在先的专利A以及专利B，其结论显示符合《专利法》第23条第1款、第2款的规定。在笔者的建议下，以原告外观专利权评价报告中的在先对比设计A和B为对比设计文件，并将其设计特征进行组合，进而无效原告的专利。国家知识产权局最终采纳了我方观点，宣告原告的专利全部无效，且无效的决定得到北京知识产权法院的一审判决的维持。

笔者代理这两起外观设计专利权纠纷，从原告、被告角度都对外观设计专利权评价的结果在无效、诉讼程序中进行了否定。但不论是第一起案件中的被告还是第二起案件中原告，在笔者办理案件过程中，都可以感受到对应案件中被告、原告都对国家知识产权局出具的专利权评价报告的结果存在极大不满。

笔者结合外观设计专利权评价报告的概念、性质以及其对法院、专利权人等市场主体的影响，就现有外观设计专利权评价结论以及具体说明和解释的粗糙性进行分析，同时结合笔者的浅薄经验，提出外观设计专利在维权过程中如何颠覆性使用外观设计专利权评价报告，并对当下专利权评价报告的制度提出简单的完善建议。

二、外观设计专利权评价报告的内涵及性质

(一)外观设计专利权评价报告的内涵

外观设计专利权评价报告其为专利权人或者利害关系人向国家专利行政部门申请对外观专利进行检索、分析和评价后作出的一份非行政效力的文件，具体如下：

申请主体：专利权人或利害关系人，如拟侵权人。

评价对象：已经授权的外观设计专利。

作出主体：国家知识产权局。

出具形式：外观设计专利权评价报告。

(二)外观设计专利权评价报告的性质

现行《专利法》第66条第2款规定："专利侵权纠纷涉及实用新型专利或者外观设计专利的，人民法院或者管理专利工作的部门可以要求专利权人或者利害关系人出具由国务院专利行政部门对相关实用新型或者外观设计进行检索、分析和评价后作出的专利权评价报告，作为审理、处理专利侵权纠纷的证据；专利权人、利害关系人或者被控侵权人也可以主动出具专利权评价报告。"由此可以看出，外观设计专利权评价报告具有以下特点：(1)其作为主管机关审理、处理专利侵权纠纷的证据(仅为一份证据)，换句话说，其关于专利权是否符合授权条件的结论仅具有参考性。(2)专利权评价报告不是行政决定，权利人不能就此提起行政复议，也不能提起行政诉讼。

三、现有外观设计专利权评价报告的社会影响

(一)专利权人

对于专利权人来说,其申请获得国家知识产权局颁发的专利证书,并后续经过国家知识产权局出具的专利权评价报告,如结论系符合专利法的授权条件,对专利的稳定性更是“雪中送炭”,专利权人势必认为其专利具有极强的稳定性。

(二)法院或者专利行政部门

对于法院或专利行政部门来讲,因其无权对专利有效性进行评判,在没有专利无效决定的情况下,其暂且只能根据国家知识产权局作出的评价报告作为初步判决专利稳定性的依据。

(三)在后的专利权人

市场竞争激烈,相同种类产品更新换代速度很快,有些产品由于设计的局限性,专利优化改进的可能性比较低,为此可能导致在后申请的专利与在前申请专利存在相似的可能性。如在后申请人申请的专利,专利权评价报告的引用文件包含在前的专利,其结论是符合《专利法》授权条件的,这样对于在后专利权人来说,其完全有底气去准备相关生产设备进行专利产品的市场的运作。

四、外观设计专利权评价报告的具体解释和说明及结论的粗糙性

从 2016 年到 2020 年笔者办理的相关侵害外观设计专利权纠纷中,罗列出 9 件外观设计专利的评价报告,且看其评价报告的内容以及结论。

(一)出具评价报告审查员、复核员的数量由多到少

2016 年出具的某外观设计专利权评价报告,审查员的数量为 2 人,复核员为 1 人,其中复核员同时也是审查员。

2017 年出具的某外观设计专利权评价报告,审查员的数量为 2 人,复核员为 1 人,其中复核员与审查员不同。

2018 年出具的某外观设计专利权评价报告,审查员的数量为 1 人,复核员为 1 人,其中复核员同时也是审查员。

2019 年出具的某外观设计专利权评价报告,审查员的数量为 1 人,复核员为 1 人,其中复核员同时也是审查员。

2020 年出具的某外观设计专利权评价报告，审查员的数量为 1 人，复核员为 1 人，其中复核员同时也是审查员。

评价报告审查及复核主体从 2～3 人调整为 1 人，换句话说，评价报告结果由 1 人完成。

（二）评价报告具体说明及解释内容的模板化

上述专利权评价报告，其具体说明及解释内容部分，一般均采用了以下模板句式：

模板一：本专利与对比设计 1 以及其他现有设计在产品设计上存在明显区别，对于一般消费者来说，该差别对外观设计的整体视觉效果产生了显著影响，本专利与对比设计 1 以及其他现有设计相比均具有显著差异。因此，本专利符合《专利法》第 23 条第 1 款、第 2 款的规定，此外，未发现本专利存在其他不符合专利法有关外观设计授权条件的缺陷。

模板二：《专利法》第 23 条第 1 款规定："投予专利权的外观设计，应当不属于现有设计；也没有任何单位者个人就同样的外观设计在中请日以前向国务院专利行政部门提出过申请，并记载在申请日以后公告的专利文件中"；第 2 款规定："授予专利权的外观设计与现有设计或者现有设计特征的组合相比应当具有明显区别。"具体地说，若一项外观设计与对比设计相比，经过整体观察，二者的差别对产品观设计的整体视觉效果具有显著影响，则认为所述外观设计符合《专利法》第 23 条第 2 款的规定。判断外观设计是否符合《专利法》第 23 条第 1 款及第 2 款的规定时，应当基于外观设计产品的一般消者的知识水平和认知能力进行评价，一般消费者是一个虚拟的主体，作为本产品的一般消费者，对本专申请日之前本产品和其他类似产品的外观设计及其常用设计手法具有常识性的了解，对本专利和其他类以产品之间在形状、图案以及色彩上的区别具有一定的分辨力，但不会注意到产品的形状、图案以及色彩的微小变化。

（三）关于对《专利法》第 23 条第 2 款适用的随意性

上述评价报告其具体解释和说明并没有结合引用文件的内容，对如何满足《专利法》第 23 条第 1 款、第 2 款的规定进行阐述分析。同时，关于评价的内容中，都是单一文件的比对，并没有将现有设计特征进行组合对比，而审查结论却符合《专利法》第 23 条第 1 款、第 2 款的规定。

综上所述,笔者认为现有外观设计专利权评价报告存在审查员单一、具体解释及内容粗糙以及适用法律的随意性等问题。

五、当下如何颠覆性运用外观设计专利权评价报告

在现有外观设计专利权评价报告现状下,作为律师(代理人),在遇到具体案件时,笔者认为需要给当事人其外观设计专利作出关于稳定性的具体分析,以及合理的使用以及把控外观设计专利权评价报告。

在专利维权过程中,律师一般都建议当事人出具外观设计专利评价报告,有些法院甚至在立案时都要求原告提供外观设计专利权评价报告,专利行政查处的部门更是要求申请人提供。

本文鉴于外观设计专利评价报告其内容、结论的粗糙性,为此笔者提出几点颠覆性适用意见,与大家探讨:

1. 对于专利权人,如确定需要去打专利官司,尤其是针对市场仿冒者众多的情况下,笔者更是建议当事人应委托专业的律师先行对该专利进行充分检索,并对其稳定性进行充分、有效的分析。如果检索及分析后,并未发现有相关证据影响专利有效性的情况下,完全可建议专利权人无须中请外观设计专利权评价报告。

2. 对于代理律师,如果在接到案件时,专利权人已经作了专利权评价报告。此时需要跟当事人充分阐述专利权评价报告的性质,以及专利权评价报告其结果可能存在错误的情况。更需要注意的是,因作出评价报告的审查员无法了解该产品是否存在在先销售或者产品更迭过程中的新设计要点等情况作出的评价结果,此时代理律师需要补足这一块的功课,即充分地了解产品的现有市场的情况,帮助专利权人排查在先销售等情况;同时了解产品设计特征后,充分对现有设计组合可能影响专利的稳定性进行排查。

3. 对于法院(或行政查处部门),不应以原告在申请立案过程中,就要求出具外观设计专利权评价报告。同时,在审理案件过程中,法院完全可以将专利稳定性问题适度的采用举证责任分配的原则予以处理。具体为,对于原告而言,如专利的稳定性存在问题,其提起维权措施时就存在因为专利稳定性问题可能被驳回的情形,这一法律风险由原告承担。而在案件过程中,如被告未提交相关证据证明原告专利稳定性存在问题的证据的情况下,法院完全可以推定原告专利

权的稳定性,进而无须要求原告出具专利权评价报告;如果被告提交相关的证据甚至是专利权评价报告,初步认为原告专利不稳定的情形下,如被告已经就该专利提出无效,法院可以中止审理案件;如被告尚未提出无效,法院可以考虑审限的情况下,暂时驳回原告的起诉,原告可以根据专利无效的情况再行起诉。

六、外观设计专利权评价报告制度的完善

笔者根据以上阐述,现对外观设计专利权评价报告制度的完善提出以下几点建议,与大家探讨:

1. 在评价报告文件的显眼位置处明确评价报告的属性。

外观设计专利权评价报告在扉页合理位置处用显眼的字眼阐明:该评价报告的结果仅供申请外观设计专利权评价报告的主体参考之用,不具有法律效力。

2. 实行一申请一评判制度。

专利权评价报告可由不同利害关系主体申请,且每次申请其结论应该单独予以审核并评判,为此可防止专利检索的漏洞以及审查过程中审查员合复审员的主观判决等缺陷性因素。

3. 申请人可提交相关说明及证据制度。

专利权评价报告的申请人可以在申请的过程中,提供相关证据,比如在先销售的证据或者其他的对比设计文件,便于审查员采纳或者参考之用;同时申请主体可以对该外观设计的具体要点进行阐述,便于审查员更详细了解产品的设计要点,进而考虑是否可以采取设计特征的组合对比等方式。

4. 检索人员与审查人员分离。

在作专利权评价报告过程中,可施行检索人员与审核人员分离的制度。检索评价专利的相关对比设计文件后,可由另外的审查员对其进行评判是否满足《专利法》第 23 条第 1 款、第 2 款的规定,这样是外观设计专利“一般消费者”判断主体的“多重考虑”的体现,更能体现公正性。

5. 评价报告出具前的合议制度。

专利权评价报告应该由 3 人讨论出结果,不能由同一人审查、复核即得出结论。具体可以由检索人员进行检索,然后由 1 ~ 2 人审查员作出初步结论,然后 3 人复核最终定论。

6. 具体解释和说明的具体分析化。

外观设计专利权评价报告其作出的结论应该具体问题具体分析,并根据检索到的对比文件结合《专利法》第 23 条第 1 款、第 2 款的规定进行阐述,而并非模板化的结论。

《专利法》第四次修改条文解读

北京市盈科(深圳)律师事务所　宋　斌

我国《专利法》自1985年开始施行,分别在1992年、2000年和2008年进行过三次修改。经广泛征求意见并修改、审议后,第四次修改的《专利法修正案(2020)》于2020年10月17日由全国人大常委会正式通过,并于2021年6月1日起正式施行。

我国对《专利法》的第四次修改,主要在加强对专利权人合法权益的保护、促进专利实施和运用、完善专利授权制度等方面进行了一系列修改完善,为进一步激发全社会创新活力提供了有力的法律保障。

一、加强对专利权人合法权益的保护

(一)加大对侵犯专利权行为的惩罚力度

《专利法》(2008年修订)(以下简称旧法)中缺乏对恶意侵权的惩罚机制,并且法定赔偿额的上限仅为100万元。《专利法》(2020年修订)(以下简称新《专利法》)将旧法第65条改为第71条,增设了惩罚性赔偿制度,并将法定赔偿额提高,对恶意侵权行为的规制提供了法律依据。

1. 新增惩罚性赔偿制度

新《专利法》第71条第1款规定,对故意侵害专利权的恶意侵权人,人民法院可以在按照权利人受到的损失、侵权人获得的利益、或者专利许可使用费倍数计算的数额1~5倍内确定赔偿数额。

惩罚性赔偿制度的设立,能够对恶意侵权人起到威慑作用。

2. 提高法定赔偿额

新《专利法》第 71 条第 2 款将法定赔偿额上限提高至 500 万元、下限提高至 3 万元。该条款的修改加大了对专利权人的赔偿力度，能够提高侵权人的专利侵权成本，进一步维护专利权人的合法权益。

（二）完善举证责任

新《专利法》第 71 条第 4 款规定，在权利人已经尽力举证的情况下，人民法院有权将确定赔偿数额有关的举证责任转移给被控侵权行为人。

该举证规则同时也体现在《最高人民法院关于审理侵犯专利权纠纷案件应用法律若干问题的解释（二）》的第 27 条。举证责任转移将降低权利人的维权难度，从而有利于权利人争取更高的侵权赔偿金额。

（三）完善诉前行为保全措施

新《专利法》将旧法第 66 条改为第 72 条。新《专利法》第 72 条规定："专利权人或者利害关系人有证据证明他人正在实施或者即将实施侵犯专利权、妨碍其实现权利的行为，如不及时制止将会使其合法权益受到难以弥补的损害的，可以在起诉前依法向人民法院申请采取财产保全、责令作出一定行为或者禁止作出一定行为的措施。"

该条款在诉前禁令的适用情形中增加了"妨碍实现专利权人或者利害关系人权利的行为"，进一步扩大了诉前禁令适用的情形。

（四）完善专利行政保护

1. 假冒他人专利的行政处罚

新《专利法》将旧法第 63 条改为第 68 条。新《专利法》第 68 条规定："假冒专利的，除依法承担民事责任外，由负责专利执法的部门责令改正并予公告，没收违法所得，可以处违法所得五倍以下的罚款；没有违法所得或者违法所得在五万元以下的，可以处二十五万元以下的罚款；构成犯罪的，依法追究刑事责任。"

本条修改适当增加了假冒专利行政处罚力度，有利于通过行政手段加强专利保护。

2. 专利行政执法

新《专利法》将旧法第 64 条改为第 69 条，主要修改部分：第 1 款和第 3 款将行政执法部门名称进行修改；增加第 2 款"管理专利工作的部门应专利权人或者利害关系人的请求处理专利侵权纠纷时，可以采取前款第(一)项、第(二)项、第(四)项所列措施”。

本条修改主要有两点：一是适应性修改部门名称，在2019年机构改革中，“管理专利工作的部门”主要是指国家知识产权局及地方知识产权局；“负责专利执法的部门”主要为国家市场监督管理局和地方市场监督管理局。二是明确了行政机关在调处专利侵权纠纷时具有调查取证的权力。

3. 专利侵权行政查处

新《专利法》增加一条作为第70条：“国务院专利行政部门可以应专利权人或者利害关系人的请求处理在全国有重大影响的专利侵权纠纷。”

“地方人民政府管理专利工作的部门应专利权人或者利害关系人请求处理专利侵权纠纷，对在本行政区域内侵犯其同一专利权的案件可以合并处理；对跨区域侵犯其同一专利权的案件可以请求上级地方人民政府管理专利工作的部门处理。”

本条修改主要有两点：一是赋予国家知识产权局直接处理重大专利侵权纠纷案件的权力，在旧法中，国家知识产权局不承担处理专利侵权纠纷的职责，新《专利法》第70条第1款赋予了国家知识产权局处理在全国有重大影响的专利侵权纠纷案件的权力，有助于更加高效、正确地处理重大案件。二是通过立法形式赋予了地方专利管理部门在处理专利侵权纠纷过程中更多的灵活性和管辖方面的依据。

(五)新增诚实信用原则

新《专利法》增加一条作为第20条：“申请专利和行使专利权应当遵循诚实信用原则。不得滥用专利权损害公共利益或者他人合法权益。滥用专利权，排除或者限制竞争，构成垄断行为的，依照《中华人民共和国反垄断法》处理。”

本条明确了申请专利和行使专利权应当遵循诚实信用原则。

1. 诚实信用

诚实信用作为民法的基本原则，被增加至新《专利法》中，强化了诚实信用原则对权利人申请专利和行使专利权的指导作用，这也是为了规制目前市场上大量存在的不规范申请和滥用专利权的行为。例如，在专利申请中就出现了一些不诚信行为，比如，通过非正当方式申请骗取政府补贴、伪造数据、杜撰技术效果等，再如，利用无关专利对竞争对手发起恶意诉讼、利用无关专利向电商平台恶意投诉等不诚信行为。

2. 不得滥用专利权

对于不得滥用专利权原则，其实是有一定的针对性，主要规制对象包括了标准必要专利的权利人。将“滥用专利权”与《反垄断法》关联，对于引导“标准必要专利权人”依法实施和运用其专利权具有重要的积极意义。虽然新《专利法》现在明确规定了构成垄断行为的应当依照《反垄断法》处理，但如何将专利权的正常行使行为与构成垄断行为之间的边界进行界定，仍将是后续司法实践面临的一个问题。

（六）新增专利期限补偿制度和药品专利纠纷早期解决程序有关条款

1. 专利期限补偿

新《专利法》在第42条第2款、第3款分别规定了在申请过程中的非因申请人引起的不合理延迟而对发明专利权进行补偿，以及因新药上市审批所占用的时间而对药品发明专利进行期限补偿的制度。

第2款规定：“自发明专利申请日起满四年，且自实质审查请求之日起满三年后授予发明专利权的，国务院专利行政部门应专利权人的请求，就发明专利在授权过程中的不合理延迟给予专利权期限补偿，但由申请人引起的不合理延迟除外”。弥补了权利人因为其不可控的审查期限所导致不合理延迟，使专利实际保护期限缩短而带来的损失，也是对申请人的友好规定，但具体如何补偿，还需通过《专利法实施细则》进一步明确。

第3款规定：“为补偿新约上市审评审批占用的时间，对在中国获得上市许可的新药相关发明专利，国务院专利行政部门应专利权人的请求给予专利权期限补偿。补偿期限不超过五年，新药批准上市后总有效专利权期限不超过十四年”。虽加大了对新药的保护力度，但为鼓励近似药品的研发和上市，同时为避免不恰当地推迟仿制药的上市时间，药品专利所延长的期限同时受到“延长期上限5年”和“药品上市后专利权有效期上限14年”的双重限制。

2. 药品专利纠纷早期解决程序

新《专利法》增加一条作为第76条：“药品上市审评审批过程中，药品上市许可申请人与有关专利权人或者利害关系人，因申请注册的药品相关的专利权产生纠纷的，相关当事人可以向人民法院起诉，请求就申请注册的药品相关技术方案是否落入他人药品专利权保护范围作出判决。国务院药品监督管理部门在规定的期限内,可以根据人民法院生效裁判作出是否暂停批准相关药品上市的决定。药品上市许可申请人与有关专利权人或者利害关系人也可以就申请注册的药品相关的专利权纠纷,向国务院专利行政部门请求行政裁决。国务院药品监督管理部门会同国务院专利行政部门制定药品上市许可审批与药品上市许可申请阶段专利权纠纷解决的具体衔接办法,报国务院同意后实施。”

本条新增内容是关于药品上市许可申请与审批过程中专利纠纷早期解决机制的规定,在药品上市前先行解决部分潜在的专利纠纷,以此降低药品上市风险,更好地平衡了专利权人、仿制药企业和社会公众三者之间的利益。

二、促进专利实施和运用

(一)完善职务发明制度

1. 职务发明创造的实施和运营

新《专利法》将第6条第1款增加:“该单位可以依法处置其职务发明创造申请专利的权利和专利权,促进相关发明创造的实施和运用。”

这条修改实际上是强调单位对职务发明的申请权和专利权有自由处置权,目的是推动职务发明的实施和运用,促进企业在专利商业化方面的努力。

2. 职务发明创造的发明人的灵活奖酬机制

新《专利法》将旧法第16条改为第15条,增加一款作为第2款:“国家鼓励被授予专利权的单位实行产权激励,采取股权、期权、分红等方式,使发明人或者设计人合理分享创新收益。”

本次修改扩大了“创新收益”的范围,不仅能够通过鼓励单位对职务发明人采取更加灵活多样的激励机制来激发发明人和设计人的创新积极性,更大程度上鼓励创新创造,还有利于减轻中小企业,尤其是初创企业在专利实施以及运营初期的负担。

3. 新增专利开放许可制度

新《专利法》增加的第50条、第51条、第52条均是对设立开放许可制度的规定,创设了专利权人自愿许可声明制度。

新《专利法》第50条规定:“专利权人自愿以书面方式向国务院专利行政部门声明愿意许可任何单位或者个人实施其专利,并明确许可使用费支付方式、标准的,由国务院专利行政部门予以公告,实行开放许可。就实用新型、外观设计专利提出开放许可声明的,应当提供专利权评价报告。专利权人撤回开放许可声明的,应当以书面方式提出,并由国务院专利行政部门予以公告。开放许可声明被公告撤回的,不影响在先给予的开放许可的效力。”

第 51 条规定:“任何单位或者个人有意愿实施开放许可的专利的,以书面方式通知专利权人,并依照公告的许可使用费支付方式、标准支付许可使用费后,即获得专利实施许可。开放许可实施期间,对专利权人缴纳专利年费相应给予减免。实行开放许可的专利权人可以与被许可人就许可使用费进行协商后给予普通许可,但不得就该专利给予独占或者排他许可。”

第 52 条规定:“当事人就实施开放许可发生纠纷的,由当事人协商解决;不愿协商或者协商不成的,可以请求国务院专利行政部门进行调解,也可以向人民法院起诉。”

依据上述规定,专利权人作出开放许可声明之后,有意实施该专利的人只需按照专利权人声明的标准付费即可,无须再得到专利权人的事先许可,也不必专门做《专利实施许可合同》备案,而且新《专利法》鼓励开放许可,并给予声明开放许可的专利年费减免的政策,极大降低了专利实施许可的交易成本。

(二)加强专利转化服务

新《专利法》增加一条作为第 48 条:“国务院专利行政部门、地方人民政府管理专利工作的部门应当会同同级相关部门采取措施,加强专利公共服务,促进专利实施和运用。”

本条修改是为了强化地方知识产权管理部门的职能,提升国务院专利行政部门和地方知识产权管理部门对专利管理的体系化水平。及时发布、传播和有效利用专利信息,对提高专利创新起点、减少重复研发、避免侵犯他人专利权、促进创新均具有重要意义。

三、完善专利授权制度

(一)进一步完善外观设计保护相关制度

1. 明确给予局部外观设计专利保护

新《专利法》将第 2 条第 4 款修改为:“外观设计,是指对产品的整体或者局部的形状、图案或者其结合以及色彩与形状、图案的结合所作出的富有美感并适于工业应用的新设计。”

这条是对专利保护客体定义进行的修改，具体是对外观设计专利定义进行的修改，引入了局部外观设计，扩大了外观设计保护范围，进而鼓励创新，但与此同时，外观设计专利的授权、确权、侵权判定程序将更加复杂，外观设计专利申请量预计也会较大幅度增加，另外，在专利无效、专利侵权的判定中一直秉承的“整体观察、综合判断”的原则也需要做适应性的调整与应用，这些内容均需要在后续的实践中进行明确。将局部外观设计纳入专利保护的客体，是在专利立法层面进行的重大调整，从长远来看，这项修改符合我国工业发展的需要，也有利于激励、保护创新。

2. 延长外观设计专利保护期限

新《专利法》将第 42 条第 1 款修改为：“发明专利权的期限为二十年，实用新型专利权的期限为十年，外观设计专利权的期限为十五年，均自申请日起计算。”

本条修改将外观设计的保护期限由 10 年延长到 15 年。《海牙协定》要求缔约方提供不低于 15 年的保护期，因此本次修法与国际接轨，进一步加强对外观设计专利权的保护。

3. 增加外观设计专利申请国内优先权制度

新《专利法》将第 29 条第 2 款修改为：“申请人自发明或者实用新型在中国第一次提出专利申请之日起十二个月内，或者自外观设计在中国第一次提出专利申请之日起六个月内，又向国务院专利行政部门就相同主题提出专利申请的，可以享有优先权。”

本条修改是增设外观设计专利的国内优先权制度。旧法只规定有外观设计国外优先权制度，而没有规定外观设计国内优先权制度，主要是因为缺乏实际意义。现在，伴随新《专利法》第 2 条关于局部外观设计制度的引入，外观设计国内优先权制度才有存在的现实意义，比如先申请整体外观设计专利，后续可以依据国内优先权的规定，在 6 个月内申请局部外观设计专利时，即可引用整体外观设计专利优先权。另外，外观设计专利国内优先权制度的设立，对我国后续加入《海牙协定》也具有积极意义。

4. 优先权程序性规定

新《专利法》将第 30 条修改为：“申请人要求发明、实用新型专利优先权的，应当在申请的时候提出书面声明，并且在第一次提出申请之日起十六个月内，提交第一次提出的专利申请文件的副本。申请人要求外观设计专利优先权的，应当在申请的时候提出书面声明，并且在三个月内提交第一次提出的专利申请文件的副本。申请人未提出书面声明或者逾期未提交专利申请文件副本的，视为未要求优先权。”

本条修改主要是延长发明、实用新型优先权副本提交期限，增加外观设计优先权副本提交期限。对于申请人提出关于优先权的要求，给予更宽松的条件，这是对申请人的友好规定。

（二）增加新颖性宽限期的适用情形

新《专利法》在第 24 条中增加一项作为第 1 项：“（一）在国家出现紧急状态或者非常情况时，为公共利益目的首次公开的。”

本条修改主要是增加一项法定“不丧失新颖性公开”的情形，将国家出现紧急状态或者非常情况时基于公共利益的首次公开纳入其中，此规定是基于最根本的公共利益的考量，合理且必要。例如，在此次新冠疫情之下，若有新的治疗药物为了公共利益目的首次公开，便可适用此条款。

（三）完善专利权评价报告制度等

新《专利法》将旧法第 61 条改为第 66 条，将第 2 款末尾增加：“专利权人、利害关系人或者被控侵权人也可以主动出具专利权评价报告。”

司法实践中，专利权人、利害关系人为证明实用新型、外观设计专利的权利具有稳定性，而主动向法院出具专利权评价报告的情况普遍存在。现行《专利法实施细则》第 56 条仅赋予了专利权人和利害关系人请求国务院专利行政部门出具专利权评价报告的权利，对于被控侵权人来讲，其无权请求出具。但是，已经出具的评价报告，任何人均可查阅或者复制，并不影响被控侵权人依法获得并向法院提交已经出具的专利权评价报告，所以此条修改并不当然赋予被控侵权人请求出具专利权评价报告的权利。在新《专利法》的基础上，对《专利法实施细则》进行修改时，是否要赋予被控侵权人请求出具专利权评价报告的权利，尚待确定。

《专利法》第四次修改历时长远，我国基于多年的实践经验，参考国际已有的成熟做法，中间经过多次修改，涉及专利的方方面面。此次修改与我国经济发展相适应，有利于维护专利权人合法权益，激励全社会创新热情，实现专利价值，促进专利向产业运用，对我国与国际接轨产生重要推动作用。

专利布局的“三权”逻辑

北京盈科(上海)律师事务所　陈　晨

专利布局是指企业综合产业、市场和法律等因素,对专利进行有机结合,涵盖了企业利害相关的时间、地域、技术和产品等维度,构建严密高效的专利保护网,最终形成对企业有利格局的专利组合。

在专利布局过程中,专利的“三权”逻辑尤其重要。所谓专利“三权”,是指确权、用权和维权。“确权”是指申请人获得专利权的过程,是进行专利布局的起始点。专利研发的投入往往数额较大,申请人在研发过程中需要重点分析技术方案是否符合专利申请的法定要件,是否具备新颖性、创造性和实用性,以免浪费时间和资源。“用权”是指专利申请人应当明确专利权的归属,规划后续以何种形式实施专利,并且针对不同的专利实施需求进行专利布局。“维权”是指专利权人对于侵权行为进行监控以及维权。专利权人在发现涉嫌侵权行为后,需要判断该行为是否落入自己专利的保护范围内,涉嫌侵权人是否有法定抗辩事由,以及确认侵权后续的搜集取证工作。

一、专利布局与专利确权

(一)专利的种类

我国《专利法》规定的专利类型包括发明、实用新型和外观设计。发明是指对产品、方法或者其改进所提出的新的技术方案。实用新型是指对产品的形状、构造或者其结合所提出的适于实用的新的技术方案。外观设计是指对产品的形状、图案或者其结合以及色彩与形状、图案的结合所作出的富有美感并适于工业应用的新设计。

作为同属于技术方案的实用新型,相较于发明更容易获得授权,实践中常常采用将实用新型和发明同时申请的做法。根据我国《专利法》的规定,授予专利权的发明和实用新型,都应当具备新颖性、创造性和实用性。但《专利法》对实用新型专利的申请规定了比发明专利简化的审批程序,对实用新型只进行初步审查,而对发明专利除了初步审查之外,还需要进行实质审查。并且在专利的创造性审查过程中,发明专利需要具备“突出的实质性特点和显著的进步”,而实用新型专利只需具备“实质性特点和进步”。所以二者相比,实用新型相较于发明授权的难度更低,流程也更为简便。

(二)授予专利的条件

1. 新颖性

新颖性,是指该发明或者实用新型不属于现有技术;也没有任何单位或者个人就同样的发明或者实用新型在申请日以前向国务院专利行政部门提出过申请,并记载在申请日以后公布的专利申请文件或者公告的专利文件中。简单来说,是在申请日以前不为国内外公众所知的技术。一般专利技术如果被“公开”,就丧失了新颖性,不能授予专利。

“公开”一般包括三种方式。书面公开,即在申请日之前有同样的技术在国内外以书面方式公开发表过,该项发明或者实用新型所要求保护的技术方案就被认为已经公开,成为现有技术了。对于书面公开,也有一些域外国家将新颖性的标准限制在国内范围的公开,而我国采取的是“世界标准”。使用公开,即同样的技术在国内外曾被公开使用过,则这项发明或者实用新型就会被认为构成现有技术,在后申请就不具有新颖性了。其他方式的公开,除书面公开和使用公开,口头交接、演讲、报告、发言、授课等公开方式如果能够使公众得知技术内容,也会使技术成为现有技术。

在实践中,公开的判断标准主要在于是否能够使不受特定条件限制的人能够获得,而人的数量、地域范围等因素不足以对专利法意义上公众构成限制。例如,将博士学位论文保存在公共图书馆中就能构成公开。[①] 专利申请的对比文件(记载现有技术的文件)是一本德国大学的博士学位论文,其并未通过出版等常规途径发表,但已在被编目后保存在该大学的图书馆中,该校师生及公众均可

---

① See In Hall, 781 F. 2d 897, at 899(Fed. Cir. ,1986).

在图书馆中免费查阅。专利申请人认为:对比文件仅保存在一所外国大学的图书馆中,不足以构成书面公开。美国联邦巡回上诉法院认为:公众是否能够获取对比文件,是判断该对比文件是否已经以书面形式公开的关键。而该博士学位论文被编目和保存后,任何感兴趣的人都可以去图书馆查阅,因此其充分描述的技术已公开。

2. 创造性

创造性,是指与现有技术相比,该发明具有突出的实质性特点和显著的进步,该实用新型具有实质性特点和进步。

创造性的判断主要根据《专利审查指南》中的三个步骤:确定最接近的现有技术、确定发明的区别特征和发明实际解决的技术问题、判断要求保护的发明对于本领域的技术人员来说是否显而易见。其中第三步是创造性判断中最核心、最关键的步骤。所谓“本领域的技术人员”并非某一特定的个人,而是一个专利法意义上假设的个体,他知晓申请日或者优先权日之前发明所属技术领域的普通技术知识,能够获知该领域中所有的现有技术,并且具有应用该日期之前常规实验手段的能力,但他不具有创造能力。

3. 实用性

实用性,是指该发明或者实用新型能够制造或者使用,并且能够产生积极效果。其中,“能够制造或者使用”是指发明或者实用新型的技术方案具有在产业中被制造或使用的可能性,即满足实用性要求的技术方案不能违背自然规律且应具有再现性。“能够产生积极效果”,则要排除明显无益、脱离社会需要的技术方案。

实践中,有六种情形一般被视为不具备实用性。(1)无再现性。是指所属技术领域的技术人员根据公开的技术内容,不能重复实施专利申请中的技术方案。(2)违背自然规律的发明或实用新型专利是不能实施的,而且这种不能实施是技术方案本身固有的缺陷造成的。(3)利用独一无二的自然条件的产品。(4)人体或者动物体的非治疗目的的外科手术方法。由于是以有生命的人或者动物为实施对象,无法在产业上使用,因此不具备实用性。(5)无积极效果。(6)测量人体或者动物体在极限情况下的生理参数的方法。

二、专利布局与专利用权

“专利用权”是指专利权人自己实施或许可他人实施专利。企业在进行专利布局时应当考虑未来预计以何种形式实施专利或欲阻止他人对专利的何种实施行为,侧重于保护产品还是保护方法或是保护产品的外观设计,针对不同的专利实施需求进行专利布局。

(一)根据不同的专利类型进行布局

1. 产品专利

产品专利对应的权利包括制造权、使用权、销售权、许诺销售权和进口权。产品专利是以产品为中心的保护模式,产品专利的法律效力能够控制所有与专利产品相同的产品,不管这种产品是采用什么方法产生的。

2. 方法专利

对于方法本身,对应的权利包括使用权。对于以方法专利直接获得的产品,对应的权利包括使用权、销售权、许诺销售权和进口权。方法专利是以方法为主兼顾产品的保护模式,它能够同时包括对方法和产品的保护,“方法”可以是制造方法、作业方法和使用方法等类型。其中对产品的保护仅涉及对制造方法直接产生的产品的保护。

3. 外观设计专利

外观设计专利对应的权利包括制造权、销售权、许诺销售权和进口权。外观设计专利权的保护范围以表示在图片或者照片中的外观设计专利产品为准。我国《专利法》规定,外观设计专利权并不控制对外观设计专利产品进行使用的行为,使用行为并不侵犯外观设计专利权。基于外观设计专利是无形的工业产品设计方案与有形的工业产品相结合的特征,法律要妥善地规制与保护外观设计专利权,只能从调整有形的专利产品的制造、销售、许诺销售、进口等环节入手。

(二)专利许可方式

根据专利实施许可的权利和范围大小,可以选择专利实施许可的方式。专利许可包括三种许可类型:独占许可、排他许可和普通许可。

独占许可是指仅被许可人才能实施这项专利技术。独占许可是授予被许可人最大权利的许可,被许可人享有排除一切人使用许可专利的权利。

排他许可是指仅专利权人和被许可人可以实施此项专利。

普通许可是指除专利权人和被许可人,在取得专利权利人允许的第三人也可以使用这项专利。专利普通许可对专利权人的约束最小,专利权人可以许可任何人使用其专利而不受限制,所有被许可人对授予的专利权都享有同等权利。

专利许可的方式对被许可人的诉权影响较大,独占许可的被许可人可单独提起诉讼;排他许可的被许可人在权利人不主张时,可以起诉;而普通许可的被许可人须经许可人明确授权,才可进行起诉。

(三)权利归属方式

实践中,涉及专利权属的纠纷较为频发,因其直接关系到专利权到底属于谁,牵扯各方重大利益。

1. 职务发明

根据《专利法》第6条的规定,职务发明创造是指执行本单位的任务或者主要利用本单位的物质技术条件所完成的发明创造。职务发明创造申请专利的权利属于该单位,申请被批准后,该单位为专利权人。利用本单位的物质技术条件所完成的发明创造,单位与发明人或者设计人订有合同,对申请专利的权利和专利权的归属作出约定的,从其约定。

根据《专利法实施细则》第12条第1款的规定,确认涉案专利为职务发明创造应同时满足以下条件:一是作出发明创造的发明人曾是主张权利的原单位员工;二是该员工对发明创造的实质性特点作出了创造性贡献;三是发明创造是员工离职后1年内作出的;四是发明创造的内容与该员工在原单位承担的本职工作或者原单位分配的任务有关。

2. 合作开发的发明创造

两个以上单位或者个人合作完成的发明创造。除另有协议的以外,申请专利的权利属于完成或者共同完成的单位或者个人;申请被批准后,申请的单位或者个人为专利权人。

合作开发完成的发明创造,除当事人另有约定外,申请专利的权利属于合作开发的当事人共有。当事人一方转让其共有的专利申请权的,其他各方享有以同等条件优先受让的权利。合作开发的当事人一方声明放弃其共有的专利申请权的,可以由另一方单独申请或者由其他各方共同申请。申请人取得专利权的,放弃专利申请权的一方可以免费实施该专利。但需要注意的是,合作开发的当事人一方不同意申请专利的,另一方或者其他各方不得申请专利。

3. 委托开发

单位或者个人接受其他单位或者个人委托所完成的发明创造,同样是约定优先。除另有协议的以外,申请专利的权利属于研究开发人;申请被批准后,申请的单位或者个人为专利权人。研究开发人取得专利权的,委托人可以免费实施该专利。研究开发人转让专利申请权的,委托人享有以同等条件优先受让的权利。

三、专利布局与专利维权

专利权人认为自己的专利受到侵害后,应首先将对方技术与自己的专利技术进行分析比对,确定对方的技术特征是否落入自己专利的保护范围内,以确定专利侵权是否成立。在确认专利权有效、专利侵权成立之后,就可以进行证据搜集工作,正式启动专利维权。

(一)专利侵权的构成要件

构成专利侵权的要件与普通民事侵权有所不同,一般民事侵权需要满足过错(包括故意和过失)要件,而专利侵权则不要求有过错要件。

1. 原告享有相关专利权

原告应当是专利权人或专利被许可人。如前文所述,不同的许可模式会对被许可人的诉权有一定影响。普通许可中的被许可人须经许可人明确授权,才可进行起诉。

以"海南爱科制药有限公司与福州海王福药制药有限公司、海南豪迈医药有限公司专利权侵权纠纷上诉案"为例,第三人微生物公司将其所获得的发明专利许可海南爱科制药有限公司(以下简称爱科公司),爱科公司在约定许可实施专利的范围内获得的是普通实施许可。海南省海口市中级人民法院一审认为,"由于爱科公司获得的是普通实施许可权,与独占、排他实施许可权不同,普通实施许可获得的只是实施该项专利的权利,没有排除他人实施该项专利的权利,而诉讼权利的获得是以享有实体权利为前提的,是对受损的实体权利的救济。因此爱科公司虽有第三人江苏微生物公司同意爱科公司起诉的《声明》,但由于没有相应的实体权利,故不享有相应的诉讼权利。原告以自己的名义提起诉讼,没有法律依据,应予驳回"。[①] 海南省高级人民法院认为,由于专利权人微生物公司已对爱科公司的诉权进行了授权,因此原审法院应对此案进行实体审

---

① 参见海南省海口市中级人民法院民事裁定书,(2007)海中法民三重字第8号。

理。撤销原审裁定,由原审法院进行审理。[①]

2. 侵权行为发生时原告专利权未终止

专利的有效性是权利人拥有该专利权的证明,也是发起诉讼的首要条件。如果涉案专利尚未授权,或者专利权期限届满、专利权被宣告无效/终止,那他人实施的行为不会构成侵权。专利权的保护期自申请日起计算,发明专利权为20年,实用新型专利权为10年,外观设计专利权为15年。由于发明专利相较于实用新型专利和外观设计专利而言创造性要求较高,技术的研究开发通常要花费巨大的投资,需要相对较长的时间才足以使专利权人的经济利益得到实现。

以“深圳市大使箱包实业有限公司与王某兵、浙江银座箱包有限公司侵害外观设计专利权纠纷案”为例。[②] 深圳市大使箱包实业有限公司(以下简称大使公司)是涉案专利的独占被许可人,其在专利期满后,针对期满前诉讼时效内的案件提起诉讼。杭州市中级人民法院认为,被控侵权行为发生时,涉案专利尚在有效期限内,大使公司当时作为涉案专利的独占被许可人,享有对侵犯涉案专利行为之诉权。

3. 专利权稳定

根据《专利法》第47条第1款的规定,宣告无效的专利权视为自始即不存在。视为没有权利,则不得诉权。

以“广州熵能创新材料股份有限公司与上海圣威贸易有限公司、常熟振氟新材料有限公司侵害发明专利权纠纷案”为例。[③] 广州熵能创新材料股份有限公司(以下简称熵能公司)拥有名为“一种热塑性树脂的防滴落剂及其制备和使用方法”发明专利,并认为常熟振氟新材料有限公司(以下简称振氟公司)侵犯了其专利权。振氟公司在一审审理期间向复审和无效审理部(当时的专利复审委员会)提出了针对该发明的无效宣告请求,最终复审和无效审理部宣告系争专利的权利要求1~4、8~10无效。涉案专利的无效结果导致熵能公司目前持有的涉案专利的效力处于不稳定状态,其效力仍有待随之可能产生的相关诉讼的最终结果确定。有鉴于此,上海市第一中级人民法院裁定驳回原告熵能公司的起诉。虽然熵能公司之后就该裁定向上海市高级人民法院提起上诉,依旧被

---

① 参见海南省高级人民法院民事裁定书,(2008)琼民二终字第21号。

② 参见浙江省杭州市中级人民法院民事判决书,(2018)浙01民初1405号。

③ 参见上海市高级人民法院民事判决书,(2015)沪高民三(知)终字第3号。

驳回上诉,维持原裁定。

除以上三点外,专利侵权的要件还包括涉嫌侵权行为使用了专利权,以及该行为落入保护范围。

(二)落入专利权的保护范围

专利权的保护范围是指专利权的效力所及的发明创造的范围。具体来讲,就是专利效力所涉及的发明创造的技术特征和技术幅度。只有纳入专利权范围的技术内容才是专利法提供保护的对象。

确定专利权的保护范围主要是根据权利要求书和说明书的内容。根据《专利法》第64条的规定,发明或者实用新型专利权的保护范围以其权利要求的内容为准,说明书及附图可以用于解释权利要求的内容。外观设计专利权的保护范围以表示在图片或者照片中的该产品的外观设计为准,简要说明可以用于解释图片或者照片所表示的该产品的外观设计。

以"旭卡机电(启东)有限公司与东尚船舶配件(上海)有限公司侵害实用新型专利权纠纷案"为例。[①] 原告旭卡机电(启东)有限公司(以下简称旭卡公司)拥有名为"一种新型螺纹插销固定座"的实用新型专利,被告东尚船舶配件(上海)有限公司(以下简称东尚公司)在其公司网站、中国境内展会上许诺销售了一款与之相似但不带有螺纹的产品,旭卡公司认为该产品涉嫌侵犯其专利权,诉至法院。该专利权利要求1为:"一种新型螺纹插销固定座,其特征在于:所述新型螺纹插销固定座包括底座,衬套管和立柱,所述底座上安装有衬套管,所述立柱套接在衬套管中安装于底座上。"其中插销固定座和螺纹插销固定座的定义。旭卡公司由于取证不到位,故仅取证到了不带有螺纹的证据,而旭卡公司所主张的权利要求是包含底座、衬套管、立柱在内的固定座,权利要求仅名称带有螺纹,实则不带有螺纹。此种情形属于权利要求存在缺陷的情况,需要进行解释。上海知识产权法院认为,该专利权利要求1为一种带有螺纹的固定座,系通过螺纹连接,旭卡公司主张将权利要求保护范围限定为不带有螺纹的衬套管、立柱和底座组成的固定座与说明书中背景技术、实用新型内容存在矛盾,因此最终判决东尚公司的行为不构成侵权。

---

① 参见上海知识产权法院民事判决书,(2016)沪73民初66号。

(三)确定专利保护范围的原则——全面覆盖原则

全面覆盖,是指被控侵权物(产品或方法)将专利权利要求中记载的技术方案的必要技术特征全部再现被控侵权物(产品或方法)与专利独立权利要求中记载的全部必要技术特征一一对应并且相同。

根据《最高人民法院关于审理侵犯专利权纠纷案件应用法律若干问题的解释》(2009 年)第 7 条的规定,被诉侵权技术方案的技术特征与权利要求记载的全部技术特征相比,缺少权利要求记载的一个以上的技术特征,或者有一个以上技术特征不相同也不等同的,人民法院应当认定其没有落入专利权的保护范围。

全面覆盖原则下又包括了相同侵权与等同侵权判断。相同侵权是指被诉侵权技术方案包含了与权利要求记载的全部技术特征相同的对应技术特征。但也有例外情形,如果权利要求中的文字表述已将增加的新的技术特征排除在外,则不应当认为被诉侵权技术落入该权利要求的保护范围。例如,组合物的封闭式权利要求。等同侵权是指被诉侵权技术方案由一个或者一个以上技术特征与权利要求记载的技术特征以基本相同的手段(以被诉侵权行为发生日为界)、实现基本相同的功能、达到基本相同的效果,并且所述技术领域的普通技术人员无须创造性劳动就能够想到的特征。

以"哈尔滨工业大学星河实业有限公司与江苏润德管业有限公司侵犯发明专利权纠纷案"为例。① 原告哈尔滨工业大学星河实业有限公司(以下简称星河公司)拥有一项发明专利,专利权利要求 1 保护的是一种排水管道,权利要求 2 引用权利要求 1 保护的是一种排水管道的方法,权利要求 6 引用权利要求 1 保护的是排水管的装置。被告江苏润德管业有限公司(以下简称润德公司)的产品不包含权利要求 2 中涉及的"钢带上有若干矩形或圆形通孔或钢带两侧轧制有纹路"和"两个加强肋之间塑料形状具有中间凸起"两个技术特征,星河公司认为润德公司的产品侵犯其专利权。最高人民法院认为,通常情况下,在确定权利要求的保护范围时,权利要求中记载的主题名称应当予以考虑,而实际的限定作用应当取决于该主题名称对权利要求所要保护的主题本身产生了何种影响。本案中,确定权利要求 2 和权利要求 6 的保护范围时,均应当考虑其主题名称对其所要求保护的主题本身实际上所起的限定作用。在确定引用在前独立权利要

① 最高人民法院民事裁定书,(2013)民申字第 790 号。

求的并列独立权利要求的保护范围时,虽然被引用的在前独立权利要求的特征应当予以考虑,但其对该并列独立权利要求并不必然具有限定作用,其实际的限定作用应当根据其对该并列独立权利要求的技术方案或保护主题是否有实质性影响来确定。法院最终裁定驳回原告的诉讼请求。

再以“中山市派洛照明科技有限公司、长沙银湖灯饰有限公司侵害发明专利权纠纷案”为例。[①] 原告宁海双美电子有限公司(以下简称双美公司)拥有名为“一种电子仿真蜡烛的烛焰片摇曳装置”发明专利,被告中山市派洛照明科技有限公司、长沙银湖灯饰有限公司和金某莲涉嫌侵犯该专利权。三被告主张被诉侵权产品的凸柱的上面中心所设凹槽为平面,与涉案专利的凹槽为球面形的技术特征不相同。被诉侵权技术方案与专利技术方案不相同也不等同。广州知识产权法院一审认定,根据涉案专利权利要求书的记载,所述凸柱的上面中心设有球面形的凹槽称为臼窝,烛焰片的所述支点凸活动支撑在支架的所述臼窝中。被诉侵权产品的顶针亦是活动支撑在支架平面凹槽中。如果没有该凹槽,烛焰片则无法活动支撑在支架上。虽然被诉侵权产品上的凹槽底面为平面的结构,但与涉案专利的球面结构相比,属该领域惯常的替换手段,两者功能相同,效果也无明显差异,是本领域普通技术人员无须创造性劳动就能联想到的,属于等同的技术特征,法院最终认定三被告构成侵权。

(四)专利侵权抗辩事由

在知识产权侵权诉讼中,侵权抗辩对于被告一方非常重要,在制定侵权抗辩策略时,被告可以灵活使用不同的抗辩事由。抗辩事由主要可以分为三类:不落入保护范围抗辩、不视为侵权行为的抗辩和合法来源抗辩。

1. 不落入保护范围抗辩

根据《专利法》第 64 条的规定,发明或者实用新型专利权的保护范围以其权利要求的内容为准,说明书及附图可以用于解释权利要求的内容。外观设计专利权的保护范围以表示在图片或者照片中的该产品的外观设计为准,简要说明可以用于解释图片或者照片所表示的该产品的外观设计。

(1)禁止反悔原则抗辩。

根据《最高人民法院关于审理侵犯专利权纠纷案件应用法律若干问题的解

---

① 广东省高级人民法院民事判决书,(2018)粤民终 1890 号。一审案号:(2017)粤 73 民初 2667 号。

释》(2009年)第6条的规定,专利申请人、专利权人在专利授权或者无效宣告程序中,通过对权利要求、说明书的修改或者意见陈述而放弃的技术方案,权利人在侵犯专利权纠纷案件中又将其纳入专利权保护范围的,人民法院不予支持。

在适用禁止反悔原则时应当注意,专利权人对有关技术特征所作的限制承诺或者放弃必须是明示的,并已被记录在专利文档中,而且专利权人作出限制承诺或者放弃保护的技术内容对专利权的授予或者维持专利权的有效产生了实质性的作用。

(2)捐献原则抗辩。

根据《最高人民法院关于审理侵犯专利权纠纷案件应用法律若干问题的解释》(2009年)第5条的规定,对于仅在说明书或者附图中描述而在权利要求中未记载的技术方案,权利人在侵犯专利权纠纷案件中将其纳入专利权保护范围的,人民法院不予支持。

(3)现有技术抗辩。

根据《专利法》第67条的规定,在专利侵权纠纷中,被控侵权人有证据证明其实施的技术或者设计属于现有技术或者现有设计的,不构成侵犯专利权。根据《最高人民法院关于审理侵犯专利权纠纷案件应用法律若干问题的解释》(2009年)第14条的规定,被诉落入专利权保护范围的全部技术特征,与一项现有技术方案中的相应技术特征相同或者无实质性差异的,人民法院应当认定被诉侵权人实施的技术属于《专利法》第62条(现第67条)规定的现有技术。被诉侵权设计与一个现有设计相同或者无实质性差异的,人民法院应当认定被诉侵权人实施的设计属于《专利法》第62条规定的现有设计。根据《最高人民法院关于审理侵犯专利权纠纷案件应用法律若干问题的解释(二)》(2020年修正)第22条的规定,对于被诉侵权人主张的现有技术抗辩或者现有设计抗辩,人民法院应当依照专利申请日时施行的专利法界定现有技术或者现有设计。

现有技术,是指申请日以前在国内外为公众所知的技术。界定现有技术的时间是申请日,享有优先权的,则指优先权日。广义上说,申请日以前公开的技术内容都属于现有技术,但申请日当天公开的技术内容不包括在现有技术范围内。现有技术包括三个特征:必须产生于原告主张所保护的专利的申请日之前、可以是国内或者国外的技术、必须为公众所知。

2. 不视为侵权行为的抗辩

根据《专利法》第 75 条的规定，有下列情形之一的，不视为侵犯专利权：(1)专利产品或者依照专利方法直接获得的产品，由专利权人或者经其许可的单位、个人售出后，使用、许诺销售、销售、进口该产品的；(2)在专利申请日前已经制造相同产品、使用相同方法或者已经作好制造、使用的必要准备，并且仅在原有范围内继续制造、使用的；(3)临时通过中国领陆、领水、领空的外国运输工具，依照其所属国同中国签订的协议或者共同参加的国际条约，或者依照互惠原则，为运输工具自身需要而在其装置和设备中使用有关专利的；(4)专为科学研究和实验而使用有关专利的；(5)为提供行政审批所需要的信息，制造、使用、进口专利药品或者专利医疗器械的，以及专门为其制造、进口专利药品或者专利医疗器械的。

以上五项分别被称为权利用尽抗辩、先用权抗辩、临时过境抗辩、科研及实验目的抗辩、医药行政审批抗辩。

3. 合法来源抗辩

根据《专利法》第 77 条的规定，为生产经营目的使用、许诺销售或者销售不知道是未经专利权人许可而制造并售出的专利侵权产品，能证明该产品合法来源的，不承担赔偿责任。根据《最高人民法院关于审理侵犯专利权纠纷案件应用法律若干问题的解释(二)》(2020 年修正)第 25 条第 1 款的规定，为生产经营目的使用、许诺销售或者销售不知道是未经专利权人许可而制造并售出的专利侵权产品，且举证证明该产品合法来源的，对于权利人请求停止上述使用、许诺销售、销售行为的主张，人民法院应予支持，但被诉侵权产品的使用者举证证明其已支付该产品的合理对价的除外。

应当注意的是，行为人如果实施了上述行为仍然构成侵权，仅不承担赔偿责任。

4. 反向工程不能作为专利侵权的抗辩事由

根据《最高人民法院关于审理侵犯商业秘密民事案件适用法律若干问题的规定》(2020 年修正)第 14 条的规定，通过自行开发研制或者反向工程等方式获得被诉侵权信息的，认定不属于《反不正当竞争法》第 9 条规定的侵犯商业秘密行为。

反向工程，是指通过技术手段对从公开渠道取得的产品进行拆卸、测绘、分析等而获得该产品的有关技术信息。尽管反向工程可作为商业秘密侵权的抗辩事由,但《专利法》是通过专利权对技术成果本身进行保护,因此,反向工程并不能成为专利侵权的抗辩理由。

(五)专利维权取证要点

在权利人发现侵权行为后,即可进行取证,主要注意被控侵权主体、侵权行为、涉嫌侵权主体的侵权行为是否落入专利权的保护范围以及赔偿数额方面的取证。

首先,需要对侵权产品出现地现场进行调查取证及后续确定侵权主体。

其次,通过现场调查取证,确定具体侵权行为。将涉嫌侵权产品与涉案专利进行技术特征对比,确定涉嫌侵权主体的侵权行为是否落入专利权的保护范围。

最后,在赔偿数额难以确定时,应当按照实际损失、侵权获利、许可使用费的倍数和法定赔偿的顺序计算。实际损失是专利权人的专利产品因侵权所造成销售量减少的总数乘以每件专利产品的合理利润所得之积计算。权利人销售量减少的总数难以确定的,侵权产品在市场上销售的总数乘以每件专利产品的合理利润所得之积计算。侵权获利则是根据该侵权产品在市场上销售的总数乘以每件侵权产品的合理利润所得之积计算。侵权人因侵权所获得的利益一般按照侵权人的营业利润计算,对于完全以侵权为业的侵权人,可以按照销售利润计算。许可使用费的倍数是根据专利权的类型、侵权行为的性质和情节、专利许可的性质、范围、时间等因素,参照该专利许可使用费的倍数合理确定赔偿数额。如果前三种赔偿数额都难以计算,则由法院根据法定赔偿额根据专利权的类型、侵权行为的性质和情节等因素给予 3 万元以上 500 万元以下的赔偿。

以惠人原汁机系列维权案谈专利维权

北京市盈科律师事务所　王　柱

一、惠人原汁机系列维权案的典型性

韩国惠人株式会社作为原汁机行业内最大的企业,韩国惠人株式会社研发的利用石磨原理的低速榨汁技术,避免了传统榨汁机的锋利刀片在高速旋转过程中产生的热量带来的氧化营养损失,消除了破坏原味原营养的弊端,用低速的方式榨汁,不给水果和蔬菜任何冲击和摩擦,保持原汁原味原营养。该技术直接促进了榨汁机行业的更新换代,使得低速研磨的原汁机取代了原先高速旋转的榨汁机,赢得了广大消费者的青睐。

惠人原汁机自2010年进入中国市场以来,凭借其品牌优势迅速得到了广大消费者的认可,但同时期的国内整个榨汁机行业基本上都已采用了惠人的低速研磨榨汁技术,甚至大部分侵权企业与惠人的技术完全相同。惠人原汁机销售价格在2000~8000元,而大多数侵权产品价格低廉,售价仅几百元,销售量远高于惠人原汁机的销量。侵权企业数量多达几十家,其中不乏海尔、澳柯玛、SKG、天际电器以及奥克斯等知名家电企业,侵权行为给专利权人造成了极大的影响。

专利权人为打击侵权行为,保护其核心技术不受侵犯,委托北京市盈科律师事务所王柱律师、赵成伟律师进行综合专利维权,由此在原汁机界掀起了一场专利战,共发动了100件以上的专利诉讼,起诉的对象包括海尔、澳柯玛、SKG、天际电器、奥克斯、志高及康宁等知名品牌企业,分别在北京知识产权法院、杭州市中级人民法院、上海知识产权法院和南京市中级法院人民法院起诉。

通过一系列的维权行为,给侵权方带来严重的打击和威慑,整个行业为之震撼。惠人系列专利维权案全部取得了胜诉,其中判决100万元法定顶格赔偿的案件就达十几起,总判赔金额约 6000 万元。5 年多持续不停的维权,基本肃清了原汁机市场的侵权乱象。这一系列维权举措,使得韩国惠人株式会社的知名度和美誉度大大提升,其产品市场占有率得到了极大的提高,巩固和维护了惠人在原汁机界领跑者的位置。惠人品牌在中国大陆已经深入人心,惠人产品作为原汁机界质量和信誉的象征,已经走进了几千万中国家庭中。

惠人系列专利维权案是以一己之力对抗整个行业的专利侵权,同时又取得了非常好的诉讼效果和社会效果,这在专利维权案件中已属少有。当下国内已经迎来了知识产权保护的春天,而本案作为专利系列维权案的典范,将给今后的专利维权案件带来一定的借鉴意义。

二、韩国惠人公司简介

韩国惠人株式会社(以下简称惠人)是行业内最大的原汁机企业,成立于 1974 年,研发中心位于韩国,主要从事研发、生产多功能料理机、食物垃圾处理器、食品加工机和原汁机等,会长金煐麒带领高效专业的开发团队,秉承诚信和创新的奋斗精神,努力将惠人打造成世界瞩目的健康守护者,引领健康饮食文化。1993 年,惠人研究开发了石臼磨原理的料理手多功能食品加工机(韩国原产品名:绿汁机),2007 年,又开发了 LSTS 方式(慢速压榨方式)的惠人原汁机。这两项产品在韩国、日本、美国和中国等 42 个国家先后获得了发明专利,同时获得瑞士国际发明大会金奖、美国匹兹堡国际发明大会金奖、德国国际发明大会金奖、俄罗斯莫斯科国际发明大会金奖以及韩国产业部颁发的世界一流产品认证证书,并获得了韩国 KSA、KAB、ISO 9001 认证,以及 CE、GS、UL 和 CCC 认证等。

惠人原汁机目前由四家工厂生产,总产量达 820 万台,其中三家工厂位于韩国金海,一家工厂位于中国吉林省的图们惠人电子有限公司(以下简称图们惠人)。图们惠人是惠人在图们投资建厂的外商独资企业,于 2011 年 5 月 30 日注册成立,车间总面积达 25,000 平方米,建筑面积达 10,000 平方米。

惠人产品销售成绩客观,销售领域扩展到中国、日本等亚洲国家和美国、德国、英国以及荷兰等欧美国家,海外市场的销量逐步攀升。2006 年惠人产品进入中国市场后,凭借其健康的经营理念和完善的产品技术深受广大消费者的喜爱。惠人原汁机在中国通过实体店、电视购物和电子商务三大渠道进行销售,年销量超百万台。

三、涉案专利技术

惠人作为原汁机的创始企业,1974 年研发出螺旋推进器,制作了一杯保留天然营养与美味的惠人原汁。几十年中不断进行新技术的研究与开发,构思产品设计,进行可靠性认证。惠人将其研究范围从改善现有产品扩大到新产品开发及健康食谱的制定,全方位地满足消费者的需求。

惠人原汁机有别于传统的榨汁机,其最大的亮点在于利用了低速榨汁技术(Slow Squeezing Technology),该技术是一种源于柠檬压榨器的榨汁方法,在高压下对新鲜的水果和蔬菜进行慢速挤压,不给水果和蔬菜任何冲击和摩擦,将原汁原味的果蔬汁榨出。原汁机为了保持新鲜水果和蔬菜的味道和芳香,将流入的空气最小化,减少氧化,改善果汁营养流失以及分层和大量气泡的问题。慢速旋转减少了传统榨汁机中的锋利刀片在高速旋转过程中产生的热和氧化营养损失,避免果糖酸化,消除了破坏原味原营养的弊端。凭借低速榨汁技术的优势,惠人原汁机榨出的果蔬汁保留了水果蔬菜原有的口感和营养,同时含有丰富的维他命、矿物质、酶以及纤维素,解决现代人营养不均衡的问题。正是以上原因,惠人原汁机推出后广受欢迎,推动了榨汁机行业的改革。

惠人的先进技术世界首创,拥有首项国际专利,在世界许多先进国家申请了 100 多项专利。惠人在中国已申请了近百项专利,其中发明专利 23 项、外观设计 32 项、已授权的发明专利 9 项等。

专利号为 ZL200780001269. X 的专利为低速研磨榨汁技术的基础专利,该专利通过 PCT 途径进入中国,PCT 专利申请日号为 PCT/KR2007/002087,申请日为 2007 年 4 月 27 日,ZL200780001269. X 专利于 2010 年 11 月 24 日在中国取得授权;ZL200780001269. X 专利的同族专利在加拿大、美国、西班牙、中国香港、欧盟、澳大利亚、日本、德国、俄罗斯、巴西、丹麦、韩国、墨西哥以及乌克兰等十几个国家和地区皆取得了授权。

四、知识产权侵权现状

惠人原汁机自 2010 年进入中国以来,迅速得到了广大消费者的认可,直接取代了原有的高速旋转刀技术的榨汁机,促进了榨汁机的更新换代,整个榨汁机行业基本上都采用了惠人的低速研磨榨汁技术,大部分侵权企业与惠人的技术完全相同,也有少部分企业对技术做了部分改变。侵权产品大部分价格低廉,惠人原汁机销售价格在 2000 ~ 8000 元,而侵权产品的售价仅几百元,销售量远高于专利权人的产品销量。侵权企业数量达几十家,其中不乏海尔、澳柯玛、SKG、天际电器以及奥克斯等知名家电企业品牌,侵权行为给专利权人造成了极大的影响。

五、专利稳定性分析

专利权作为专利诉讼的基础,在发起任何一起专利维权诉讼时,都需要充分分析专利权的稳定性。在较大的专利侵权诉讼中,被诉方一般都选择以专利无效的方式作为一种对抗手段,专利无效已经成为专利侵权诉讼的伴生品。因此,在发起专利诉讼之前需要重点分析专利的稳定性,涉案专利稳定性好是发起专利侵权诉讼的前提。

下面以惠人案件为例,讲解如何分析专利的稳定性,惠人原汁机的核心专利技术为"ZL200780001269. X"专利(以下简称涉案专利),本案中对涉案专利作了详尽的专利稳定性分析。

(一)查阅分析涉案专利中国审查意见及答复

作为本案的代理人,我方先调取了涉案专利的中国检索报告及审查意见进行分析,通过阅读涉案专利的检索报告可以看出,检索报告中只有 A 类文件,即没有发现影响涉案专利新颖性和创造性的对比文件,说明涉案专利权稳定性较好。

(二)查阅分析 PCT/KR2007/002087 专利的检索报告及书面意见

作为本案的代理人,我方进一步调取了 PCT/KR2007/002087 专利的检索报告及书面意见,通过阅读分析检索报告和书面意见可以看出,检索报告只有 A 类文件,即没有发现影响专利新颖性和创造性的对比文件,同时书面意见中认为涉案专利权利要求 1 ~ 12 具备新颖性、创造性和实用性,说明涉案专利权稳定性较好。

(三)查阅分析同族专利的审查档案及答复

1. 同族专利 EP20070746244 的附加检索报告及书面意见

作为本案的代理人,我方进一步调取了涉案专利同族专利 EP20070746244

的附加检索报告及书面意见，通过阅读分析附加检索报告和书面意见可以看出，检索报告只有A类文件，即没有发现影响专利新颖性和创造性的对比文件，说明涉案专利权稳定性较好。

2. 同族专利US8091473B2的专利检索报告

作为本案的代理人，我方进一步调取了涉案专利同族专利US8091473B2的检索报告，通过阅读分析检索报告可以看出，检索报告只有A类文件，即没有发现影响专利新颖性和创造性的对比文件，说明涉案专利权稳定性较好。

3. 其他同族专利的情况

作为本案的代理人，进一步分析了涉案专利同族专利的韩国专利及日本专利的审查档案，发现检索报告皆只有A类文件，即没有发现影响专利新颖性和创造性的对比文件，说明涉案专利权稳定性较好。

（四）查阅分析涉案专利的无效文件

代理人在研究分析第17492号无效宣告请求审查决定书、（2012）一中知行初字第953号行政判决书、（2013）高行终字第123号行政判决书和（2015）知行字第171号行政裁定书后，认为涉案专利无效主要涉及的是理由为权利要求1是否符合《专利法》第26条第4款的规定，具体为权利要求1中部分技术方案应当理解为“壁刀插入到导向爪内”还是“网孔筒插入导向爪内”。代理人认为权利要求1中的歧义是由于撰写原因和语言表达的原因产生的，通过（2012）一中知行初字第953号行政判决书、（2013）高行终字第123号行政判决书和（2015）知行字第171号行政裁定书认定了权利要求1中部分技术方案应当理解为“网孔筒插入导向爪内”，也通过上述判决确定了权利要求1的保护范围，为以后的维权打下了坚实的基础。

（五）对涉案专利进行稳定性检索分析

鉴于本案中涉案专利审查意见、国家检索报告及书面意见、欧专局附加检索报告及书面意见以及美国专利检索报告皆没有检索出影响涉案专利新颖性和创造性的对比文件，代理人认为已经无须再做进一步的检索分析，当然如果其他案件没有对专利进行充分检索分析的情况下，建议还是需要对专利进行检索分析以判断专利稳定性。

通过以上分析，代理人认为涉案专利权属于低速研磨榨汁技术的基础专利，专利稳定性非常好,可以进行大规模的维权诉讼。

六、专利侵权分析

将被控侵权产品与涉案专利权利要求 1 的技术方案进行对比,如被控侵权产品包括了权利要求中 1 的全部技术方案,那么构成侵权,如缺少任何一项技术特征,并且该技术特征也不与权利要求 1 中的相应技术特征构成等同,那么即不构成侵权。在实践中,是否构成等同往往是案件的争议焦点。

惠人案件中,重点做了以下工作:

1. 因为惠人原汁机的涉案专利为原汁机行业的基础专利,整个小家电行业基本上都采用了该技术,下面仅针对几个比较典型的侵权厂家和产品型号进行介绍。惠人案件中针对海尔、澳柯玛、SKG、奥克斯、康佳、海氏、天际、康宁等多个厂家的多款产品进行了分析,得出结论皆落入涉案专利权利要求 1 的保护范围之内。

2. 多款侵权产品基本为两种情况,一种构成相同侵权。

3. 另一种情况为等同侵权,以澳柯玛 Z15S13 原汁机(海尔 HYZ - 101A 原汁机与澳柯玛 Z15S13 原汁机结构相同)为例,具体分析对比过程如下:

澳柯玛 Z15S13 原汁机除以下技术特征外,其余的构成相同,相同部分不再进行一一对比分析。

权利要求 1 中螺杆的上部为旋转轴、盖的内部中心处为旋转轴孔,旋转轴插入到旋转孔中,起到固定螺杆的作用,通过双向固定螺杆,防止螺杆对网孔筒的内壁的摇晃或撞击(见说明书 113 段);澳柯玛 Z15S13 原汁机的盖的内部分中心处具有旋转轴,螺杆上部为旋转轴孔,盖上的旋转轴与螺杆上部的旋转轴孔相结合,起固定螺杆的作用,同样是为了防止螺杆对网孔筒的内壁的摇晃或撞击。两者解决的技术问题相同,达到的技术效果相同,技术方案的差别仅在于旋转轴与旋转轴孔的位置的简单变换,因此构成等同。

七、诉讼方案

诉讼方案包括取证方案的确定、诉讼地的选择、被告方的确定、赔偿金额的确定等。

本案先针对澳柯玛、海尔、SKG、荣事达、海氏、格立高、奥克斯、蒙达 8 个厂家的20款产品选择在京东上购买产品，在北京知识产权法院提起诉讼。该系列案被北京知识产权法院当作高判赔的典型案例，为以后的维权打下了坚实的基础。

八、侵权方的抗辩策略

侵权方主要采用了专利无效、不侵权抗辩、非制造方等抗辩策略。侵权方对涉案专利提起了十几次无效，涉案专利一直被维持有效；侵权方以涉案产品缺少防水圆柱体、压力排出通道、导向爪等技术特征来主张不侵权，我方通过对涉案专利权利要求1中的技术特征进行解释，法院最终认定涉案产品包括防水圆柱体、压力排出通道、导向爪等技术特征，构成相同侵权；因小家电行业大部分采取OEM和ODM的加工模式，侵权方以此主张不构成专利法意义上的制造，我方结合涉案产品外包装、CCC认证、OEM/ODM协议内容主张侵权方共同参与了制造行为，法院最终认定侵权方构成专利法意义上的制造行为。

九、案件结果和启示

鉴于专利维权案件的复杂性，在发起专利侵权诉讼之前的案件分析就显得尤为重要，只有在专利侵权诉讼案件之前做了充分的准备工作，才能在专利侵权诉讼过程中游刃有余，并取得理想的结果。

惠人维权案件在起诉之前做了大量的准备工作，如专利权稳定性分析、侵权对比分析、取证方案的制定、被告的选择等，并充分利用了国家保护知识产权的大环境，才使惠人维权案件取得了非常好的诉讼结果，发起上百起维权皆取得胜诉，并获得了五六千万元以上的赔偿款，使得韩国惠人成为原汁机行业的领跑者，其惠人原汁机的知名度大大提高，市场份额也得到了极大的提升。

未来随着中国高科技的进一步发展，越来越多的企业会拥有自己的核心技术优势，将自己的核心技术通过专利布局获得保护，通过专利获得竞争性优势就会成为企业快速成长的重要助力。

专利维权攻防之术与道

广东知恒(济南)律师事务所　隋洪明

任何事情都有两面性,有攻就有守,有矛就有盾,有侵权就有维权。随着科学技术的发展以及国家和企业对知识产权的重视,专利侵权与维权问题日益成为经济活动中的重要组成部分,对于大多数律师来说,专利维权既是相对比较陌生的领域,也是值得深入研究的业务。

相较于一般律师业务而言,专利维权的攻防有自己的特殊性,只有把握好这些特殊方法与技巧,才能够在办理专利维权业务时驾轻就熟,更好地为当事人提供专业的法律服务。

一、原告维权之进攻方法

维权难与维权贵是专利维权的现实问题,更重要的问题在于,很多企业甚至包括很多律师对于专利维权往往感到无从下手,实际上,专利维权的方法在专利法中都有规定,大致可以归纳为以下几个方法。

(一)诉前评估

在专利维权之前,首先要对双方的情况进行全面了解并作出客观的评估,既要清楚自身专利的情况,也要掌握侵权者的侵权状况,要评估自身专利的稳定性,也要查清侵权者的技术属性,对是否构成侵权作出基本的判断,确保在维权开始提起诉讼以后不至于陷入被动的境地。

(二)正确使用律师函

律师函是进行专利维权常用的方法,用的好可以起到事半功倍的效果,可以对侵权者起到警示的作用,对于特定的侵权者,可以向其发出律师函,使其明确可能承担的法律后果,同时,也为适用惩罚性赔偿奠定基础。

(三)选择维权对象

面对众多的侵权者,需要确定维权的对象和维权的策略,选准了维权的对象和维权的突破口,可以为后面的维权奠定良好的基础,使以后的维权更加顺利,也可以从源头上对侵权者进行打击,迅速净化市场,消除潜在的侵权者。

(四)收集证据

收集证据是专利维权的重点,也是专利维权的难点。由于专利的特殊性,权利人收集侵权证据非常困难,同时侵权者极易销毁证据。因此,需要注意收集证据的方式方法。一方面需要通过正当合法的途径收集证据,另一方面需要使用一定的方式方法。在掌握确凿证据的情况下,才能保证维权的成功。

(五)选择管辖法院

专利案件适用与一般民事诉讼不同的管辖规定,专利纠纷第一审案件,由各省、自治区、直辖市人民政府所在地的中级人民法院和最高人民法院指定的中级人民法院管辖,二审由最高人民法院管辖。由于各地法院的情况不同,审查水平和审判质量不一,选择一审法院非常重要,起诉前有必要了解法院的基本情况,根据侵权事实和侵权者的情况,选择对自己有利的法院进行起诉。

(六)申请诉前禁令

专利侵权案件具有极强的时效性,而专利诉讼周期往往比较长,有时一个案件还没有结案,可能专利已经变成了落后的技术,失去了市场价值,或者在诉讼过程中侵权者仍然可以获得巨大的利益,为了取得良好的效果,可以根据《专利法》第 72 条的规定①,向法院申请使用诉讼保全和诉前禁令,及时制止侵权行为的继续。

(七)申请证据保全

专利侵权证据极易灭失或被销毁,有时候权利人虽然知道侵权证据的具体情况,但由于被侵权人掌握,权利人无法获得,在这种情况下,为防止证据灭失或

---

① 《专利法》第 72 条规定:"专利权人或者利害关系人有证据证明他人正在实施或者即将实施侵犯专利权、妨碍其实现权利的行为,如不及时制止将会使其合法权益受到难以弥补的损害的,可以在起诉前依法向人民法院申请采取财产保全、责令作出一定行为或者禁止作出一定行为的措施。"

没有证据无法确定侵权行为，权利人可以根据《专利法》第73条的规定，[①]向法院申请证据保全。

(八)请求法院责令被告提供财务账簿

专利维权的主要诉求是停止侵权和赔偿损失，法院确定赔偿损失的方法主要有三种：一是权利人受到的损失；二是侵权人获得的利益；三是法定赔偿。通常情况下，权利人的损失难以确定，法定赔偿数额较低，为此，可以要求按照侵权人获得的利益进行赔偿，但获益情况一般都掌握在侵权人手上，权利人难以获得，在这种情况下，权利人可以请求法院责令侵权人提供财务账簿，用以作为确定赔偿损失的依据，如果侵权人不提供，可以按照权利人的主张计算损失。

(九)适用惩罚性赔偿

最新的《专利法》(修正案)加大了对侵犯专利权的赔偿力度。对故意侵犯专利权，情节严重的，可以在按照权利人受到的损失、侵权人获得的利益或者专利许可使用费倍数计算的数额1~5倍内确定赔偿数额。司法实践中适用惩罚性赔偿的案例越来越多，未来的惩罚性赔偿将成为专利案件法律责任适用的常态，作为权利人，完全可以根据《专利法》的新规定，对于恶意侵权者，要求法院判决侵权人承担惩罚性赔偿的法律责任。[②]

(十)提出合理的许可费参照

为解决专利赔偿数额难以确定的情况，《专利法》第71条规定，权利人的损失或者侵权人获得的利益难以确定的，参照该专利许可使用费的倍数合理确定。当存在专利许可的情况下，权利人可以将许可费的使用作为要求赔偿的依据。

(十一)刑事附带民事

在实行知识产权民事、行政和刑事案件审判“三合一”以后，综合民事、行政、刑事三种方式进行维权是可供使用的有效路径，权利人在维权时应当评估自身案件情况，决定是否提起附带民事诉讼。适用刑事附带民事可以运用司法机

---

① 《专利法》第73条规定：“为了制止专利侵权行为，在证据可能灭失或者以后难以取得的情况下，专利权人或者利害关系人可以在起诉前依法向人民法院申请保全证据。”

② 《专利法》第71条第4款规定：“人民法院为确定赔偿数额，在权利人已经尽力举证，而与侵权行为相关的账簿、资料主要由侵权人掌握的情况下，可以责令侵权人提供与侵权行为相关的账簿、资料；侵权人不提供或者提供虚假的账簿、资料的，人民法院可以参考权利人的主张和提供的证据判定赔偿数额。”

关获取的证据，锁定侵权者的侵权行为，追究侵权者的法律责任。

（十二）提供合理开支的证据

专利侵权赔偿损失包括维权花费的合理开支，权利人需要有合理开支的证据才能够得到法院的支持，在具体案件中，有合理开支的证据基本都可以得到法院的支持，没有相应的证据就无法得到法院的支持，因此，权利人应该保管好自己维权花费的证据，在开庭时提交法庭以获得法院对赔偿损失诉求的支持。

（十三）注重使用类似案例

2020 年 7 月 31 日起施行的《最高人民法院关于统一法律适用加强类案检索的指导意见（试行）》要求"同案必须同判，类案必须检索"，由于专利案件的特殊性，大多数专利侵权案件赔偿损失数额的确定采取的是法官裁量，而我国《专利法》第 71 条第 2 款规定，"权利人的损失、侵权人获得的利益和专利许可使用费均难以确定的，人民法院可以根据专利权的类型、侵权行为的性质和情节等因素，确定给予三万元以上五百万元以下的赔偿"。这样的规定为法官的自由裁量留出了巨大的空间，也为权利人维权增加了不确定性，权利人获得满意的赔偿数额需要为法官提供充分发理由与依据，提供类似的案例供法官参考是一个常用的方法，在众多的类似判例中，权利人及律师可以提交对自己有利的案例，说服法官认同自己的观点，从而获得足额的赔偿。

二、被诉侵权之防御

被诉侵权与侵权是不同的概念，由于各种各样的原因，滥用专利权利进行诉讼的情况时有发生，针对专利诉讼中出现的新情况，2021 年 10 月 29 日《最高人民法院关于加强新时代知识产权审判工作　为知识产权强国建设提供有力司法服务和保障的意见》提出规制"专利陷阱""专利海盗"等不法行为，依法支持知识产权侵权诉讼中被告以原告滥用权利为由请求赔偿合理开支……为此，当收到法院传票的时候，没有必要过度恐慌，而应该提出合理合法的理由进行抗辩，按照法律规定作出正确的应对。

（一）不侵权抗辩

不侵权抗辩是专利抗辩的最常用理由，作为被诉侵权方首先想到的就是自己是否侵权，专利不侵权抗辩是主张自己被诉的技术方案没有落入涉案专利保护范围。包括两方面的内容:一是被诉侵权技术方案的技术特征与权利要求记载的全部技术特征相比,缺少权利要求中记载的一项或一项以上技术特征,专利侵权判定采取“全覆盖原则,”如果被诉侵权技术特征多于专利权利要求记载的技术特征,仍然构成侵权行为,如果少于专利要求的技术特征,则不构成侵权;二是被诉侵权技术方案的技术特征与权利要求中对应技术特征相比,有一项或者一项以上的技术特征既不相同也不等同。在专利侵权案件审理过程中,当事人或代理律师需要对两者进行专业比较,发现一处不同或确实一处技术特征,就可以进行不侵权抗辩。

(二)现有技术抗辩

现有技术抗辩,是指被诉落入专利权保护范围的全部技术特征,与一项现有技术方案中的相应技术特征相同或者等同,或者所属技术领域的普通技术人员认为被诉侵权技术方案是一项现有技术与所属领域公知常识的简单组合的,应当认定被诉侵权人实施的技术属于现有技术,被诉侵权人的行为不构成侵犯专利权。现有技术,是指专利申请日以前在国内外为公众所知的技术。《专利法》保护专利但不保护公知技术,公知技术是人类共同的智力成果,《专利法》的目的是保护技术创新与促进科学技术的发展,利用公知技术进行生产与经营不构成侵权。

(三)专利权效力抗辩

专利维权应该以具有合法有效的专利为前提,专利效力抗辩就是直接攻击对方的权利基础。在很多专利侵权诉讼中,权利人的权利基础并不一定稳固,有可能该专利权已经失效,或者并未正式授权,还有可能存在可能使得专利权无效的现有技术。所以遇到专利侵权诉讼时,应该从多方面入手仔细审查对方的专利权是否存在问题:一要审查对方主张专利权的专利是否在有效期内;①二要审查对方是否是专利登记簿载明的权利人;三要审查对方的专利是否是现有技术;四要审查对方的专利技术在申请日前有没有使用或公开;五要审查对方的专利有没有缴纳年费;六要审查对方的专利是否符合专利法规定的授权条件;七要审查对方的专利是否存在不符合专利法规定的情形等,由于我国对实用新型和外

① 根据《专利法》的规定,发明专利的有效期为20年,实用新型的有效期为10年,外观设计的有效期为15年。

观设计采取形式审查制，许多专利存在瑕疵甚至是不符合《专利法》的情形，如果发现有上述理由，就可以进行专利权效力抗辩，或向专利复审委员会提出专利无效请求，一旦对方专利被无效，对方也就失去了诉讼的权利基础，自然无法获得胜诉。

(四)滥用专利权抗辩

滥用专利权抗辩，是指被诉侵权人能够提供证据证明权利人诉讼是滥用权利或者不具备合法权利基础进行诉讼，可以申请法院判决驳回原告的诉讼请求。

滥用专利权的常见情形有以下几个方面：

1. 将申请日前专利权人明确知悉的国家标准、行业标准等技术标准中的技术方案申请专利并取得专利权的。

2. 国家标准、行业标准等技术标准的制定参与人，将在上述标准的起草、制定等过程中明确知悉的他人技术方案申请专利并取得专利权的。

3. 将明知为某一地区广为制造或使用的产品申请专利并取得专利权的。

4. 采用编造实验数据、虚构技术效果等手段使涉案专利满足专利法的授权条件并取得专利权的。

5. 将域外公开的专利申请文件所披露的技术方案在中国申请并获得专利权的。

由于我国专利制度发展比较晚，长期以来我国一直重视加强专利权的保护，而忽视了专利权滥用的控制，在具体案件的处理过程中也容易被忽视，但近年滥用专利权利问题越来越多，已经引起相关部门的注意，新修改的《专利法》增加了第 20 条，规定“申请专利和行使专利权应当遵循诚实信用原则。不得滥用专利权损害公共利益或者他人合法权益”。国家知识产权局 2021 年 3 月作出的《关于规范申请专利行为的办法》中列举了 9 种非正常专利申请行为，2021 年 9 月 24 日施行的《最高人民法院关于加强新时代知识产权审判工作 为知识产权强国建设提供有力司法服务和保障的意见》提出规制“专利陷阱”“专利海盗”等不法行为，这一系列规定为滥用专利权抗辩提供了法律依据，律师承办同类案件发现存在知识产权滥用情形，可以适用滥用权抗辩。

(五)合法来源抗辩

《专利法》第 77 条规定，为生产经营目的，使用、许诺销售或者销售不知道且不应知道是未经专利权人许可而制造并售出的专利侵权产品、且举证证明该产品合法来源的，不承担赔偿责任，但应该停止上述使用、许诺销售、销售行为。进行合法来源抗辩需要证明自己的技术或产品是指通过合法的销售渠道、通常的买卖合同等正常商业方式取得被诉侵权产品。合法来源抗辩的重点是要证明自己没有过错，与一般认知不同的是，并不是只要指出了产品的来源就可以抗辩成功，也不是支付了价款就可以抗辩成功，而是要证明自己没有过错且行为合法，除需要具有规定的合同、正规的发票外，还需要证明自己不知道或不应当知道。

（六）不停止侵权抗辩

停止侵权是维权最基本的诉求，也最容易得到法院的支持，简单地实行停止侵权往往容易造成诸多不合理的后果，2016 年 3 月，最高人民法院以司法解释的形式正式确立"不停止专利侵权行为"的抗辩事由，纠正了机械执行法律规定的偏差，根据案件的具体情况，如果存在以下几种情况，可以适用不停止侵权抗辩：

1. 使用者实际不知道且不应知道其使用的产品是未经专利权人许可而制造并售出，能够证明其产品合法来源且能够举证证明其已支付该产品的合理对价的，可以在已经支付范围内继续生产。

2. 被诉侵权行为构成对专利权的侵犯，但判令停止侵权会有损国家利益、公共利益的，可以不判令被诉侵权人停止侵权行为，而判令其支付相应的合理费用。

3. 标准必要专利案件中，被诉侵权人经与专利权人协商该专利的实施许可事项，但由于专利权人故意违反其在标准制定中承诺的公平、合理、无歧视的许可义务，导致无法达成专利实施许可合同，且被诉侵权人在协商中无明显过错的，对于专利权人请求停止标准实施行为的主张一般不予支持。

（七）捐献规则抗辩

侵犯专利权案件中，确定发明专利权保护范围应以其权利要求内容为准。专利权人在专利说明书中记载而没有被权利要求覆盖的实施方案，视为捐献给社会，专利权保护范围以权利要求的内容为主，意味着只有纳入权利要求的技术方案才能受到专利权的保护。《最高人民法院关于审理侵犯专利权纠纷案件应用法律若干问题的解释》第5条,也以司法解释的形式将理论学说和司法实践中的捐献规则作了回应。在具体案件中,被诉侵权人应该对专利权人的专利文件进行仔细的研究,逐一分析专利说明书与权利要求书的关系,确定专利权利要求的范围,不能将说明书的内容纳入保护范围。

(八)禁止反悔抗辩

"禁止反悔"原则是专利侵权诉讼中被告不可忽略的一个重要抗辩方式,其具体含义是指"专利权人在专利审批或无效宣告程序中,为使专利满足新颖性和创造性的要求而做出书面的修改或者声明,从而对权利要求的保护范围作了限制性的解释或者部分放弃,则在专利侵权诉讼中不得再主张将已被限制排除或者放弃的内容重新纳入权利要求的保护范围"。我国《专利法》第64条规定:"发明或者实用新型专利权的保护范围以其权利要求的内容为准,说明书及附图可以用于解释权利要求的内容。"2009年4月21日,《最高人民法院关于当前经济形势下知识产权审判服务大局若干问题的意见》首次规定:"对于权利人在专利授权确权程序中所做的实质性的放弃或者限制,在侵权诉讼中应当禁止反悔,不能将有关技术内容再纳入保护范围。"《最高人民法院关于审理侵犯专利权纠纷案件应用法律若干问题的解释》第6条规定:"专利申请人、专利权人在专利授权或者无效宣告程序中,通过对权利要求、说明书的修改或者意见陈述而放弃的技术方案,权利人在侵犯专利权纠纷案件中又将其纳入专利权保护范围的,人民法院不予支持。"专利申请审查过程中往往经过一次或多次的反复,专利申请人为避开现有技术,达到专利对于新颖性和创造性的要求标准,往往限缩其专利要求范围,而获得授权以后又做扩大性解释,作为被控侵权人,要善于运用"禁止反悔"原则,抓住权利人在专利审批或无效答复中对其权利要求书所作出的限制性解释或说明,从而有效避开侵权指控。

(九)权利用尽抗辩

专利产品或者依照专利方法直接获得的产品,由专利权人或者经其许可的单位、个人售出后,使用、许诺销售、销售、进口该产品的,不视为侵犯专利权。专利权具有绝对性,对于专利权人的保护应进行一定的限制,权利人在专利权实施的第一个环节中获得一次利益,在获得一次利益后,此后的生产、销售等环节就与权利人再无关系,使用人支付了相应的对价以后,专利权人没有权利禁止使用人使用。权利用尽抗辩适用于以下几种情形：

1. 专利权人或者其被许可人在中国境内售出其专利产品或者依照专利方法直接获得的产品后，购买者在中国境内使用、许诺销售、销售该产品。

2. 专利权人或者其被许可人在中国境外售出其专利产品或者依照专利方法直接获得的产品后，购买者将该产品进口到中国境内以及随后在中国境内使用、许诺销售、销售该产品。

3. 专利权人或者其被许可人售出其专利产品的专用部件后，使用、许诺销售、销售该部件或将其组装制造专利产品。

4. 方法专利的专利权人或者其被许可人售出专门用于实施其专利方法的设备后，使用该设备实施该方法专利。

（十）先用权抗辩

按照《专利法》的规定，在专利申请日前已经制造相同产品、使用相同方法或者已经做好制造、使用的必要准备，并且仅在原有范围内继续制造、使用的，不视为侵犯专利权。使用、许诺销售、销售上述情形下制造的专利产品或者依照专利方法直接获得的产品的，也不视为侵犯专利权。如果被诉侵权技术的使用早于专利技术，专利权人无权指控在先技术构成侵权，被诉侵权人可以进行先用权抗辩。

三、专利维权攻防之道

（一）明确维权的目的

维权的目的决定了维权方法的使用，专利维权必须明确维权的目的，是清理市场，清除侵权者，还是获得相应的经济利益，抑或通过维权宣传产品与技术，权利人需要根据维权的目的，采取不同的方法进行维权，才能达到理想的效果，盲目地维权可能付出巨大的人力、物力、财力后才发现与自己最初的期望相差太远，也就失去了维权的价值与意义。

（二）律师在专利维权中的作用

毫无疑问，律师在专利维权案件中的作用是巨大的，由于专利案件的特殊性与专业性，不熟知《专利法》等法律规定，掌握维权的特殊技能是难以维权成功的，一个优秀的专利律师，不仅要运用法律知识帮助当事人合法权益的实现，还要化解纠纷和目的;不仅要帮助客户避免损失,还要为客户创造价值。

(三)专利维权攻防之道

道以生术,术为道生。道为术之灵,术为道之体。专利维权的具体方法属于术的范畴,做好维权需要掌握相应的方法,但没有道的统领依然无法达到理想的目标。有道而乏术难以做好具体工作,精于术而乏道无法长久。专利维权攻防之争实际是利益之争,但不是你死我活的敌我之争,因此,在专利维权攻防过程中,所有的术都是为了道的实现,即利益最大化。通过维权,促进科技的进步,促进创新的发展,提高科技成果的研发与转化能力,是双方应该追求的目标,维权的最高境界是化敌为友,不是将对方置于死地,而是纠正侵权者的错误做法,共同挖掘专利的价值,发挥专利的作用,使专利的价值得到更好实现。

专利侵权案件庭审比对实例推演

北京盈科(长沙)律师事务所　伍峻民

一、专利侵权案件的基本概念

(一)专利权的类型及保护范围

专利权分为发明专利权、实用新型专利权和外观设计专利权。

根据《专利法》第64条的规定,发明或者实用新型专利权的保护范围以其权利要求的内容为准,说明书及附图可以用于解释权利要求的内容。

外观设计专利权的保护范围以表示在图片或者照片中的该产品的外观设计为准,简要说明可以用于解释图片或者照片所表示的该产品的外观设计。

(二)专利侵权行为的类型及构成要件

1. 根据《专利法》第11条的规定,发明和实用新型专利权被授予后,除本法另有规定外,任何单位或者个人未经专利权人许可,都不得实施其专利,即不得为生产经营目的制造、使用、许诺销售、销售、进口其专利产品,或者使用其专利方法以及使用、许诺销售、销售、进口依照该专利方法直接获得的产品。

外观设计专利权被授予后,任何单位或者个人未经专利权人许可,都不得实施其专利,即不得为生产经营目的制造、许诺销售、销售、进口其外观设计专利产品。

专利侵权行为的类型,见表1。

表1 专利侵权行为的类型

专利类型	侵权行为种类
发明专利和实用新型专利	产品专利:制造、使用、许诺销售、销售、进口专利产品
	方法专利:使用其专利方法以及使用、许诺销售、销售、进口依照该专利方法直接获得的产品
外观设计专利	制造、许诺销售、销售、进口其外观设计专利产品

2. 专利侵权行为的构成要件:

(1)在专利权被授予之后。

(2)未经专利权人许可。

(3)为生产经营目的。

(4)进行了制造、使用、许诺销售、销售或进口行为。

(5)上述行为涉及的是“其专利产品”“其专利方法”“依照专利方法所直接获得的产品”。

(三)专利侵权比对的范围和要求

1. 比对范围的确定

第一,根据权利人主张的权利要求来确定保护范围。如果权利人主张以从属权利要求确定专利权保护范围的,将以该从属权利要求记载的附加技术特征及其引用的权利要求记载的技术特征来确定专利权的保护范围。

第二,权利人在起诉时要明确其要保护的权利要求范围。根据《最高人民法院关于审理侵犯专利权纠纷案件应用法律若干问题的解释(二)》第1条的规定,权利要求书有两项以上权利要求的,权利人应当在起诉状中载明据以起诉被诉侵权人侵犯其专利权的权利要求。起诉状对此未记载或者记载不明的,人民法院应当要求权利人明确。经释明,权利人仍不予明确的,人民法院可以裁定驳回起诉。

第三,权利人在一审法庭辩论终结前可以变更其主张的权利要求。

2. 发明和实用新型专利的比对要求

(1)对于发明和实用新型专利,判定被诉侵权技术方案是否落入专利权的保护范围,要审查权利人主张的权利要求所记载的全部技术特征。

根据《最高人民法院关于审理侵犯专利权纠纷案件应用法律若干问题的解

释(二)》第5条的规定,在人民法院确定专利权的保护范围时,独立权利要求的前序部分、特征部分以及从属权利要求的引用部分、限定部分记载的技术特征均有限定作用。

(2)被诉侵权技术方案包含与权利要求记载的全部技术特征相同或者等同的技术特征的,人民法院应当认定其落入专利权的保护范围。

被诉侵权技术方案的技术特征与权利要求记载的全部技术特征相比,缺少权利要求记载的一个以上的技术特征,或者有一个以上技术特征不相同也不等同的,人民法院应当认定其没有落入专利权的保护范围。

(3)被诉技术方案是否落入专利权的保护范围,见表2。

表2 发明和实用新型专利比对结果分析

	专利特征	被诉特征	是否落入保护范围
1	a、b、c、d	a、b、c	否
2	a、b、c、d	a、b	否
3	a、b、c、d	a、b、c、d、e	是
4	a、b、c、d	a、b、c、d	是

3. 外观设计专利权的比对要求

(1)对于外观设计专利,判定诉侵权设计是否落入外观设计专利权的保护范围,主要从两个方面审查:一是被诉侵权的产品与外观设计专利产品相同或者系相近种类产品;二是被诉侵权设计采用与授权外观设计相同或者近似的外观设计。

(2)关于如何认定相同或近似设计,《最高人民法院关于审理侵犯专利权纠纷案件应用法律若干问题的解释》第11条规定,人民法院认定外观设计是否相同或者近似时,应当根据授权外观设计、被诉侵权设计的设计特征,以外观设计的整体视觉效果进行综合判断;对于主要由技术功能决定的设计特征以及对整体视觉效果不产生影响的产品的材料、内部结构等特征,应当不予考虑。

下列情形,通常对外观设计的整体视觉效果更具有影响:(1)产品正常使用时容易被直接观察到的部位相对于其他部位;(2)授权外观设计区别于现有设计的设计特征相对于授权外观设计的其他设计特征。被诉侵权设计与授权外观设计在整体视觉效果上无差异的,人民法院应当认定两者相同;在整体视觉效果上无实质性差异的,应当认定两者近似。

(3)被诉设计是否落入外观设计专利权的保护范围,见表3。

表3 外观设计专利比对结果分析

	产品种类	设计特征	是否落入保护范围
1	相同	相同	是
		在整体视觉效果上无差异的,认定相同	是
		整体视觉效果上无实质性差异的,认定近似	是
		不相同也不近似	否
2	不同	相同	否
		在整体视觉效果上无差异的,认定相同	否
		整体视觉效果上无实质性差异的,认定近似	否
		不相同也不近似	否

(四)现有技术比对

1. 法律依据

根据《专利法》第22条第5款的规定,本法所称现有技术,是指申请日以前在国内外为公众所知的技术。第67条规定,在专利侵权纠纷中,被控侵权人有证据证明其实施的技术或者设计属于现有技术或者现有设计的,不构成侵犯专利权。

2. 比对要求

根据《最高人民法院关于审理侵犯专利权纠纷案件应用法律若干问题的解释》第14条的规定,被诉落入专利权保护范围的全部技术特征,与一项现有技术方案中的相应技术特征相同或者无实质性差异的,人民法院应当认定被诉侵权人实施的技术属于《专利法》第62条(现第67条)规定的现有技术。

根据该规定,现有技术的比对有两项要求:一是要确定被诉落入专利权保护范围的全部技术特征;二是一项(不是多项的拼合)现有技术方案的技术特征。

二、发明专利案件侵权比对实例推演

案例1:“一种榨油机”实用新型专利权纠纷

(一)基本案情

原告系“一种榨油机”实用新型专利权的专利权人。2011年9月,原告发现被告一使用涉案专利产品即双螺旋榨油机从事榨油生产经营,该产品由被告二制造、出售。

原告认为,原告系双螺旋榨油机的合法专利权人,被告以生产经营为目的制造、销售及使用未经专利权人许可的专利产品,其行为已构成侵权,故诉至法院。

被告一辩称,其不清楚是否侵权,如果法院判定系侵权产品,其愿意停止使用。

被告二辩称:(1)原告的证据无法证明被控侵权产品系侵权产品;(2)被控侵权产品系参考现有技术自行设计的。

争议焦点:被控侵权产品是否系侵害原告专利权的产品?也就是要弄清被诉侵权技术方案是否落入原告专利权的保护范围,即被诉侵权技术方案是否包含与权利要求记载的全部技术特征相同或者等同的技术特征。

(二)比对步骤

第一步:确定保护范围。

原告认为,被控侵权产品的技术特征落入了原告专利权利要求4的保护范围。因为原告主张保护的是涉案专利的从属权利要求4,故应以权利要求4记载的技术特征及其引用的权利要求记载的技术特征来确定其保护范围。

该专利的权利要求书包括四项权利要求:(1)一种榨油机,包括进料装置和榨笼,榨笼内设有一对榨油螺杆,电机经传动机构与螺杆相联接,其特征:二螺杆上下垂直布置。(2)根据权利要求1所述的榨油机,其特征:二螺杆轴的悬伸端由一吊拉的轴承座支承。(3)根据权利要求1或2所述的榨油机,其特征:榨笼由垂直平面上对称的两半榨笼体连接而成。(4)根据权利要求3所述的榨油机,其特征:二螺杆互为反向螺旋,各螺杆沿轴向包括双头或单头螺旋的峰谷嵌入段和峰峰对应段。

原告主张权利要求4的保护。可见,权利要求4引用的权利要求3包含两种选择性引用的技术方案,即引用了权利要求1或权利要求2,权利要求2引用了权利要求1,故本案专利权的保护范围涉及到两个不同的技术方案:

(1)权利要求4及其引用的权利要求3、权利要求2、权利要求1的技术特征;

(2)权利要求4及其引用的权利要求3、权利要求1的技术特征。

由于原告在其向本庭提交的代理意见中明确主张被诉侵权技术方案落入第二种技术方案的保护范围,故本案根据权利要求4及其引用的权利要求3、权利要求1的技术特征来确定保护范围。

第二步:分解技术特征。

该技术方案可分解为以下五项技术特征:(1)一种榨油机,包括进料装置和榨笼;(2)榨笼由垂直平面上对称的两半榨笼体连接而成;(3)榨笼内设有一对上下垂直布置的榨油螺杆;(4)二螺杆互为反向螺旋,各螺杆沿轴向包括双头或单头螺旋的峰谷嵌入段和峰峰对应段;(5)电机经传动机构与螺杆相联接。

第三步:技术比对。

对于涉案专利的第1项技术特征,即一种榨油机,包括进料装置和榨笼。

根据被控侵权产品《使用说明书》的记载:该产品的名称为YZYX-20×2L型双螺旋榨油机,主要由主电机及机械传动系统、双轴齿轮箱、喂料装置、榨笼、双螺旋轴、出饼机构、滤油排渣装置、机架和电气控制系统组成。

因此可见,被控侵权产品也包括进料装置和榨笼,具备第1项技术特征。

对于涉案专利的第2项技术特征,即榨笼由垂直平面上对称的两半榨笼体连接而成(见图1)。从被控侵权产品《使用说明书》记载的榨笼横截面图(见图2)可以看出,其榨笼也是由垂直平面上对称的左、右榨笼体连接而成。因此,被控侵权产品具备第2项技术特征。

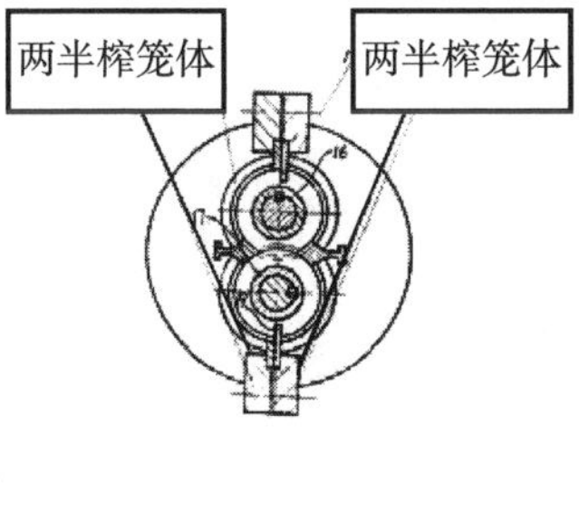

图1 专利榨笼的剖视图

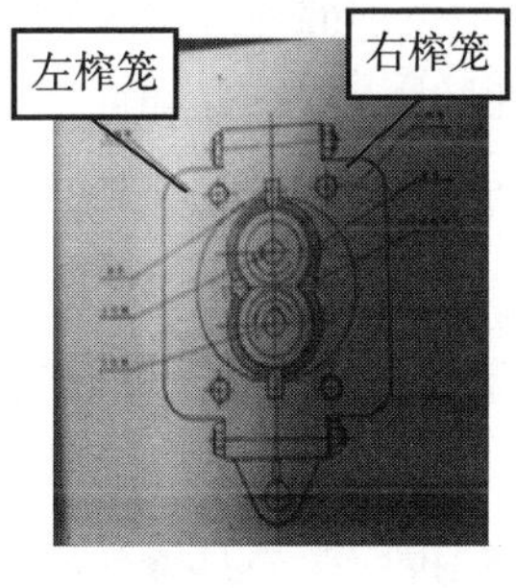

图2 被控侵权产品的榨笼示意图

对于涉案专利的第3项技术特征,即榨笼内设有一对上下垂直布置的榨油螺杆(见图3)。根据被控侵权产品《使用说明书》记载的被控侵权产品螺旋轴的构造图(见图4)及被控侵权产品实物图(见图5)均可看出,被控侵权产品的榨笼内设置有上下垂直布置的螺旋杆。

因此,被控侵权产品具备第3项特征。

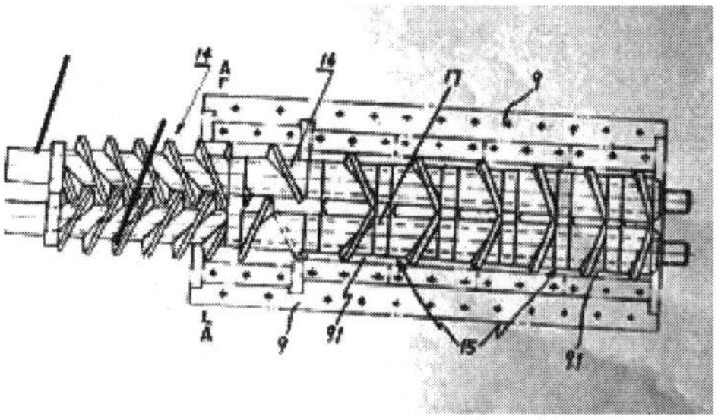

图3　专利的榨笼示意图

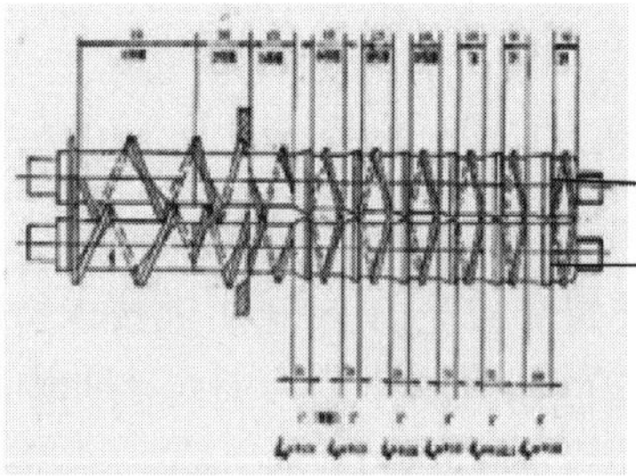

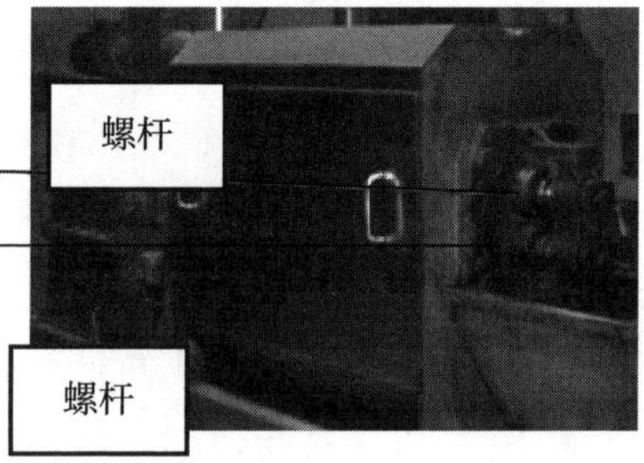

图4　被控侵权产品的双螺旋轴构造图　　**图5　被控侵权产品的实物外观图**

对于涉案专利的第4项技术特征,即二螺杆互为反向螺旋,各螺杆沿轴向包括:双头或单头螺旋的峰谷嵌入段和峰峰对应段(见图3)。

从被控侵权产品《使用说明书》记载的榨笼横截面构造图(见图6)标示的螺杆轴的旋转方向及空车运转时要求确认的螺杆轴的旋转方向示意图(见图7)可以看出,螺杆的旋转方向呈相反方向,从被控侵权产品《使用说明书》记载的双螺旋轴的构造图(见图4)中可以看出,各螺杆也呈现螺旋的峰谷嵌入段和峰峰对应段。

因此,被控侵权产品具备第4项技术特征。

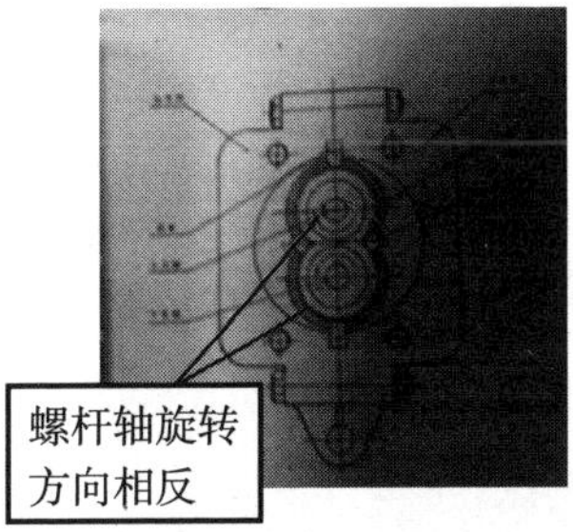

图 6　被控侵权产品的榨笼示意图
横截面构造图

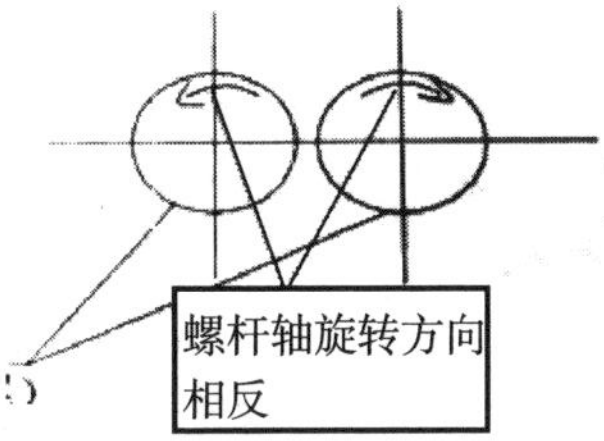

图 7　双螺旋轴的旋转方向示意图

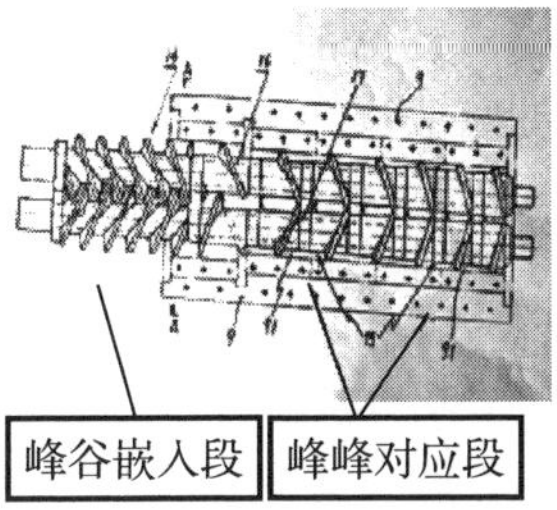

图 8　专利的榨笼示意图

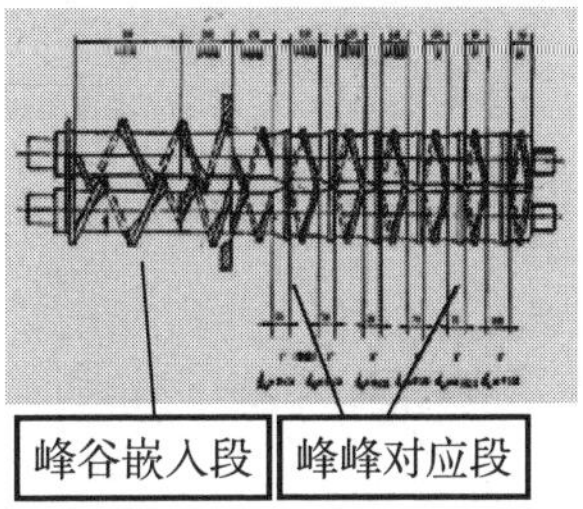

图 9　被控侵权产品的双螺旋轴构造图

对于涉案专利的第 5 项技术特征,即电机经传动机构与螺杆相连接。

根据被控侵权产品的《使用说明书》记载的工作原理即启动主电机及润滑系统电机,动力及运动经“C”型带传动,减速机、联轴器传至扭矩分配器,其第一和第二齿轮的输出端作异向旋转,再经联轴器将动力和运动传递至双螺旋轴等,从该工作原理可以看出,被控侵权产品具有第 5 项技术特征。

综上所述,基于被诉侵权技术方案特征与涉案专利权利要求 4 记载的全部技术特征相同,故法院依法认定被诉侵权技术方案落入原告专利权利要求 4 的保护范围。

三、外设设计专利案件侵权比对实例推演

案例 2:一种地拖纸托包装外观设计专利权侵权纠纷

(一)基本案情

原告系“地拖纸托包装(2)”的外观设计专利的独占被许可人,发现被告销

售的拖把上使用的地拖纸托包装与原告的外观设计十分近似,故诉至法院。

(二)比对步骤

第一步:确定保护的外观设计。

本案的外观设计请求保护的范围包含色彩,其设计特征如图 10 所示。

专利设计主视图

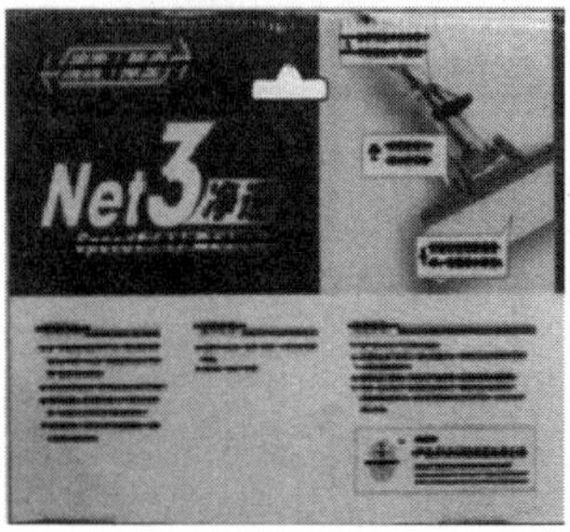

专利设计后视图

图 10　外观专利设计图

第二步:固定被诉侵权设计。

经当庭拆封公证实物,其包装纸的外观如图 11 所示。

被控侵权产品主视图

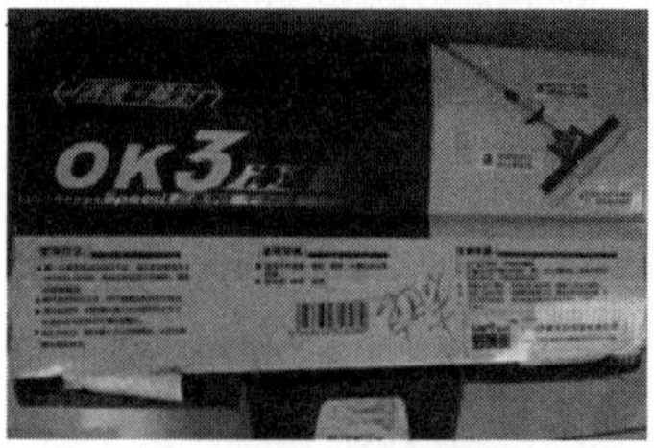

被控侵权产品后视图

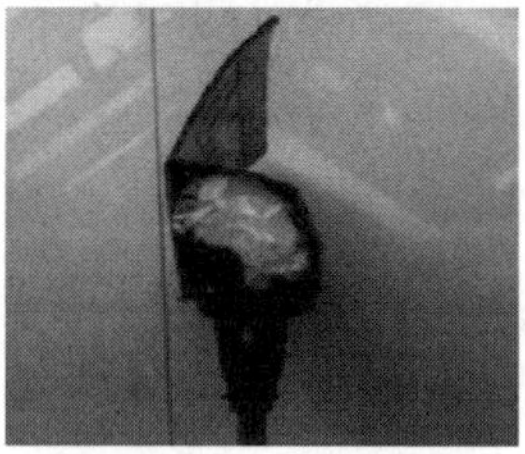

被控侵权产品左视图

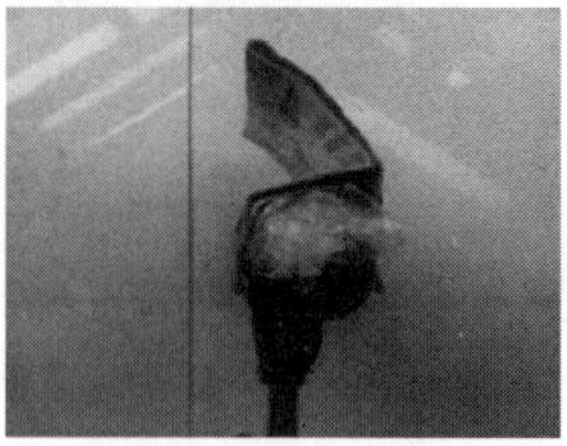

被控侵权产品右视图

图 11　被控侵权产品设计图

第三步：特征比对。

被控侵权产品与原告专利设计产品均为地拖纸托包装，系相同产品。

被诉侵权设计与授权外观设计经当庭比对，如图 12、图 13 所示。

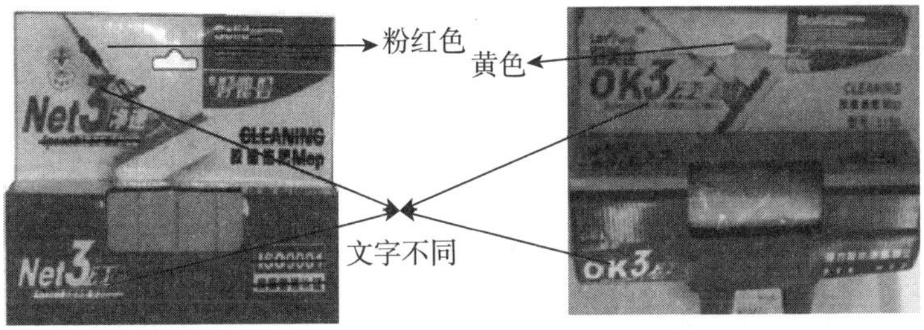

专利设计主视图　　被控侵权产品主视图

图 12　专利设计与被控侵权产品设计的主视图比对

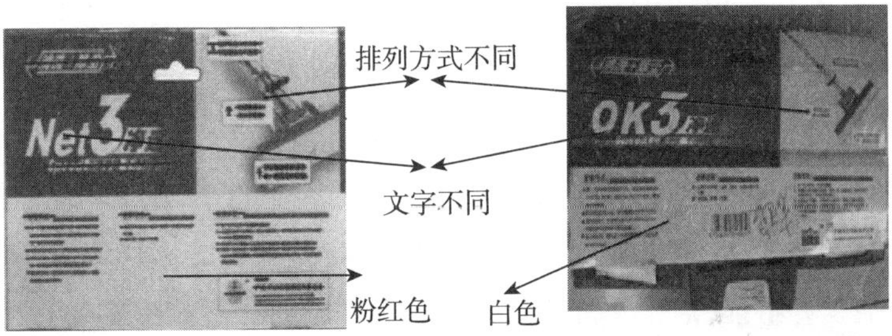

专利设计后视图　　被控侵权产品后视图

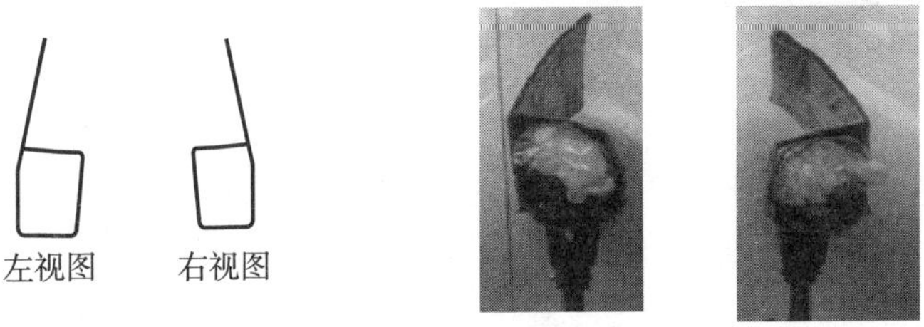

专利设计左、右视图　　被控侵权产品左、右视图

图 13　专利设计与被控侵权产品设计的左、右视图比对

可见，二者的不同之处主要在于：

1. 被诉侵权产品设计主视图及后视图上标注的是“OK3”字样，而授权设计相应位置标注的是“Net3”字样；

2. 被诉侵权产品设计主视图左上部的底色为黄色，而授权设计为粉红色；

3. 被诉侵权产品设计主视图的右上方标注的是“好美佳”字样，而授权设计主视图右上方标注的是“好媳妇”字样；

4. 被诉侵权产品设计后视图下部的底色为白色，而授权设计后视图下部的底色为粉红色；

5. 被控侵权产品设计后视图右上半部的注释框的排列方式与授权设计的排列方式不同。

法院认为，二者尽管存在上述差别，但整体视觉效果并未产生实质性差异，原告称二者构成近似的主张成立。综上所述，法院依法认定被控侵权的地拖纸托包装设计落入了原告专利权的保护范围。

案例 3：一种床的外观设计专利权侵权纠纷

（一）基本案情

原告是“大床（N09707NA）”的外观设计专利的专利权人，发现被告销售的床与原告的外观设计十分近似，故诉至法院。

（二）关键法条

根据《最高人民法院关于审理侵犯专利权纠纷案件应用法律若干问题的解释》第 11 条的规定，授权外观设计区别于现有设计的设计特征相对于授权外观设计的其他设计特征，通常对外观设计的整体视觉效果更具有影响。

根据《最高人民法院关于审理专利纠纷案件适用法律问题的若干规定》（2001 版）第 8 条第 1 款的规定，提起侵犯实用新型专利权诉讼的原告，应当在起诉时出具由国务院专利行政部门作出的检索报告。

该解释规定了只有在侵犯实用新型专利权诉讼中，原告应当提供检索报告。

但是该解释的（2015 版、2020 版）第 4 条规定，对申请日在 2009 年 10 月 1 日前（不含该日）的实用新型专利提起侵犯专利权诉讼，原告可以出具由国务院专利行政部门作出的检索报告；对申请日在 2009 年 10 月 1 日以后的实用新型或者外观设计专利提起侵犯专利权诉讼，原告可以出具由国务院专利行政部门作出的专利权评价报告。根据案件审理需要，人民法院可以要求原告提交检索报告或者专利权评价报告。原告无正当理由不提交的，人民法院可以裁定中止诉讼或者判令原告承担可能的不利后果。

可见，该解释规定了申请日在 2009 年 10 月 1 日以后的外观设计专利侵犯诉讼中,根据案件审理需要,人民法院可以要求原告提交检索报告或者专利权评价报告。

(三)比对步骤

第一步:确定保护的外观设计。专利授权设计如图14所示。

图14 外观专利设计

从授权公告图片来看,属于形状与图案相结合的外观设计。本专利产品为木质床,可分为床头、床身及床尾。

床头整体外轮廓为长方形,中间由多条垂直板连接,中部有空隙,垂直板顶端为梯形;床身两侧护板为长方形,外侧表面有三个内凹框,床身内部表面有支撑板;床尾整体较薄,床腿为扁宽的长方形,顶端与床身齐平,表面有较长的内凹。

本专利与现有设计的主要不同点在于(庭后要求原告提交了专利权评价报告):

1. 床头具体部位细节不同,涉案专利整体侧面为弯弧面,表面垂直板上部为梯形,而现有设计整体侧面为两道弯弧面,表面垂直板为长方形;

2. 床身不同,涉案专利床身挡板外侧表面有三个内凹框,底部为空,现有设计床身挡板外侧表面平直,底部有向内凹进的支撑隔板;

3. 床尾板及床腿不同,专利床尾板表面内凹,床腿较扁宽,现有设计床尾板平直,床腿为较粗的方柱形。

第二步:确定被诉侵权设计。

被控侵权产品如图15所示。

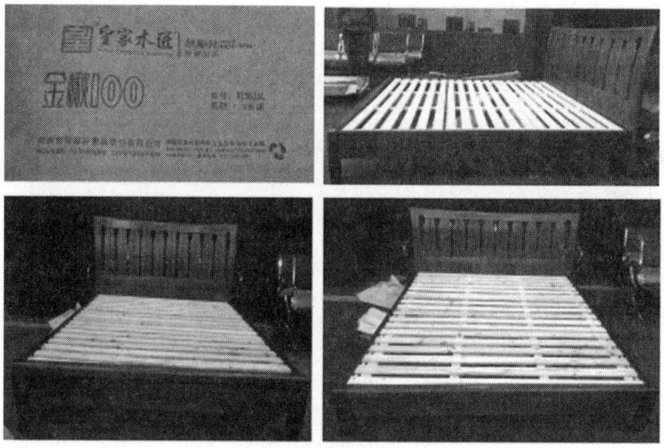

图 15　被诉侵权产品

第三步：特征比对。

被控侵权产品与原告专利设计产品均为床，系相同产品。被诉侵权设计与授权外观设计经当庭比对，如图 16、图 17、图 18、图 19 所示。

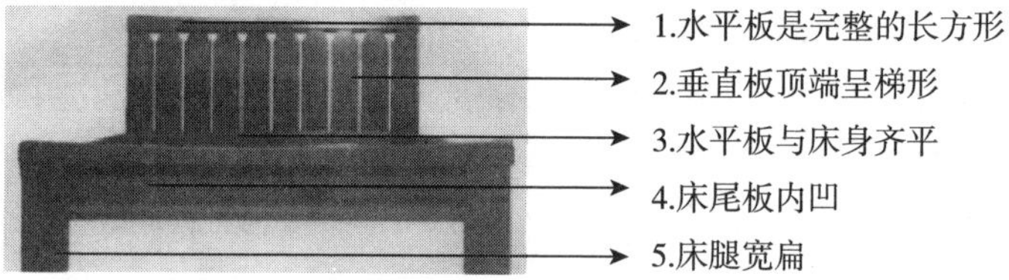

图 16　专利设计主视图

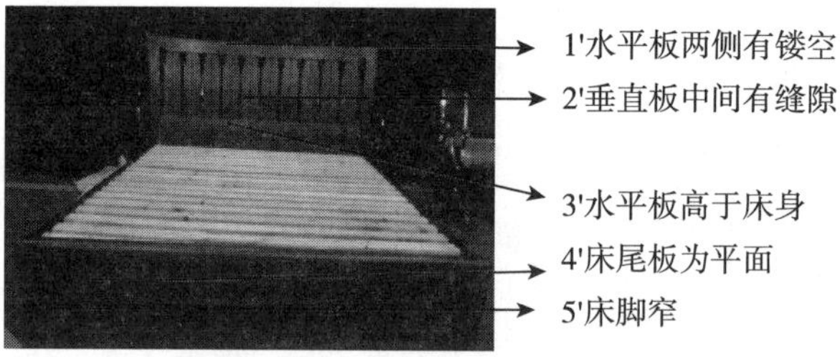

图 17　被控侵权产品设计主视图

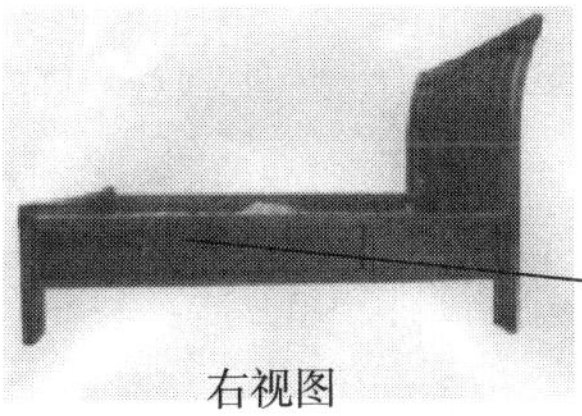

图 18 专利设计右视图

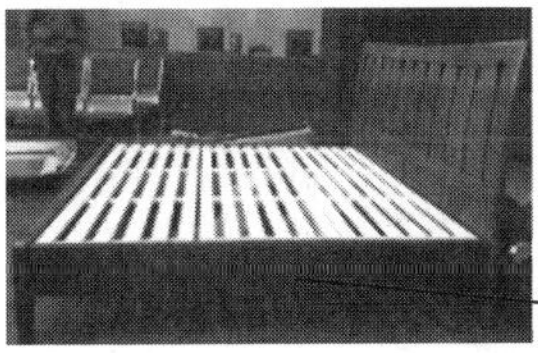

图 19 被控侵权产品设计右视图

法院认为:对于本案而言,判断主体则是作为大床类产品的一般消费者,该一般消费者对大床或相近种类的产品的外观设计状况具有常识性了解,对产品之间在形状、图案以及色彩上的区别具有一定的分辨力,但不会注意到产品的形状、图案以及色彩的微小变化。

从判断方法来说,本案中,争议的大床类产品的外观设计的整体,不仅包括床的基本外形轮廓以及各部分的相互比例关系,还包括床头、床身、床尾局部的设计特征,应当全面观察。在综合判断时,要权衡各部分对大床整体视觉效果的影响。

就涉案产品大床而言,大床一般包括床头、床身、床尾这一基本外形轮廓,这属于这类产品的共性设计特征,对一般消费者的视觉效果影响不大。

区别于现有设计的那部分设计特征,对外观设计的整体视觉效果会产生显著影响。根据上图,就涉案专利区别于现有设计的三个设计特征来说,被诉侵权设计与授权外观设计主要存在上述六个方面的不同。

法院认为,对于床头部分特征 1 和 1′、2 和 2′,二者虽然存在不同,但该差异并不会影响整体视觉效果;对于床头部分的特征 3 和 3′、床身部分的特征 6 和 6′以及床尾部分的特征 4 和 4′、5 和 5′,这四个方面的区别则会对外观设计的整体视觉效果产生影响,尤其是被诉侵权设计中的特征 3′,将床头明显分割为两个部分,对整体视觉效果造成较大影响。

因此,对于床类产品的一般消费者来说,两者的外观设计在整体视觉效果上并不相同或近似。

综上所述,法院依法认定被诉权设计未落入原告专利权的保护范围,被告的行为不构成对原告涉案专利权的侵犯,故对于原告要求被告承担相关侵权责任的主张不予支持。

专题三

商　标

商标维权案件中如何获得高额赔偿

北京盈科(长沙)律师事务所　伍峻民

一、关于商标维权案件赔偿的立法调整

我国《商标法》自1982年颁布以来,经过了1993年、2001年、2013年、2019年四次修改。1982年、1993年的《商标法》都没有明确规定民事责任的承担方式,2001年修正时开始明确规定了侵权赔偿数额的计算标准。

(一)2001年《商标法》

第56条规定,侵犯商标专用权的赔偿数额,为侵权人在侵权期间因侵权所获得的利益,或者被侵权人在被侵权期间因被侵权所受到的损失,包括被侵权人为制止侵权行为所支付的合理开支。

前款所称侵权人因侵权所得利益,或者被侵权人因被侵权所受损失难以确定的,由人民法院根据侵权行为的情节判决给予50万元以下的赔偿。

可见,2001年《商标法》规定的商标侵权的赔偿数额计算方式:

1. 侵权人获得的利益或被侵权人所受到的损失,两者并没先后顺序之分;
2. 规定了法定赔偿,数额为50万元以下。

(二)2013年《商标法》

第63条规定,侵犯商标专用权的赔偿数额,按照权利人因被侵权所受到的实际损失确定;实际损失难以确定的,可以按照侵权人因侵权所获得的利益确定;权利人的损失或者侵权人获得的利益难以确定的,参照该商标许可使用费的倍数合理确定。对恶意侵犯商标专用权,情节严重的,可以在按照上述方法确定数额的1倍以上3倍以下确定赔偿数额。赔偿数额应当包括权利人为制止侵权行为所支付的合理开支。

人民法院为确定赔偿数额,在权利人已经尽力举证,而与侵权行为相关的账簿、资料主要由侵权人掌握的情况下,可以责令侵权人提供与侵权行为相关的账簿、资料;侵权人不提供或者提供虚假的账簿、资料的,人民法院可以参考权利人的主张和提供的证据判定赔偿数额。

权利人因被侵权所受到的实际损失、侵权人因侵权所获得的利益、注册商标许可使用费难以确定的,由人民法院根据侵权行为的情节判决给予300万元以下的赔偿。

可见,2013年《商标法》对赔偿数额的计算方式作了修改,主要体现在:

1. 权利人的损失和侵权人的获利标准,有了先后顺序;

2. 增加了参照商标许可使用费的计算方式;

3. 规定了恶意侵权的惩罚性赔偿制度,幅度是1倍以上3倍以下;

4. 法定赔偿数额从50万元以下提高到300万元以下;

5. 增加举证妨碍制度,规定了侵权人的举证责任。

(三)2019年《商标法》

第63条第1款规定,侵犯商标专用权的赔偿数额,按照权利人因被侵权所受到的实际损失确定;实际损失难以确定的,可以按照侵权人因侵权所获得的利益确定;权利人的损失或者侵权人获得的利益难以确定的,参照该商标许可使用费的倍数合理确定。对恶意侵犯商标专用权,情节严重的,可以在按照上述方法确定数额的1倍以上5倍以下确定赔偿数额。赔偿数额应当包括权利人为制止侵权行为所支付的合理开支。

第3款规定,权利人因被侵权所受到的实际损失、侵权人因侵权所获得的利益、注册商标许可使用费难以确定的,由人民法院根据侵权行为的情节判决给予500万元以下的赔偿。

可见,2019年《商标法》的规定,作了以下几点修改:

1. 惩罚性赔偿的力度加大,由1倍以上3倍以下调整为1倍以上5倍以下;

2. 法定赔偿的额度由300万元增加到500万元。

二、商标维权赔偿的基本原则和赔偿方式的选择

(一)基本原则——遵循填平原则,补偿为主、惩罚为辅

根据《北京市高级人民法院关于侵害知识产权及不正当竞争案件确定损害

赔偿的指导意见及法定赔偿的裁判标准》(2020年)(以下简称《2020北高知识产权赔偿意见》),第1.1条规定了损害赔偿的确定原则,即确定损害赔偿坚持知识产权市场价值导向,遵循填平原则,体现补偿为主、惩罚为辅的损害赔偿司法认定机制。被告因过错侵害他人知识产权或实施不正当竞争行为,且造成损害的,应当承担损害赔偿责任。

(二)赔偿方式的选择

根据2019年《商标法》第63条的规定,可以看出,赔偿的计算有先后顺序:按照权利人的实际损失→侵权人的获利→商标许可使用费→法定赔偿。由权利人自行选择适用哪种方法。

三、商标维权赔偿的基本计算标准

(一)权利人的实际损失

根据《最高人民法院关于审理商标民事纠纷案件适用法律若干问题的解释》(2020年修正)(以下简称《最高院商标民事纠纷解释》)第15条的规定,《商标法》第63条第1款规定的因被侵权所受到的损失,可以根据权利人因侵权所造成商品销售减少量或者侵权商品销售量与该注册商标商品的单位利润乘积计算。

可见,被侵权所受到的损失=因侵权所造成商品销售减少量或者侵权商品销售量×该注册商标商品的单位利润。

(二)侵权所获得的利益

1.《最高院商标民事纠纷解释》第14条规定,《商标法》第63条第1款规定的侵权所获得的利益,可以根据侵权商品销售量与该商品单位利润乘积计算;该商品单位利润无法查明的,按照注册商标商品的单位利润计算。

可见,侵权所获得的利益=侵权商品销售量×该商品单位利润或注册商标商品的单位利润。

2.根据《2020北高知识产权赔偿意见》第1.7条实际损失和侵权获利的确定,确定权利人的实际损失和侵权人的获利,应当运用证据规则,采取优势证据标准,考虑知识产权的市场价值、贡献率等合理因素。确定侵权人的获利,一般以营业利润为准;被告完全以侵权为业的,可以销售利润为准。

3. 销售利润、营业利润、净利润的关系。

销售利润 = 产品销售收入 - 产品销售成本 - 产品销售费用 - 产品销售税金及附加。营业利润 = 销售利润 - 营业费用 - 管理费用 - 财务费用。利润 = 利润 - 所得税。

(三)许可费用倍数

1.《商标法》第 63 条规定,权利人的损失或者侵权人获得的利益难以确定的,参照该商标许可使用费的倍数合理确定。然而,权利人就许可合同进行举证时,法院往往没有采纳,原因如下:

(1)许可合同未备案。

《商标法》第 43 条规定许可他人使用其注册商标的,许可人应当将其商标使用许可报商标局备案。该类合同都是与案外人签订,如果该合同未备案,很多时候法院无法确认真假。

(2)许可合同是否履行。

法律规定可以许可费用计算赔偿标准,其目的在于权利人本应获得的许可收益最终未获得。但若权利人以未履行的一份合同要求侵权方承担责任,与填平原则相违背。

(3)在许可合同中,权利人收取的许可费用可能包含使用商标费用、员工培训和资料、门店装潢,特殊行业还包含协助申报特许经营许可证、提供行业分析等。可见许可合同中的金额不仅只有商标许可的费用,往往无法确定许可费用中商标使用费的许可比例。

2.《2020 北高知识产权赔偿意见》第 1.9 条规定,参照许可使用费确定赔偿数额的,一般不低于可比较的合理许可使用费。认定合理的许可使用费,可以综合考虑下列因素:(1)许可使用合同是否实际履行,有无发票、付款凭证等相应证据;(2)许可使用合同是否备案;(3)许可使用的权项、方式、范围、期限等因素与被诉行为之间有无可比性;(4)许可使用费是否为正常的商业许可费用而未受到诉讼、并购、破产、清算等外在因素的影响;(5)许可人与被许可人之间是否存在亲属关系、投资或关联公司等利害关系;(6)其他因素。

(四)合理开支

根据《最高院商标民事纠纷解释》第 17 条的规定,《商标法》第 63 条第 1 款规定的制止侵权行为所支付的合理开支,包括权利人或者委托代理人对侵权行为进行调查、取证的合理费用。人民法院根据当事人的诉讼请求和案件具体情况,可以将符合国家有关部门规定的律师费用计算在赔偿范围内。

该内容规定于三种赔偿计算方式之后,是在以三种赔偿方式确定赔偿金额后,另行增加合理开支的费用。

(五)法定赔偿

1. 在司法实践中,在原告无法证明其损失、被告获利以及许可费用时,最终由法院综合考虑相关因素后确定赔偿数额的方式称为法定赔偿。

2. 关于法定赔偿的计算方式,根据《最高院商标民事纠纷解释》第16条第2款的规定,人民法院在适用《商标法》第63条第3款规定确定赔偿数额时,应当考虑侵权行为的性质、期间、后果,侵权人的主观过错程度,商标的声誉及制止侵权行为的合理开支等因素综合确定。

事实上,在90%以上的商标侵权案件中,法院多适用法定赔偿进行判决,由法官自行衡量赔偿数额。

(六)惩罚性赔偿

1. 在现行法律规定的赔偿方式中,均以填平原则为基础。但在某些时刻填平原则并不能弥补权利人损失,也不能制止侵权人继续实施侵权行为。为了避免侵权人钻法律的漏洞,则有了惩罚性赔偿。

2. 惩罚性赔偿的适用,应当依据当事人的主张,但一般情况下当事人应当在一审法庭辩论终结前提出该主张。

3. 关于惩罚性赔偿,有两个条件:

(1)主观上存在恶意,是指侵权人知晓其侵权后仍旧实施侵权行为,例如,权利人曾发律师函、行政投诉、起诉等方式,或者侵权人本身便为权利人公司中的员工、股东、供应商,其知晓商标的情形下仍旧实施侵权行为。

(2)侵权行为情节严重,主要是指侵权数额高、侵权范围广、侵权时间长等。

4.《2020北高知识产权赔偿意见》对恶意的认定和情节严重的认定,分别作出了具体的规定。

第1.15条规定,具有下列情形之一的,可以认定为被告具有恶意:(1)被告或者其控股股东、法定代表人等在生效判决作出后,重复或变相重复实施相同侵权行为或不正当竞争行为;(2)被告或者其控股股东、法定代表人等经权利人多次警告或受到行政机关处罚后,仍继续实施侵权行为或不正当竞争行为;(3)假冒原告注册商标;(4)攀附原告驰名商标声誉、抢注原告驰名商标;(5)被告在相同或类似商品上使用原告驰名商标;(6)原告与被告之间存在劳动、劳务关系,或者具有代理、许可、经销、合作等关系,或者进行过磋商,被告明知他人知识产权存在;(7)被告存在掩盖被诉行为、伪造或毁灭侵权证据等行为;(8)被告拒不履行行为保全裁定;(9)其他情形。

第1.16条规定,具有下列情形之一的,可以认定为侵害商标权的情节严重:(1)完全以侵权为业;(2)被诉行为持续时间长;(3)被诉行为涉及区域范围广;(4)侵权获利数额巨大;(5)被诉行为同时违反了食品、药品、医疗、卫生、环境保护等法律法规,可能危害人身安全、破坏环境资源或者严重损害公共利益;(6)其他情形。

5.惩罚性赔偿的"基数"包括权利人的实际损失、侵权人的获利以及许可使用费。原告维权支出的合理开支,一般不纳入计算基数。

(七)酌定性赔偿的适用

1.2009年《最高人民法院关于当前经济形势下知识产权审判服务大局若干问题的意见》,首次以政策性文件的精神予以明确。

第16条规定,积极引导当事人选用侵权受损或者侵权获利方法赔偿,尽可能避免简单适用法定赔偿方法。对于难以证明侵权受损或侵权获利的具体数额,但有证据证明前述数额明显超过法定赔偿最高限额的,应当综合全案的证据情况,在法定最高限额以上合理确定赔偿额。可见,该意见明确了可以突破法定赔偿的限度来确定赔偿额。

2.2013年最高人民法院在第三次全国法院知识产权审判工作会议上指出,要正确把握法定赔偿与酌定赔偿的关系,酌定赔偿是法官在一定事实和数据基础上,根据具体案情酌定实际损失或侵权所得的赔偿数额,其不受法定赔偿最高或者最低限额的限制。积极适用以相关数据为基础的酌定赔偿制度,在计算赔偿所需的部分数据确有证据支持的基础上,可以根据案情运用自由裁量权确定计算赔偿所需的其他数据,酌定公平合理的赔偿数额。

3.《2020北高知识产权赔偿意见》第1.8条裁量性赔偿的适用,规定裁量性赔偿不是法定赔偿,属于对权利人的实际损失或侵权人的获利的概括计算。有证据证明权利人的实际损失或侵权人的获利明显在法定赔偿限额以外,综合全案证据情况,可以在法定限额以外合理确定赔偿数额。

四、商标维权案件获得高额赔偿的计算推演

典型案例:湖南省高级人民法院(2015)湘高法民三终字第4号

基本案情

原告港中旅集团公司在江苏、湖南等省份拥有多个以“港中旅”为字号的关联企业,通过发布广告、发行刊物等方式宣传“港中旅”标识,经过持续良好的经营和推广宣传,港中旅集团先后获得了中国企业500强等荣誉。

被告2008年将企业名称变更为张家界港中旅旅行社有限公司,2009年变更为张家界港中旅国际旅行社有限公司。在从事旅游经营活动中,将“港中旅”作为企业名称或商业标识进行宣传,将“港中旅”三个字以不同字体、不同颜色等方式突出使用。

原告港中旅集团认为被告行为构成商标侵权及不正当竞争,请求判令停止侵权,赔偿损失100万元及合理支出10万元。

原审法院认为

原告所要求赔偿的数额过高,鉴于原告因商标侵权及不正当竞争所遭受的利润损失或被告因此所获得的利益无法从庭审证据中查实,酌情确定被告应赔偿的数额为人民币5万元。

原告不服提出上诉,认为原审法院判决赔偿经济损失过低。

二审期间,为进一步举证证明本案侵权获利的情况,上诉人提交了两份证据:

证据1,《公证书》,来源于国家旅游局官方网站的信息资料,拟证明2008~2013年度全国旅游业务的利润率;

证据2,被上诉人《企业注册登记资料》以及2012年度《公司年检报告书》,拟证明被上诉人公司名称变更及2012年度旅游业务营业收入、毛利润的相关情况。

二审期间,法院依申请依法从张家界市永定区地方税务局调取了被上诉人近年来缴纳税款、开具税票实际缴销金额的相关证据。

二审查明

被上诉人在工商部门备案的审计报告记载,其2007年度、2008年度营业收

入分别是348万元、1292万元;2012～2013年度开具发票实际缴销金额分别是101,541,412元、65,728,864.83元。

又查明,国家旅游局官方网站公布的《国家旅游局关于2012年度全国旅行社统计调查情况的公报》记载,2012年度全国旅行社旅游业务营业收入3096.75亿元,旅游业务利润148.28亿元;《国家旅游局关于2013年度全国旅行社统计调查情况的公报》记载,2013年度全国旅行社旅游业务营业收入3189.45亿元,旅游业务利润162.28亿元。

二审法院认为

根据查明的事实,侵权获利的计算方式如下:

第一,根据《最高院商标民事纠纷解释》第18条的规定,本案侵权获利的计算期限可自权利人向人民法院起诉之日起相应往前推算2年,中国港中旅集团公司于2014年4月提起本案诉讼,故本院确定2012年、2013年两个年度为本案侵权获利的计算期限。

第二,旅行社属于服务行业,国家旅游局官方网站公布该行业利润率的计算方式为年度旅游业务利润与年度旅游业务营业收入相除。根据国家旅游局官方网站公布的2012年度、2013年度《全国旅行社统计调查情况的公报》相关数据,全国旅行社2012年度利润率为148.28÷3096.75=4.79%,全国旅行社2013年度利润率为162.28÷3189.45=5.09%。因张家界中港国际旅行社有限公司未提交其实际经营的真实利润相关证据,本院以全国旅行社的平均利润率来计算其经营利润。

第三,张家界中港国际旅行社有限公司2012年度、2013年度的经营范围是国内旅游服务、入境旅游业务,张家界市永定区地方税务局核定的该公司2012年度、2013年度开具发票实际缴销金额分别为101,541,412元、65,728,864.83元,该统计数据基本能反映该公司的旅游营业收入。

第四,张家界中港国际旅行社有限公司自2008年变更为含“港中旅”字号的公司名称,其当年营业收入为1292万元,较2007年度营业收入348万元增长了944万元,该公司并未举证证明其营业收入大幅增长的其他市场因素,因此该944万元的增长额应推定为使用“港中旅”品牌所带来的效益。

由此,“港中旅”品牌在张家界中港国际旅行社有限公司旅游业务利润中的贡献率应为944÷1292=73%。

据此,张家界中港国际旅行社有限公司每年度的侵权获利计算方式是:侵权获利 = 旅游业务营业收入 × 利润率 ×“港中旅”品牌贡献率。2012 年侵权获利是 101,541,412 × 4.79% × 73% = 3,550,599 元,2013 年侵权获利是 65,728,864.83 × 5.09% × 73% = 2,442,287 元,两个年度侵权获利合计是 5,992,886 元。

本案中,中国港中旅集团公司诉请要求赔偿经济损失 100 万元,该项诉请远低于本案侵权获利,视为该公司对自己权利的处分,本院依法予以支持。原审法院判赔 5 万元人民币过低,本院依法予以更正。

地理标志保护:权利与边界

北京市盈科(郑州)律师事务所　罗宗奎

2021年对于地理标志而言,是一个特殊的年份,这一年《中欧地理标志协定》生效,《地理标志保护和运用"十四五"规划》出台,而且潼关肉夹馍等热点事件发生,将有关地理标志的讨论推向了一个高点,那么地理标志权究竟是一个什么样的权利?其保护是否有边界?应该如何规范行使该项权利呢?

一、定义、由来、实践问题

国际上来说,地理标志这一概念源自《巴黎公约》的"原产地域产品保护"。不过,直到《与贸易有关的知识产权协议》(TRIPs)出台,才首次明确规定地理标志为知识产权的一种,其对地理标志的定义为:"地理标志"指识别一货物来源于一成员领土或该领土内一地区或地方的标识,该货物的特定质量、声誉或其他特性主要归因于其地理来源。我国《商标法》第16条第2款规定,标示某商品来源于某地区,该商品的特定质量、信誉或者其他特征,主要由该地区的自然因素或者人文因素所决定的标志。

由于地理标志保护模式的不同,我们需要区分地理标志和地理标志商标这两种知识产权类型,这是解决许多实践问题的基础,也是我们发现实践中容易被人误解的一个地方。地理标志作为一种独立的知识产权类型,产生地理标志权,该种权利主要为行政保护模式,实践中涉及的问题主要是地理标志产品专用标志的违法使用问题;而地理标志商标是一种商标权,其保护既有私权模式也有行政模式,这是两种知识产权权利,但实践中很多人容易将两者混同,区分不清。而当地理标志和地理标志商标在个案中遭遇时,就会产生知识产权权利冲突问题,如在侵害地理标志商标案件中,被告如果提出"地理标志权"抗辩,其实质就是一种权利冲突。例如，在绍兴黄酒（或绍兴老酒）、西湖龙井案中，就涉及地理标志证明商标权与地理标志权之间的冲突；在金华火腿、沁州黄小米案中，就涉及普通地名商标权与地理标志权之间的冲突。

二、我国地理标志管理模式

（一）2018 年以前的管理模式

就地理标志而言，在 2018 年机构改革之前，我国实施的是“三个系统、两种性质”的地理标志管理模式。

所谓“三个系统”，即第一，原国家质量技术监督局的“原产地域产品专用标志（1999《原产地域产品保护规定》）”系统，后更换为“国家质检总局地理标志产品专用标志（2005《地理标志产品保护规定》）”。第二，原农业部的“地理标志农产品特有标志（2007《农产品地理标志管理办法》）”。第三，原工商总局商标局的“地理标志产品专用标志（2007《地理标志产品专用标志管理办法》）”。

所谓“两种性质”，第一种，是指上述“三个系统”中的前两个，是通过对地理标志产品的质量监督管理来保护地理标志产品，侧重质量监管。这一点可以从它们适用的法律依据来看，如农产品地理标志保护的依据主要是《农产品地理标志管理办法》《农产品地理标志使用规范》《农产品质量安全法》（2018 年修正）；又如质检总局地理标志产品保护的主要依据是《原产地域产品保护规定》《地理标志产品保护规定》《产品质量法》，对违反地理标志管理的违法行为处罚的依据也是地理标志保护的相关规章和产品质量相关法律。第二种，是指上述“三个系统”中的第三个，是通过官方标志的使用、监管，防止假冒和制止不正当竞争，其侧重标识本身的使用管理，与质量监管关系不大。这也可以从其适用的法律依据来看，2007《地理标志产品专用标志管理办法》，对专用标志管理的规范，并非地理标志保护本身，同时与原地理标志产品专用标志重复，违反其规定处罚的依据是《商标法》和《商标法实施条例》。

另外，第一种性质的地理标志保护模式非常注重地理标志产品的审查，是一种实体审查的模式。比如根据 2005《地理标志产品保护规定》第 2 条，以及第 8 条、第 9 条、第 10 条、第 13 条、第 14 条、第 15 条、第 16 条等规定，要想获得地理标志产品认定，需要经过：（1）县级以上政府指定的申请机构或认定的协会、企业提出；（2）政府提出产地范围的建议；（3）提交资料（产地范围建议、申请人资格文件、地标产品证明材料、技术标准等);(4)质检总局审核批准(形式审查、技术审查);(5)公告程序。又如农产品地理标志的审核,也是要求严格的实体审查程序(见图1)。

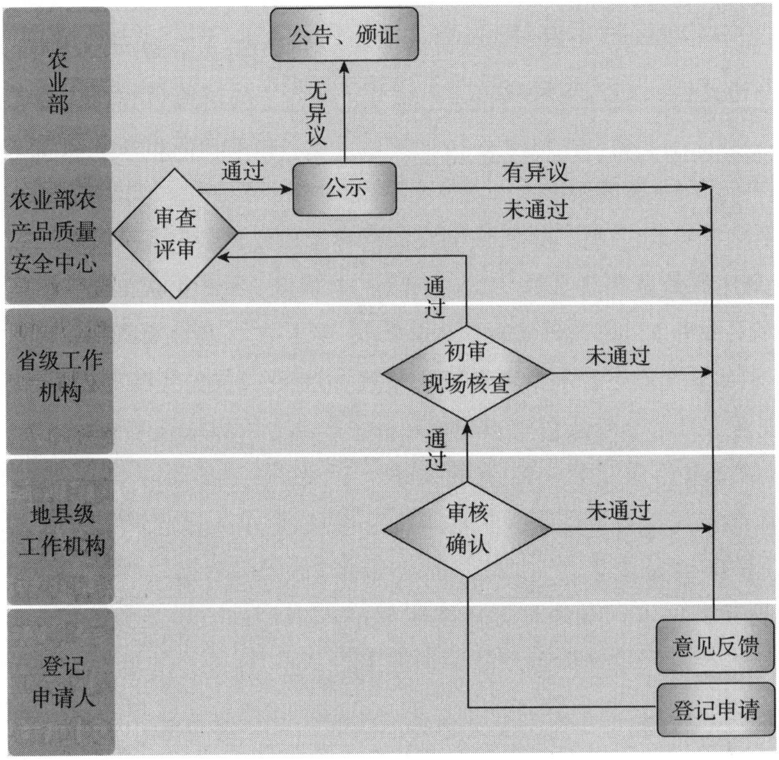

图1　农产品地理标志审核程序

(二)2018年以后的管理模式

为了统一地理标志多头管理的现状,2018年机构改革时,规定由国家知识产权局知识产权保护司,统一承担原工商总局商标局商标管理职责和原国家质检总局地理标志管理职责。这样,就统一了原来的第一种和第三种地理标志管理系统,但由原农业部(现农业农村部)主管的"农产品地理标志"系统仍然单独存在。也就是说,目前我国对地理标志管理的模式是国家知识产权局和农业农村部并行管理。

（三）目前现状和问题

2018 年的机构改革，本意为统一地理标志管理模式，但最终未能实现完全统一。除此之外，普遍还存在地理标志产品质量监管不强的情况，尤其是国家知识产权局接管原质检部门的地理标志管理职责后，其对地理标志产品质量监管还存在一些过渡期问题。比如国家知识产权局在接管该职责后，迅速出台了2020《地理标志专用标志使用管理办法（试行）》，将原质检部门管理的“地理标志保护产品专用标志”和原工商行政管理总局的“地理标志专用标志”统一合并为现在的“地理标志专用标志”（见图 2）。但 2020《地理标志专用标志使用管理办法（试行）》并无地理标志产品申请、审核以及质量监管的规定。另外，国家知识产权局已经承担了地理标志产品申请、审核、专用标志使用管理的职责，但依据仍然是 2005《地理标志产品保护规定》，而该规定尚未修订，其主管部门仍然为质检部门，国家知识产权局似乎存在法律依据不足的问题。而且，国家知识产权局在地理标志产品审核认定以及质量检测监督方面也缺乏必要的人才储备和支持，这可能也会带来地理标志产品质量监督方面的漏洞。

图 2　地理标志专用标志（新版）

三、我国地理标志商标保护模式

从广义上来说，地理标志保护可以分为三种模式，第一种即上述的“地理标志专门法模式”，即确立一种“地理标志权”。第二种是商标法模式，具体即“地理标志商标”模式，通过将地理标志标识申请注册为商标对地理标志产品进行保护。第三种是不正当竞争模式，但该种模式没有明确授予地理标志产品的经营者一种专有的知识产权，更多作为一种补充保护模式。我国对地理标志的保护主要是前两种，第三种也可以涵盖。该部分内容，就着重讲解地理标志商标问题。

由于前期陆续发生的几个涉及地理标志商标的热点事件的影响，公众掀起了一场地理标志热，经过对比发现，这几起热点事件中，逍遥镇胡辣汤事件中的"逍遥镇"是"含地名普通商标"，也未申报认定过"地理标志"；潼关肉夹馍事件中的"潼关肉夹馍图文商标"是地理标志集体商标；库尔勒香梨事件中的"库尔勒香梨图文商标"（那个带有孔雀图形的商标）是地理标志证明商标。它们正好是三种关于地理标志的典型商标，性质不同，各具代表，因此正好可以用来辅助讲解地理标志商标的权利和边界问题，下面就结合这三个事件予以阐述。

（一）含地名普通商标：逍遥镇胡辣汤事件

1. "逍遥镇"商标的性质

在"逍遥镇胡辣汤"事件中，西华县逍遥镇胡辣汤协会注册相关商标为"逍遥镇"，有的是纯文字，也有图文结合。需要注意的是，该商标仅包含一个地名，即逍遥镇，而不是"逍遥镇胡辣汤"。我们知道，地理标志的一般构成为"地名＋产品名"，这样说的话，"逍遥镇胡辣汤"才比较像是一个地理标志名称，但仅有"逍遥镇"三个字，绝不是地理标志商标。另外，逍遥镇胡辣汤也未经过地理标志产品认证，因此它不是一个"注册"、"备案"或"认证"的地理标志产品，但未经注册的地理标志产品在有些案件中也可能经过司法认定，具有地理标志产品的身份，因此这一点不影响将该事件中的"逍遥镇"胡辣汤商标纳入地理标志商标的范畴中来。但为了准确表达，我们将其定位为"具有地理标志意义的含地名普通商标"。

2. "逍遥镇"商标的保护范围和权利边界

既然为一般商标（普通商标），其权利范围和边界就适用商标的一般规则，首先，"逍遥镇"为乡镇名，不违反《商标法》第 10 条第 2 款关于地名注册的规定，注册人享有商标专用权，可向不特定主体许可使用，但不得强制要求加入协会，收取会费，这是把普通商标当集体商标使用了。而有意思的是，潼关肉夹馍协会要求经营者加盟其协会，却是把集体商标当普通商标使用，要收取加盟费。这两者的用语恰恰相反。

就权利边界而言,“逍遥镇”这样的普通商标会受到以下事由的限制,被控侵权人可提出以下抗辩理由:第一,先使用权抗辩。在事件中有人提出过,若经营者使用“逍遥镇”商标的日期在商标申请日之前即可提出。第二,地理标志产品抗辩,在当时事件发生时也有人提出这一点,说逍遥镇胡辣汤是众多商家做出来的品牌,不能被协会独占。那么这里就产生一个专业问题:一个普通地理名称演化为“地理标志”还是“第二含义商标”,取决于其是由某地域众多生产者共同劳动凝聚而成,还是由某一个生产者完成。前者形成地理标志,类似案如金华火腿、白蒲黄酒案;后者为第二含义商标,类似案如茅台酒、东阿阿胶、龙泉宝剑等。如果属于前者,被告就可提出该抗辩。第三,地名抗辩,事件中也有人提出。不过适用该抗辩的前提可能要分情况:如果是(1)商标性使用,则与逍遥镇胡辣汤可能构成混淆,使用者须为逍遥镇人;如果是(2)其他描述性使用,则不应限制。针对这一问题,最高人民法院在对“取得注册商标后能否禁止他人使用商标中包含的地名?”的答复中指出:“有些商标包含地名,这些地名往往具有独特商业价值。根据《商标法》的规定,即便取得注册商标专用权,权利人亦无权禁止他人正当使用注册商标中包含的地名。他人正当使用注册商标中包含的地名,权利人向人民法院提起相关诉讼的,人民法院依法不予支持。”不过这里面一定要特别注意,最高人民法院特别用了“他人正当使用注册商标中包含的地名”,意思是不能是商标性质的构成混淆的使用,而是描述性的使用。

(二)地理标志集体商标:潼关肉夹馍事件

潼关肉夹馍事件在当时引起的争议最大。该商标的性质为地理标志集体商标,由潼关肉夹馍协会(原来属于老潼关小吃协会)管理。像这样的地理标志集体商标,其权利范围和边界又是怎样的呢?

1. 权利范围

地理标志集体商标的权利范围可从三个方面阐述。首先,地理标志集体商标的使用需遵循申请时提交的管理规则(《集体商标、证明商标注册和管理办法》第 10 条)。其次,对内而言,地理标志集体商标的管理者(一般为行业协会)享有组织管理权,有权审查会员资格、许可商标使用、进行产品品质监控等。最后,对外而言,享有维护集体商标声誉和商标维权的权利。

2. 权利边界

就地理标志集体商标的权利边界来说,其主要受到以下限制:(1)仅限集体商标注册人的集体成员使用，不能许可地理标志标示地域范围外的人使用，这些人也不能入会。(2)地标标示地域范围内的人有不加入会员的自由，可不经协会许可使用地理标志，不过此处的"使用地理标志"，是指使用"地名 + 商品名"的这个文字组合，而不是"地理标志商标"，因为有时地理标志商标与地理标志并不完全相同。(3)地理标志产品抗辩。即同一地理标志上，既存在地理标志集体商标，又存在不同主体注册的"地理标志产品"，此时地理标志产品的授权使用人，可以正当使用地理标志以及地理标志专用标志，当然，不能使用地标集体商标。这种情况即我们前面提到的权利冲突。(4)一般商标抗辩理由，即商品或服务不类似、在先使用等，如果情况符合，也可以主张。

3. 法律依据和未解决的问题

事实上，关于地理标志集体商标的权利范围和边界，是有相关法律依据的，感兴趣的可查阅《集体商标、证明商标注册和管理办法》(2003 年)第 4 条、第 17 条、第 19 条。尤其第 17 条第 2 款规定的"集体商标不得许可非集体成员使用"，十分明确。相关规定还有《商标法实施条例》(2014 年)第 4 条。

在该事件发生后，国家知识产权局和最高人民法院先后就此发布声明。如国家知识产权局答复：从法律上，"潼关肉夹馍"是作为集体商标注册的地理标志，其注册人无权向潼关特定区域外的商户许可使用该地理标志集体商标并收取加盟费。同时，也无权禁止潼关特定区域内的商家正当使用该地理标志集体商标中的地名。最高人民法院答复：在地理标志标示的地区范围内并符合地理标志使用条件的，即便不申请加入集体、协会或其他组织，亦可依法正当使用地理标志；不符合地理标志使用条件或超出地理标志标示的地区范围者则不能通过商标许可、加盟、入会等方式获得地理标志集体商标使用资格。相关组织作为商标注册人通过诉讼收取所谓"会员费"以及类似费用的，不符合商标法的规定，人民法院依法不予支持。地理标志属于区域公共资源，地理标志集体商标注册人应当是当地不以营利为目的的团体、协会或其他组织，应做到合法、合规、自律，维权时应依法合理行使诉讼权利。个别协会和组织利用地理标志集体商标，获取加盟费等，在《商标法》上没有依据，向人民法院提起诉讼收取加盟费的，人民法院依法不予支持。

国家知识产权局和最高人民法院就相关问题从法律上进行了澄清，不过有一个问题两个部门的回复中都没有涉及，即地理标志集体商标的管理者对外可否商标维权呢？假如出现这种情况：非地理标志标示地域的人员在类似商品或服务上使用地理标志商标标识或类似标识，请问该行为侵权与否？协会可否维权？维权时提出“停止商标侵权＋损害赔偿”的诉讼请求（不包括收取加盟费），那么这一诉求应该支持吗？我的回答是：当然可以！否则，地理标志集体商标还有什么权利而言呢，对不对？

另外，涉及地理标志集体商标还有一些问题需要深入思考。比如问题一：协会会员之外的经营者，其产品品质不达标怎么办？既然他不是协会会员，协会规则不能约束他，但其产品品质如果低劣可能拉低该地标产品的价值。对这种问题，只能说，地标集体商标制度无法规制，最多如果对方涉及产品质量等问题，可通过提请市场监督部门行政执法。当然换一个思路，这个问题最好通过“地理标志”保护。

还有问题二：品质问题是地理标志保护的基础、根本。现实中地理标志集体商标制度可能存在一些缺陷，如集体组织的无心、无力、无能，这可能是导致该制度实施不充分的一个主要现实原因。比如有些集体组织可能未必组织起当地绝大部分的地标产品经营者，并不能代表绝大多数；其地标集体商标的规则制定是否科学、可行，实践中是否认真严格执行了该规则也是一个问题；最重要的是，其对地标产品的品质监管是否到位，能否维持地标产品的品质和地标集体商标的声誉，这些问题是需要深入思考的。

（三）地理标志证明商标：库尔勒香梨事件

地理标志证明商标是另一个类型。库尔勒香梨协会管理的库尔勒香梨地标证明商标当时也被卷入热点之中，但最终该协会的声明十分强势，并未像潼关肉夹馍协会一样发表道歉声明，而且其维权也得到了许多人士的支持，为什么会有这样的差别呢？

因为地标证明商标有着与地标集体商标不同的性质和权利样态。地标证明商标往往涉及的是初级农产品、农林牧渔等产品，其与地域因素关系极大，不像潼关肉夹馍这样的带有技艺类的项目，针对其侵权的行为也更为清晰、明确，你只要不在产区，基本就是侵权。因此，地标证明商标的维权往往是以“打假”著称，一般不会被人质疑。

1. 权利范围

地理标志证明商标的权利范围也可以从三个方面说明：第一，地理标志证明商标的使用需要遵循申请时提交的管理规则(《集体商标、证明商标注册和管理办法》第 11 条)。第二,对内而言,地标证明商标的管理者享有组织管理权、产品品质检测和监控,以及审查许可商标使用等权利。第三,对外而言,享有维护地标产品声誉和商标维权的权利。

2. 权利边界

地理标志证明商标的权利边界,从商标本身的性质而言包括:(1)注册人自己不能使用证明商标。(2)符合条件的经营者要求使用证明商标,管理者不得拒绝。同样,地标证明商标的权利边界也受限于几种抗辩:第一,地名的正当使用抗辩。第二,地理标志产品抗辩(两种知识产权人不同时)。第三,一般商标抗辩理由,如商品或服务不类似、先使用权等。

关于地理标志证明商标的相关法律规定,可参见《集体商标、证明商标注册和管理办法》第 4 条、第 19 条、第 20 条等。

同样,对于地理标志证明商标的管理者,其能否进行商标维权?这也是此次热点事件中一个引人关注的问题,国家知识产权局和最高人民法院的回应并未涉及库尔勒香梨事件,那么对于非地理标志标示地域的人员在类似商品或服务上使用地理标志商标标识或类似标识的行为,其行为侵权与否?协会可否维权?如其诉讼请求为“停止商标侵权 + 损害赔偿”(不包括收取加盟费),这样的诉求该不该获得法院支持?我的回答仍然是:当然可以!这是商标专用权人的基本权利,而且放在实践中,这其实就是打假!我们不能因为市场中出现了一些被称作“恶意维权”的事件,就因噎废食,完全挤压了商标权应有的权利范围空间,毕竟那是经过商标局正式程序授予的专用权。

四、反思

最后,提出几个问题供大家思考,一起为地理标志保护制度的完善集思广益,贡献自己的力量:

1. 一种产品能否成为地理标志产品,注册地理标志商标,标准应如何控制?

2. 地理标志集体商标的集体如何定义?集体组织应满足什么条件?能否代表该地域内的所有或绝大部分经营者?

3. 地理标志集体商标或证明商标的管理者有没有能力履行品质监控职责?

4. 地理标志商标与地理标志两种制度的协调统一如何实现?

商业广告宣传的法律风险识别和防范

北京盈科(金华)律师事务所　李　峰

《广告法》第2条对商业广告宣传做了定义,即商品经营者或者服务提供者通过一定媒介和形式直接或者间接地介绍自己所推销的商品或者服务的商业广告活动。普通的商品经营者在进行商业广告时,经常会出现知识产权侵权、使用了违禁词、发布虚假广告等情形,违反了《广告法》或《反不正当竞争法》,自身却不清楚,本文从以下几个方面阐述如何识别商业广告宣传的法律风险以及如何进行防范。

一、广告的相关法律问题

《广告法》一共包括6章74条,从而规制了广告的活动,其中第二章的广告内容准则共21条,这一章的规定大部分属于强制性规定,即绝对禁止的广告内容,其主要目的是保护社会公共利益或者消费者的合法权益。例如,第19条是关于保健品的禁止性规定,即不得含有以下内容:表示功效、安全性的断言或者保证;涉及疾病预防、治疗功能;声称或者暗示广告商品为保障健康所必需;与药品、其他保健食品进行比较;利用广告代言人作推荐、证明;法律、行政法规规定禁止的其他内容。又如,第23条是关于酒类的禁止性规定,即不得含有以下内容:诱导、怂恿饮酒或者宣传无节制饮酒;出现饮酒的动作;表现驾驶车、船、飞机等活动;明示或者暗示饮酒有消除紧张和焦虑、增加体力等功效。这些强制性规定属于广告法中绝对不能违反的,商品经营者或者服务提供者对此一定要注意识别,此处不再展开讨论,下文中再详细阐述几个常见的强制性规定。

广告中还涉及一些相对禁止的行为,这在《广告法》中没有强制性规定,但是确实侵犯了他人的权利,违反了其他法规定,以下列出几种比较容易出现的行为:第一,商业广告中经常出现侵犯他人知识产权的行为,例如,在广告中使用了和他人外观设计相同的图片、使用了和他人商标相同或相似的商业标识、使用了未经他人授权的字体等行为;第二,商业广告中侵犯了他人的人格权,包括姓名权、名称权、肖像权、名誉权、荣誉权等权利,这其中又以肖像权侵权案件较多,通常使用了某明星或网红的照片来作为广告宣传,从而因侵犯肖像权造成比较严重的法律后果;第三,商业广告中出现一些商业诋毁的内容,捏造、散布虚伪事实,使用户、消费者不明真相而从而不愿或不再与之进行交易,对比性广告也属于商业诋毁的一种,如某日用化学品厂在电视台发布一则广告,用对比的手法宣称用其他各种洗衣粉或洗涤剂30分钟也洗不掉的污斑,用了该厂生产的洗洁剂仅5分钟就洗干净了,而事实并非如此;第四,使用了攀附性广告,即攀附者借助于被攀附者的信誉或被攀附者的商品或服务的声誉,提升自己形象的广告宣传方式,从而造成侵权。

在互联网上发布商业广告不但要遵守《广告法》,还要看其是否符合其他法律法规,特别是国家工商行政管理总局颁布的相关条例或办法,例如,其在2016年7月4日颁布的《互联网广告管理暂行办法》,第3条对互联网广告做了明确定义,指通过网站、网页、互联网应用程序等互联网媒介,以文字、图片、音频、视频或者其他形式,直接或者间接地推销商品或者服务的商业广告。前款所称互联网广告包括:推销商品或者服务的含有链接的文字、图片或者视频等形式的广告;推销商品或者服务的电子邮件广告;推销商品或者服务的付费搜索广告;推销商品或者服务的商业性展示中的广告,法律、法规和规章规定经营者应当向消费者提供的信息的展示依照其规定;其他通过互联网媒介推销商品或者服务的商业广告。第7条规定了互联网广告应当具有可识别性,显著标明“广告”,使消费者能够辨明其为广告。关于《广告法》和《互联网广告管理暂行办法》的一些具体规定,商品经营者或者服务提供者需要仔细研读从而识别自身广告的法律风险。

二、广告的宣传语词

(一)《广告法》禁止的语词

《广告法》第9条规定广告不得有以下情形:使用或者变相使用中华人民共和国的国旗、国歌、国徽,军旗、军歌、军徽;使用或者变相使用国家机关、国家机关工作人员的名义或者形象;使用“国家级”“最高级”“最佳”等用语;损害国家的尊严或者利益,泄露国家秘密;妨碍社会安定,损害社会公共利益;危害人身、财产安全,泄露个人隐私;妨碍社会公共秩序或者违背社会良好风尚;含有淫秽、色情、赌博、迷信、恐怖、暴力的内容;含有民族、种族、宗教、性别歧视的内容;妨碍环境、自然资源或者文化遗产保护;法律、行政法规规定禁止的其他情形。

案例1中,北京某教育科技有限公司东单分公司在宣传册中使用北京市副市长程某等人的形象和名义进行宣传,被罚款20万元。案例2中,黄某运营的淘宝店铺“无忧鲜生”于2020年3月26日起,在其销售的“【世界第一】十斤正宗越南大青芒金煌芒果新鲜水果包邮”产品页面上宣传“世界第一”,被罚款1000元。案例3中,北京某信息技术有限公司,组织女模特16人,身着丁字裤将“内什么”“用我”字样贴于暴露的后背及腰部,臀部双侧贴有二维码,分两组在马路行走,利用女模特身体发布流动性广告推广手机App软件,有悖公序良俗,被罚款20万元。案例4中,上海某贸易有限公司开设阿里巴巴店铺销售工艺品,自行制作含有“辟邪”字样的网页宣传用语,并在其阿里巴巴店铺内用于其产品“竺上美好印度手工辟邪铜铃铛尼泊尔纯铜风铃”的网页宣传,构成了发布含有迷信内容的广告之行为,被责令停止发布广告。案例5中,加多宝曾发布了“加多宝凉茶连续7年荣获‘中国饮料第一罐’”“加多宝连续7年荣获‘中国饮料第一罐’”“加多宝凉茶荣获中国罐装饮料市场‘七连冠’”等广告宣传语,被判令停止侵权行为,并赔偿王老吉300万元。

上述案例简单列举了几种常见的禁用词使用情况,但还有一些不常出现的情况,比如不得使用对企业及其商品进行排序或者评价的内容,具体包括全国销量第一、市场占有率第一、中国公认品牌、×××推荐产品(品牌)等词语,不得使用“国家免检产品”等涉及质量免检内容的词语,不得使用“特供”类型的词语。

也有一些例外情况,在范围明确且没有虚假陈述的情况下可以使用,第一种是用于同一品牌的产品描述,如顶级旗舰、顶配车型、最大户型等;第二种是作为序数词或数量词,如第一个、第一台、第一次出现等;第三种是表达企业的经营理念,如质量第一、安全第一、创一流服务品牌等,但是不得突出使用其绝对化用语,对消费者造成误导;第四种是作为固定用语的一部分,如最高人民法院、最高人民检察院等。需要注意的是,各地法院对绝对化用语不像工商行政管理部门那么严格，其态度相对宽容，如南阳市中级人民法院认为，在农夫山泉“东方树叶”茉莉花茶外包装上使用的“上品饮茶极品饮花”，不是对产品质量或饮用效果的具体描述，而是对传统茶文化理念的阐释，因此不构成虚假宣传。

（二）广告中使用语词的若干建议

在广告中尽量不要使用过于绝对化的词语，否则其可能被工商行政管理部门责令停止发布广告，对广告主处20万元以上100万元以下的罚款，情节严重的，并可以吊销营业执照，由广告审查机关撤销广告审查批准文件、1年内不受理其广告审查申请。

广告中涉及的违禁词较多，部分平台限制使用全场、包邮和免运费，具体以各平台发文为准。广告中涉及“一”“最”“级”“极”等词要重点审核，含有“一”的词通常包括第一、中国第一、全网第一、销量第一、排名第一、唯一、第一品牌、独一无二、全国第一、一流、仅此一次、最后一波、全国十大品牌之一等。含有“最”的词通常包括最、最佳、最具、最爱、最赚、最优、最优秀、最好、最大、最大限度、最高、最高级、最高端、最奢侈、最低、最低级、最低价、最底、最便宜、史上最低价、最流行、最受欢迎、最时尚、最聚拢、最符合、最舒适、最先、最先进、最先进科学、最先进加工工艺、最先享受、最后、最后一波、最新、最新技术、最新科学等。含有“级”和“极”的词通常包括国家级、国家级新品、全球级、宇宙级、世界级、顶级、顶级工艺、顶级享受、高级、极品、极佳、终极、极致。广告主在发布广告时要有侧重点的审核，避免上述违禁词的出现。

三、虚假广告

（一）虚假广告的相关法律规定

《广告法》第28条规定，广告以虚假或者引人误解的内容欺骗、误导消费者的，构成虚假广告。广告有下列情形之一的，为虚假广告：商品或者服务不存在的；商品的性能、功能、产地、用途、质量、规格、成分、价格、生产者、有效期限、销售状况、曾获荣誉等信息，或者服务的内容、提供者、形式、质量、价格、销售状况、曾获荣誉等信息，以及与商品或者服务有关的允诺等信息与实际情况不符，对购买行为有实质性影响的；使用虚构、伪造或者无法验证的科研成果、统计资料、调查结果、文摘、引用语等信息作证明材料的；虚构使用商品或者接受服务的效果的;以虚假或者引人误解的内容欺骗、误导消费者的其他情形。

《反不正当竞争法》第 8 条第 1 款规定,经营者不得对其商品的性能、功能、质量、销售状况、用户评价、曾获荣誉等作虚假或者引人误解的商业宣传,欺骗、误导消费者。

(二)虚假广告和商业吹嘘

《最高人民法院关于适用〈中华人民共和国反不正当竞争法〉若干问题的解释》第 17 条第 2 款规定,人民法院应当根据日常生活经验、相关公众一般注意力、发生误解的事实和被宣传对象的实际情况等因素,对引人误解的商业宣传行为进行认定。根据该解释可以对虚假广告进行综合判断,适度的夸张、艺术化和商业吹嘘是被允许的,不是虚假广告,但是在实践中应当适当避免使用特别夸张性的描述,如领先产品、遥遥领先等词,或者表示特定功效的言语,如环保无污染。

(三)虚假广告的相关案例

案例 1,2016 年 9 月 7 日至 12 月 28 日,瓜子二手车根据与乐视网签订的《乐视网广告交易平台网络广告发布协议》,花费 1250 万元发布了一条 15 秒的视频广告,其中广告词:“创办一年,成交量就已遥遥领先。”海淀工商局调取北京市旧机动车交易市场有限公司和北京人人车旧机动车经纪有限公司的二手成交数据,其成交量均超过瓜子二手车的成交数量,瓜子二手车在广告宣传中使用“创办一年,成交量就已遥遥领先”宣传语缺乏事实依据,与实际情况不符,对其罚款 1250 万元。

案例 2,董某买了“黑眼睛亲子 6 + 1 系列 · 幼儿成长第一书”,书名为《你从哪里来》《你往哪里走》的两本书,这两本书都在封面、第一页、背面、背面的前一页都标识着“幼儿成长第一书”的字眼,这里的“第一”董某认为是引人误解的虚假宣传,到底是第一本书或是销售量第一,还是最好最受消费者喜欢的书。法院认定,案涉书籍的标注用语确实违反《广告法》第 9 条关于广告不得使用国家级、最高级、最佳等用语的规定,该行为可以由相关部门依法予以追究责任。案涉书籍的前述广告用语虽有不当,但不会构成对原告的欺诈。诚如原告所述案涉书籍标注的“第一”到底是第一本书或是销售量第一,还是最好最受消费者喜欢的意思,原告本人尚不清楚,且该书籍又系幼儿读物,在此情形下,原告作为成年人应有能力识别出该用语系夸张的广告手法,不会因此受误导而作出错误的意思表示。

案例3,佳洁士双效炫白牙膏广告宣称"只需一天,牙齿真的白了",画面中突出显示代言人使用牙膏后的美白效果。而经审查,该美白效果系通过电脑修图软件过度处理产生,并非广告牙膏的实际使用效果。佳洁士双效炫白牙膏被处罚603万元。

案例4,在联合利华与吉林工商局无磷洗衣粉案中,吉林市工商局以洗衣粉含磷却不向消费者明示,反而在产品外包装上标注"无磷洗衣粉",主观上故意掩盖了涉案产品"含磷"的事实,但这一事实不被广大的消费者所知晓,从而认定虚假宣传。联合利华提起复议和行政诉讼。法院认为,依据《洗衣粉(无磷型)》(GB/T 13171.2—2009)的规定,洗衣粉产品中总五氧化二磷含量≤1.1%的属于无磷型。丰满工商分局未提供充分证据证实标注"无磷洗衣粉"与"无磷型洗衣粉"在消费者理解层面有何不同,亦未提供相关法律法规等强制性规定以支持其关于案涉产品应当标注为"无磷型洗衣粉"而不能标注为"无磷洗衣粉"的主张,最终撤销了其行政处罚决定。

案例5,在何某与中国移动广东分公司、苹果公司买卖合同纠纷一案中,何某称 iPhone 6s 广告语构成虚假广告:iPhone 6s 并非如广告所言"是处处不同",且广告中并未指明对比对象是 iPhone 系列手机还是 Android 系列手机,即使与上一代机型 iPhone 6 相比,iPhone 6s 外观基本没差异,技术参数上改进也很小。而且,广告语中用词"唯一""处处都"均属于绝对化用语,已被《广告法》明令禁止。何某因此提起民事诉讼,要求被告按手机购买价格3倍赔偿,广州市中级人民法院二审认定,通过浏览上述 iPhone 6s 手机广告宣传内容,作为具备正常认知能力的消费客户,足以对 iPhone 6s 手机所特有的性能及功能改进达成清晰完整的了解,故上述广告页面中所使用的"唯一的不同,是处处都不同"宣传语,显然仅是以较为夸张的广告手法突出体现 iPhone 6s 手机的多项更新功能,但并不能仅凭该条广告用语而认定移动广东分公司、苹果上海公司发布的广告为虚假广告,更不能据此认定其在销售涉案产品过程中存在虚构事实或隐瞒真相的欺诈行为。

(四)虚假广告的法律责任

《广告法》第55条规定,违反本法规定,发布虚假广告的,由工商行政管理部门责令停止发布广告,责令广告主在相应范围内消除影响,处广告费用 3 倍以上 5 倍以下的罚款,广告费用无法计算或者明显偏低的,处 20 万元以上 100 万元以下的罚款;2 年内有 3 次以上违法行为或者有其他严重情节的,处广告费用 5 倍以上 10 倍以下的罚款,广告费用无法计算或者明显偏低的,处 100 万元以上 200 万元以下的罚款,可以吊销营业执照,并由广告审查机关撤销广告审查批准文件、1 年内不受理其广告审查申请。

《反不正当竞争法》第 20 条规定,经营者违反本法第 8 条规定对其商品作虚假或者引人误解的商业宣传,或者通过组织虚假交易等方式帮助其他经营者进行虚假或者引人误解的商业宣传的,由监督检查部门责令停止违法行为,处 20 万元以上 100 万元以下的罚款;情节严重的,处 100 万元以上 200 万元以下的罚款,可以吊销营业执照。

《消费者权益保护法》第 56 条规定,经营者有下列情形之一,除承担相应的民事责任外,其他有关法律、法规对处罚机关和处罚方式有规定的,依照法律、法规的规定执行;法律、法规未作规定的,由工商行政管理部门或者其他有关行政部门责令改正,可以根据情节单处或者并处警告、没收违法所得、处以违法所得一倍以上 10 倍以下的罚款,没有违法所得的,处以 50 万元以下的罚款;情节严重的,责令停业整顿、吊销营业执照:……对商品或者服务作虚假或者引人误解的宣传的。

四、价格欺诈

《价格法》第 14 条第 4 项规定,利用虚假的或者使人误解的价格手段,诱骗消费者或者其他经营者与其进行交易。中华人民共和国国家发展和改革委员会《关于禁止价格欺诈行为的规定》第 6 条、第 7 条规定了 15 种价格欺诈行为,总体而言,只要对价格相关信息的标示与实际不符,使消费者对商品交易条件的判断产生实质性影响的,均构成价格欺诈。

实务中比较常见的价格欺诈行为是不当的"二重标价",最为常见的二重标价是标示原价。按照中华人民共和国国家发展和改革委员会的相关解释,原价是指经营者在本次降价活动前 7 日内,在本交易场所成交的有交易票据的最低交易价格,如果前 7 日内没有交易价格,以本次降价前最后一次交易价格作为原价,其他二重标价的参考价格,如出厂价、厂商指导价、建议零售价、其他卖场价格等，均应真实客观，否则也构成价格欺诈。

在中国移动天猫商城手机官方旗舰店误导性标价案中，在销售苹果手机时，虚标划线价 6888 元，实际促销价 6088 元，存在“以无来源、无依据的划线价，作为对比价格标示”的误导性标价行为，价格主管部门责令该公司立即停止相关行为，并处以 20 万元罚款。

因此，经营者在售卖时，需要标示真实存在的原价，需要对价格进行说明，如划线价格指明并非原价，未划线价格上指明商品的实时标价等。

浅谈商标非诉业务

北京市盈科律师事务所　曹彩霞

商标领域的律师,能为企业提供的法律服务,除了商标维权诉讼、商标侵权抗辩等商标侵权及不正当竞争民事纠纷案件的诉讼代理,以及商标授权确权行政纠纷的诉讼代理,还有大量的非诉业务也需要我们商标律师参与其中。

国家工商行政管理总局和司法部共同制定的《律师事务所从事商标代理业务管理办法》2013 年 1 月 1 日起生效施行,自此,律师事务所及其律师正式进入中国商标代理行业领域,可从事商标注册申请、商标注册驳回复审等商标局和商标评审委员会主管的商标代理业务,就是我们常说的商标非诉业务。

真正了解商标行政程序,认清商标注册申请路上存在的风险以及注册商标使用和管理中潜在的法律风险,有助于我们商标律师更好地为企业商标的战略布局和品牌发展保驾护航。下面分享的关于商标非诉业务的主要内容有三个方面,是有关企业商标的战略布局、风险防范,还有对商标行政程序的介绍。

一、企业商标的战略布局

(一)时间上的布局

布局意识体现在时间上,就是指占先机。兵马未动,粮草先行,是军事战略,对于企业发展,则是市场未动,商标先行。在中国主要采取商标申请在先原则。商标先行,关系着时间成本和法律风险。

有个真实的案例:明星黄子韬和他父亲创办的北京龙韬娱乐文化有限公司,2018 年 7 月 16 日完成企业名称变更登记,次日通过微博、新闻发布会等形式正式对外公开企业名称。该公司很有商标意识,在公开企业名称 3 天后也就是

2018 年 7 月 20日委托商标代理机构将企业字号“龙韬”作为商标在包括第41 类在内的多个商品和服务类别向商标局提交注册申请。但在 2018 年 12 月收到商标申请驳回通知后,才了解到在公开北京龙韬娱乐文化有限公司名称的次日,也就是 2018 年 7 月 18 日,另外有两家公司同一天抢先申请“龙韬”商标,指定的服务正是对于龙韬娱乐公司非常重要的第 41 类娱乐服务。至于龙韬娱乐公司后续的关于龙韬商标的驳回复审、重新申请等不再赘述。如果当初龙韬娱乐公司落实好“市场未动,商标先行”的行动方针,就不会失去这个先机,可见,时间上的布局对于企业商标注册申请来说非常重要,值得重视。

(二)地域上的布局

地域上的布局,主要看企业是只着眼于国内市场的发展,还是具有开拓海外市场的规划。商标的地域性决定了,如果企业发展打算走国际化路线,必须提早做好企业商标走出海外的准备。商标海外申请有两种途径,一种是通过马德里国际商标注册,申请在指定的国家或地区获得领土延伸保护;另一种就是直接在目标国或地区申请商标注册获得商标权专用权,即所谓单独申请或单一申请。

要在海外获得商标权,无论是申请方式的选择,还是外文商标的设计,商标注册申请的国家和地区的选择,都应当有合理的布局。

联想最初使用的外文商标是一个固有的英文词 Legend,2001 年,联想开始全球化发展步伐,却发现 Legend 在全球竟被 100 多家公司注册过商标,行业遍及娱乐、汽车等。此时联想再在海外继续使用“Legend”就是侵权了,不仅要赔款,而且十分有损品牌形象和声誉。据传,联想试着在欧洲买了两个回来,但很快发现,要和全球 100 多家公司去谈。2003 年,联想无奈之下,宣布花费巨资更换“Legend”为臆造词“Lenovo”。

我们熟悉的顺丰快递所属的顺丰集团,商标海外布局做得比较好,对其国际物流服务的发展发挥了良好的作用。2007 年就已经在俄罗斯、马来西亚、新加坡、印度尼西亚等多个国家注册商标,2010 年开始发展国际物流,到如今,顺丰国际小包的快递覆盖全球 200 多个国家和地区,国际快递覆盖欧盟各国、美国、加拿大、澳大利亚、新西兰、东南亚多个国家。本人就曾经在 2017 年为顺丰集团办理过在海外的已注册商标续展事务以及新一轮商标在数十个国家和地区的注册申请。顺丰集团的海外商标申请在时间布局、地域布局上都安排得当,值得国内其他有海外市场开拓意向的企业借鉴学习。

（三）商品和服务的布局

商标注册申请需要填报参照国家知识产权局商标局采用的《类似商品和服务区分表》来进行选择指定使用的商品和服务。商品和服务的布局，是对商品和服务类别及具体项目的选择。企业正在从事的主营业务当属核心类别，行业相关的类别可以是重要类别还有关联类别，从长远规划来说，也不能忽视企业未来可能涉足的产品领域。

为了商标检索、审查、管理的需要，将商品和服务进行分类，根据世界知识产权组织要求，尼斯联盟成员国启用《商标注册用商品和服务国际分类》（尼斯分类），国家知识产权局商标局是在这个尼斯分类的基础上，结合我国实际国情进行调整制作出的《类似商品和服务区分表》，简称区分表。区分表中，第 1 类至第 34 类为商品分类，第 35 类至第 45 类为服务类，当然，区分表不可能穷尽所有的类似商品和服务项目，一直都在调整、更新。

申请商标的指定商品和服务，在类别上该如何选择？医药企业，首选第 5 类药品和医药制剂，服装企业首选第 25 类服装鞋帽，教育机构首选第 41 类的教育培训。但为了扩大商标的保护范围，完善企业品牌布局，可以从核心类别、重要类别、关联类别来进行选择。例如，化妆品企业的核心类别是化妆品所在的第 3 类，重要类别有化妆用具所在的第 21 类、化妆服务所在的第 44 类等，关联类别则涉及化妆包所在的第 18 类、个人随身化妆镜所属的第 20 类、仿真化妆品玩具所在的第 28 类等。

结合前面谈到的时间和地域的布局，如果发现同行业领域的竞争公司在从未涉及的产品类别开始申请注册商标，可以视为一个信号，表明竞争对手或许正在计划开拓新的产品领域，如果竞争对手开始在国外申请注册商标，意味着有开拓海外市场的意向。捕捉到同行业竞争公司的这些信息，有助于我们的企业客户采取相应的措施。

在实务中，商品类别的选择还存在几个误解。

1. 关于 App 注册商标的误解

对于大部分企业而言，App 本身并不是作为商品进行出售的，只是一种工具。第 9 类商品可下载的软件或者应用程序，如果是软件公司用来销售的商品，那就有必要将此类商品作为核心类别商品进行商标注册。绝大多数企业使用的 App 是免费下载的应用程序，是将 App 作为工具来销售商品和服务。例如，旅行用 App 所提供的是订票、订房间服务，那么其核心类别应该是第 43 类“旅馆预定”“预定临时住所”，而没有必要注册第 9 类的软件。

2. 有关第 35 类服务的误解

现在网络在线销售商品是一种趋势。我们经常浏览的天猫、淘宝、京东等购物商城，是为买卖双方提供在线购物平台，属于第 35 类为他人提供的服务。如果是通过企业官方网站发布产品广告或者展示产品信息，还有在天猫或者京东等平台设立旗舰店，用来销售自己企业生产的商品或服务，而且盈利也来自所售商品，不是在线市场，那么该企业就不需要在第 35 类服务上申请注册商标。

3. 有关全类注册的误解

45 个类别全都注册商标，最直接的意义在于，可以阻止其他任何人在任何类别注册相同或近似的商标，但全类并非适合每一家企业。全类商标注册成本高，注册后，如果诸多类别的注册商标不能投入使用，就存在因为连续 3 年不使用而被撤销的风险，即使可以通过每隔 3 年重新申请的方式来规避被撤销风险，成本也相应地有所提升。更何况，现行《商标法》第 4 条规定，不以使用为目的的恶意商标注册申请，应当予以驳回，商标全类注册的可行性和必要性也值得商榷。

（四）商标体系的建立

有的企业为了方便宣传和管理，采用单一品牌战略，也有不少企业为了适应产品市场的细分采用多品牌战略。例如，可口可乐公司为了企业发展占据更大的市场份额，采取多品牌战略，碳酸饮料是可口可乐的强势品牌的核心，芬达、醒目等为侧翼品牌，各品牌之间相互独立，相互支持，可口可乐保持最理想的定位，又规避了品牌之间的风险。

另外，多品牌战略还与企业产品定位有关，不同品牌分别对应高中低端产品。例如，特仑苏作为蒙牛集团主打的高端牛奶品牌，价格上远超普通牛奶，伊利集团，为了和特仑苏抗衡，也推出了自己的高端牛奶品牌金典，作为其独立品牌运营。

总之，无论企业是坚持单一品牌，还是采取多品牌战略，多品牌战略是选择核心品牌与子品牌的组合，主品牌和副品牌的组合还是其他组合方式，在商标体系发展这方面，商标律师若能参与其中，与企业市场部及相关部门加强沟通，可从战略制定、商标的注册申请、注册商标的实际使用以及后期的管理等多个方面为企业提供相应的专业意见和法律服务。

二、企业商标的风险防范

律师对法律风险比较敏感。商标律师代理过大量的商标授权确权行政诉讼和商标侵权民事诉讼的案件，在处理商标非诉业务时更容易察觉到潜在的法律风险，帮助企业做好防范，有效规避法律风险。

（一）申请商标设计时尽可能规避的风险

在实务中，客户听到我们说意向商标申请有驳回风险时，常会问到两个问题：哪些要素能注册商标？哪些要素不能注册商标？

关于第一个问题，从《商标法》第 8 条和第 9 条的法律条款可知，文字、图形、字母、数字、三维标志、颜色组合、声音等要素以及这些要素的组合，都可以作为商标申请注册，申请注册的商标还应当具有显著特征，便于识别。商标申请人在设计商标时，通常的想法是直接采用企业字号或突出展示产品性能、质量、产地等特点的文字等，这些想法本身无可厚非，但涉及商标申请，就不能随心所欲。这就引申到另一个问题：哪些要素不能注册商标？

《商标法》第 9 条还规定，申请注册的商标不得与他人在先取得的合法权利相冲突。合法权利，涉及他人在先的商标权、外观专利权、著作权、姓名权等。根据《商标法》第 10 条、第 11 条的规定，申请注册的商标如果涉及对产品特点的表述有些脱离实际情况，或者侵害包括消费者在内的相关公众的利益，或者对社会公共利益和公共秩序造成消极、负面的不良影响，最终可能会因为触碰法律红线而无法获得注册。

为了避免触碰法律红线，让申请商标顺利核准注册，分享 7 项风险提示和应对措施：

风险 1，商标申请前被他人抢先一步，如前文所述龙韬商标被抢注的案例。企业要对计划中的待申请商标做好保密工作，待提交了商标注册申请后，再公开相应的商标或者商标的来源。

风险 2，使用了《商标法》第 10 条列举的禁用标记和文字。若要规避此风险，就需要在设计商标时避开国名、行政区域名称、景区名称、知名人物的姓名、宗教色彩、政治色彩的词汇等。

风险 3，缺乏商标显著性，是指《商标法》第 11 条列举的缺乏显著性的情形。

对此风险,在设计商标时尽量选择自创的臆造词,避开全天然、鲜榨等具有直接描述性的词汇,对网络热词也要选择性使用。

风险 4,与驰名商标相同近似。商标设计时本着"不抄袭不摹仿不搭便车"的原则可以消除与驰名商标相似的可能性。

风险 5,有在先申请和已注册的相同和近似商标构成注册障碍。预付此类风险,需要在申请前进行商标检索。若检索到在先商标,就商标近似程度如何、是否构成注册障碍、是否有扫清障碍的可行方案等问题,需要商标律师提供专业意见。

风险 6,侵犯他人的在先权利。在先权利范围比较广,有企业字号、版权作品、专利外观、姓名、域名等,对此也需要律师在商标申请前介入,检索、分析并提供法律意见。

风险 7,企业经营范围如果有"商标代理""知识产权代理",在第 45 类"法律服务"以外的商品或服务上申请商标必定驳回,完全无解。建议先对企业登记的业务范围进行删减再申请注册商标。

(二)商标注册后在使用和管理中的潜在风险和防范措施

风险 1,未及时办理变更登记有风险。

企业名称或实际经营地址发生改变,未及时办理变更登记,可能影响商标的转让、续展,还有可能因送达问题导致被撤销或宣告无效,影响商标权海关备案,影响在后商标的授权,办理商标权质押时影响审核,甚至产品进驻商场、电商平台也会受影响。

防范措施:及时变更登记。商标局网上申请系统办理变更不收取费用,十分便捷,审查周期也短,差不多一两个月能完成备案。

风险 2,未投入使用有风险。

注册商标连续 3 年不使用,任何人均有权向商标局提交撤销申请。注册商标如果未投入使用,维权时难获得经济赔偿。

防范措施:有必要建立使用证据存档的制度,如果没有使用意向,许可他人使用也是不错的选择。

风险 3,不规范使用有风险。

对注册商标在使用中有实质性改变,形成了新的未注册商标,可能导致注册商标未真实投入使用有被撤销风险,而且,新的未注册商标还可能涉嫌侵权。另外,注册商标不规范使用,有通用名称化的可能。例如,Zipper 曾经是美国固特立公司的注册商标,优盘曾经是朗科公司的注册商标,但是,随着商标权利人没有对商标和使用进行必要的管理,导致优盘代指某类移动存储设备,Zipper 代指拉链,逐渐发展成为该类商品的通用名称,最后都予以撤销。

防范措施:企业制定规范使用商标的规则,从字号、字体、标记、颜色、比例等方面对商标的使用进行规制。

风险 4,许可使用有风险。

风险的主要情形有,商标使用许可方式选择不当、被许可人超越合同约定的范围使用或无权再许可、被许可人未标明真实名称和商品产地、被许可使用商标的商品质量有问题损坏商标的形象。

防范措施:对被许可人进行尽职调查,许可使用合同约定要明确,对商标使用行为进行监督并制定商品质量事故的应急预案。

风险 5,转让、受让有风险。

转让商标给他人的风险,表现在受让人尤其是自然人没有相关资质文件,会导致转让协议不能履行。

防范措施:核实受让人的资质文件,及时办理转让登记。

受让商标的风险因素有,待受让商标的效力状态不稳定如存在被撤销、无效的可能,主体信息不一致,商标共有人不同意转让,近似商标未一并转让,商标已许可他人使用等,都有可能导致商标受让不能。几年前曾掀起轩然大波的"iPad"商标侵权案,究其根本就是受让他人商标的风险。美国苹果公司和 IP 公司起诉唯冠科技(深圳)有限公司,不履行 IPAD 转让商标义务,而转让协议是 2009 年由 IP 公司与台湾唯冠公司而非唯冠深圳公司签署,转让协议所涉及的两件中国商标,权利人是唯冠深圳公司,非协议方台湾唯冠。该案件经过三次开庭,最终判定苹果公司败诉。随后双方就 IPAD 禁售事宜又起纷争。直到 2012 年 6 月,苹果公司支付 6000 万美元才"一揽子"解决了 IPAD 商标纠纷。

防范措施:完善的尽职调查和详细的合同约定。此外,《打击商标恶意抢注行为专项行动方案》强化打击不以使用为目的的商标抢注,对于恶意抢注商标并转让牟利的,依法不予核准。所以,在做尽职调查时还应考量待受让商标的原始取得是否属于恶意抢注。

风险6,不续展有风险。

注册商标到期不续展,导致商标失效,重新申请获得注册的可能性低。人民大学有一系列徽图案商标,专用期限截至2014年6月,到期未申请续展,6个月宽展期结束也未提出续展申请。2015年泉州的某公司申请注册了一批与该校徽图案高度近似的图形商标,有些商标还指定专职第41类教育服务。人民大学不得不采取法律途径来维权。

防范措施:周期性地进行监测,及时续展。

风险7,被他人侵权的风险。

商标权被他人侵犯的情形包括:被他人抢先注册在关联商品上;被他人注册在有贬损品牌形象可能的特殊商品上;被他人使用在相同和类似商品上;被他人作为企业字号登记进行不正当竞争。

防范措施:商品上市或者品牌推广不得早于商标的注册申请;重要商标进行公告监测,有必要时,对侵权商标提出异议申请、无效宣告申请;提高市场敏锐度,搜集侵权线索,发现侵权行为及时采取电商平台投诉、行政投诉、维权诉讼等维权手段。

三、商标行政程序的介绍

关于商标行政程序,前文已谈到商标申请、变更、续展、转让、许可等程序的风险和应对措施,在此主要介绍商标疑难案件。国家知识产权局商标局审查处负责的商标异议、“撤三”申请案件,商标评审部门负责的驳回复审、不予注册复审、撤销复审、无效宣告,通常被称为疑难案件。

(一)疑难案件之商标驳回复审

商标驳回复审,是指商标局经实质审查,根据相关条款驳回商标申请,申请人不服驳回决定,向商标局评审部门申请复审。驳回的理由分为绝对理由、相对理由,绝对理由是商标申请违反《商标法》的禁用条款、禁注条款,缺乏显著性,相对理由是商标申请与他人的在先商标、企业字号、版权作品、外观专利、域名、姓名等在先权利和合法权益构成冲突。在驳回复审通过率方面,基于相对理由的商标驳回,复审通过率要高于绝对理由的商标驳回。

商标驳回复审案的审查与商标初审阶段略有不同。商标初审阶段的审查完全是根据商标申请时递交的材料,不会考虑商标的实际使用情况,而驳回复审理由若涉及商标实际使用情况,评审部门则会予以考虑。对商标是否近似的判断,两个阶段的审查标准也有区别,初审阶段基本是严格按照审查标准来审核,评审时考虑的更全面,比如,对图文商标的审查,初审阶段将图形与文字会分开审理,但凡有某个部分与在先商标相同或近似,通常会驳回申请,而评审时会综合考虑图文组合的整体与在先商标近似程度是否足以造成混淆。实务中,通过驳回复审成功获得注册的商标为数不少。因此,若对商标局驳回决定不服,还是尽量申请商标驳回复审。

(二)疑难案件之商标异议、商标无效宣告

之所以将这两种疑难案件放在一起介绍,是因为对案件实质审查的适用条款相同,且大部分案件的被申请商标也都是商标权利人通过定期监测商标公告得以发现,从而针对性启动异议申请或无效宣告申请。商标异议经过审理,异议理由成立,被异议商标不予注册,被申请人如果不服,可提出不予注册复审申请。

商标异议是对处于3个月初步审定公告期内的申请商标提出异议申请,意味着异议申请的期限仅有3个月。错过了异议期,公告期满该商标将予以注册,对已注册商标所能启动的行政程序是无效宣告申请。商标无效宣告申请的期限,通常是商标注册之日起5年,但有两种情形不受5年期限的限制:一种情形是适用《商标法》第44条第1款规定提出的无效宣告,另一种情形是驰名商标所有人针对恶意注册商标提出的无效宣告。由此可以看出,对商标公告进行定期监测,能及时有效地通过商标行政程序进行维权。

(三)疑难案件之"撤三"申请

撤销连续3年不使用注册商标申请,通常被简称为"撤三"申请。商标权利人最关心的问题是如何应对他人的"撤三"申请。北京知识产权法院曾经做过一次调研,随机抽取了85件撤销复审纠纷案件的判决,发现78.9%的商标被认为不构成商标法意义上的使用,理由有二,一是证据形式有问题,二是不属于《商标法》意义上的使用。商标"撤三"案件的审查重点是商标使用证据。无论是行政机关还是司法机关,对使用证据的审查,都是结合证据的三性从使用时间、商标标识、核定商品和服务范围、使用行为本身来进行审查。如果是商标权利人,了解这一点有助于搜集有效的商标使用证据,如果"撤三"案件的发起人,了解这一点,在撤销复审阶段能更有效地进行质证。

撤销只是手段,不是目的,设立"撤三"制度是为了督促商标的使用,防止商标资源的浪费,促使注册商标持有人物尽其用,发挥商标专用权的真正价值。总之,只要权利人在商业活动中公开、真实地使用了注册商标,且注册商标使用行为本身没有违反商标法律规定,尽到了法律规定的使用义务,审查机构通常都会尽量维持商标注册。

解说马德里商标

北京市盈科律师事务所　曹彩霞

在解说马德里商标之前，我们有必要先了解中国企业历年申请马德里商标国际注册的情况。

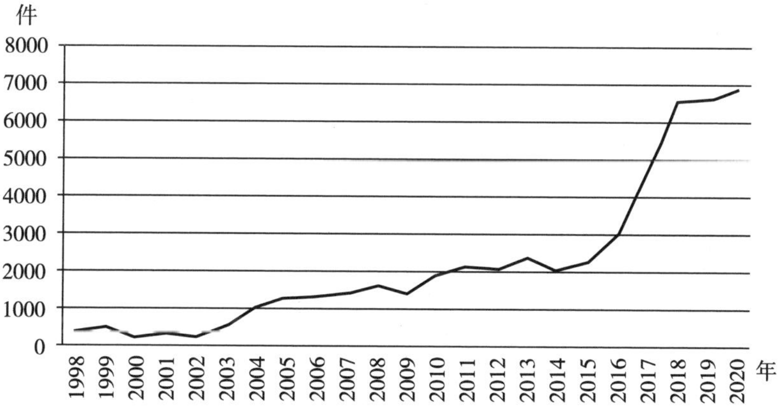

图 1　历年全国马德里商标国际注册申请趋势

由图 1 可知，自中国 2002 年加入世界贸易组织起，国内企业的马德里商标国际注册申请量出现快速增长。2015 年，受国家推进实施"一带一路"战略等因素的影响，马德里商标的申请量更是突飞猛进，高速攀升。2020 年，马德里商标国际注册申请量已达到 6839 件。这表明，中国企业的海外商标布局能力在不断增强，"走出去"的步伐变得更快。

看到我们国内企业如此热衷于马德里商标国际注册，也许有人会进一步问道：究竟什么是马德里商标？马德里商标国际注册有哪些特点？申请条件是什么？怎样提交申请？审查时长多少？花费几何？后期该如何维护和管理？与直接在某个国家申请注册有何不同？……关于这些问题，我主要从马德里商标的概述、申请实务、电子工具运用、与其他海外商标申请途径四个方面进行解说，相信对马德里商标感兴趣的人能够从这次解说中找到答案。

一、马德里商标概述

（一）马德里体系的背景

马德里体系由世界知识产权组织（WIPO）进行管理。世界知识产权组织是由巴黎联盟和伯尔尼联盟的成员在1967年共同建立。伯尔尼联盟，是《保护文学和艺术作品伯尔尼公约》缔约国组成。巴黎联盟是依据《保护工业产权巴黎公约》（以下简称《巴黎公约》）建立。《巴黎公约》的保护范围是工业产权，包括专利权、商标权、企业字号、原产地名称、制止不正当竞争等，而商标国际注册马德里协定和马德里议定书的缔约方共同构成的马德里联盟就是根据《巴黎公约》第19条组成的特别联盟。

商标国际注册马德里协定，于1891年签订，最近一次修订是1979年，中国于1989年加入该协定；马德里议定书，全称是商标国际注册马德里协定有关议定书，该协定于1989年签订，2007年修正，中国于1995年成员该议定书的缔约方。至于商标国际注册马德里协定及该协定有关议定书的共同实施细则，是于2009年9月1日生效，2017年修正过一次，2020年年初再次修改，并改名为《商标国际注册马德里协定有关议定书实施细则》。

（二）基本概念

1. 马德里商标国际注册

马德里商标国际注册是根据《马德里协定》和《马德里协定有关议定书》的规定，在马德里联盟成员之间所进行的商标注册。

2. 马德里联盟成员

马德里联盟成员是指马德里协定成员国以及马德里协议有关议定书的缔约国或缔约组织。马德里商标国际注册的申请人，都是马德里联盟成员的国民或法人。2021年2月24日马德里联盟共有108个成员，截至2022年3月马德里联盟成员已增加到112个。可能有人会担心马德里国际注册商标的保护效力，但事实上，马德里商标在马德里联盟成员所获得的保护力度，与在该成员国或缔约组织内直接申请注册的商标，是相同的。

3. 中心打击原则

马德里国际注册商标的中心打击原则，是其独有的，有必要重点介绍。

按照相关规定，自国际注册之日起5年期满后，马德里商标国际注册就脱离了基础申请或由之产生的注册，或者原属国在先注册的国家商标，实现完全独立。但是，在国际注册之日起5年内，如基础申请或基础注册分别就全部或部分国际注册中所列的商品和服务被撤回、过期、被放弃、最终驳回、注销或被宣告无效，在原属国不再得到保护，无论该国际注册的商标是否已被转让，都不得再要求国际注册给予的保护。

为便于理解，把一件国际注册商标比作一棵树，基础申请和基础注册是树根，如果商标在国际注册之日起的5年内，基础申请和基础注册“死亡”，“死因”或许是基础注册和基础申请被主动撤回、放弃、过期的“自杀”，或许是被驳回、被撤销、被宣告无效之类的“他杀”，树根坏死，国际注册这棵大树也会死，不能继续在被指定的缔约国受到保护。这种情况，就属于中心打击原则。

如何应对这样灭顶之灾的中心打击呢？《马德里议定书》开了一个“后门”。遭受打击的国际注册商标申请人，在商标被撤销之日起3个月内，可以在指定缔约方通过单一申请的方式，将国际注册申请转为国家申请或地区申请，还可享有国际注册的申请日期，从而最大限度地保证商标的安全。然而，商标由国际注册转国内申请的做法，会让原来的国际注册费打水漂，申请人还需要另行在被指定国委托代理机构，并支付相应的代理费，增加了注册成本。

（三）关键词

解释中心打击原则时，有涉及让人费解的原属国、基础注册、基础申请等术语，这些术语是我们了解马德里商标的关键词。

了解“原属国”，能弄清楚商标国际注册申请人“从哪儿来”。清楚“被指定缔约方”，能知道国际注册商标“要去哪儿”获得保护。原属国、被指定缔约方，都是马德里联盟成员。商标国际注册申请人，如果在哪个马德里联盟成员国设有真实的工商营业所或者有住所，或者申请人是成员国国民的，其国籍所在的国家，就是原属国。被指定缔约方，字面意思很容易理解，商标国际注册指定在哪些联盟成员国或地区获得保护。

原属局、被指定局，分别是原属国、被指定缔约方的商标主管局。

基础注册，根据《马德里协定》，只有已经在原属局获得注册的商标才能作为商标国际注册的基础。基础申请，是在原属局提交的国家或地区商标申请。根据《马德里议定书》，国际申请可以基于在原属局的基础注册，也可以基于向原属局提出的基础申请。

商标国际注册日期，是原属国的商标主管局收到国际申请的日期，这个注册日期与各国的国家商标申请核准注册的日期不能混为一谈。

位于日内瓦的世界知识产权组织国际局，是马德里商标注册申请的中转站，如何中转，在后面会详细介绍。

（四）马德里商标的特点

特点一，覆盖范围广。

截至2021年2月24日，马德里联盟有108个成员，覆盖124个国家。

特点二，手续方便快捷。

商标国际注册申请，手续简单，一次申请，可以适用所有马德里成员国，可同时指定多个国家对申请商标的保护，可一次性指定多个商品和服务类别，只需用使用一种语言（英语、法语、西班牙语三选一，在中国不接受西班牙语），申请文件仅向1个主管局即原属局提交。

国际局致有关主管局或申请人、注册人的通知书，都使用国际申请所用的语言，登记和公告国际注册，也会指明国际局收到国际申请时所用的语言。例如，一家中国企业在申请马德里国际注册商标时，选择使用的语言是英语，指定的国家有法国、意大利、西班牙、美国，国际局转达的通知书，会统一使用英语，不会用到法语或西班牙语。

特点三，费用相对合算。

价格上的优势，是与单一国家和地区的商标注册相比，体现在节省了翻译费、各国代理机构的费用。

（五）马德里商标体系的运行

1. 运行模式

借用商标局国际处张宇处长的一个关于邮政系统的类比，更容易解读马德里商标国际注册体系的运行模式：

众所周知，邮政业务的流程，是寄信人将信件放进邮筒，信件进入邮局分拣，再被送达收信人,邮局的工作基本完成。而马德里商标国际注册体系与邮政系统有着惊人的相似之处。马德里商标国际注册,是由申请人将国际注册申请递交给原属局(原属国的商标主管局,在中国是国家知识产权局商标局),原属局进行形式审查,通过审查的就被送往世界知识产权组织国际局进行中转。作为中转站,邮局的任务是进行信件分拣,国际局也要对国际申请进行分拣、形式审查、登记、编号,然后分发给各个被指定缔约方的主管局(被指定局)进行实质审查。被指定局经过实质审查,决定是否给予马德里商标在指定商品和服务上的保护。如果申请人对于被指定局不予保护的决定不服,只能依照当地法律采取行政或司法手段解决,国际局不再介入。

2. 审查流程和周期

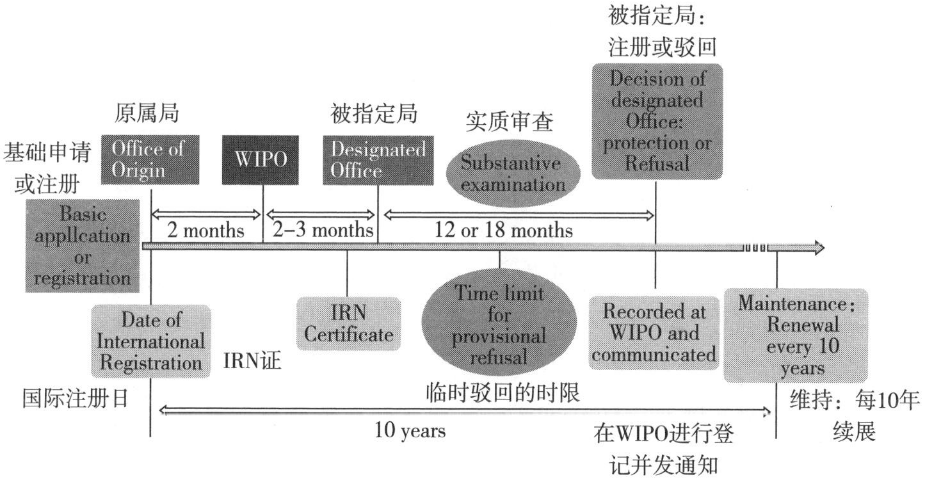

图 2　审查流程

结合图 2 来介绍马德里商标的审查流程和周期。申请人在原属国拥有基础申请或基础注册的前提下,向原属局递交国际注册申请,原属局收到国际申请的日期就是国际注册日期。随后,在 2 个月内原属局将通过形式审查的国际申请转达给世界知识产权组织国际局,国际局在 2 ~ 3 个月的期限内完成登记并转达给各个被指定局进行实质审查,对于各被指定局的实质审查规定了 12 个月或 18 个月的临时驳回期限,如果临时驳回期满没有临时驳回,就可认为,该马德里商标在有关被指定缔约方的领土内在要求保护的所有商品和服务上获得保护。

关于被指定局的 12 个月或 18 个月临时驳回期限,是从国际局通知日期开始计算。原属国为纯议定书缔约方的国际申请,驳回期限 18 个月,而原属国为同属协定和议定书缔约方的国际申请,驳回期限为 12 个月。

另外,国际注册商标的保护期限为 10 年,每隔 10 年可以申请续展。

3. 费用

与单一国家和地区的商标注册相比较,马德里商标注册申请的费用项目不同。例如,中国企业直接在美国申请注册商标,发生的费用包含美国专利商标局收取的规费、美国当地代理机构的服务费、中国国内代理机构的费用;而通过马德里商标国际注册申请指定在美国获得领土延伸保护,发生的费用是规费与国内代理机构的费用,如果中国企业是自行向商标局递交国际申请,则不会发生代理费。当然,本着专业的事情找专业人办理的原则,还是强烈建议中国企业委托专业代理机构办理马德里商标注册事宜。

国际商标注册申请需要缴纳的规费有两部分:一是基础注册费,由世界知识产权组织收取,黑白商标 653 瑞士法郎,彩色商标 903 瑞士法郎;二是由被指定缔约方收取的规费。例如,(1)补充注册费,指定 3 个商品和服务类别以内,每个缔约方 100 瑞士法郎;(2)附加注册费,是指超过 3 个类别的,每超过 1 个类别,加收 100 瑞士法郎;(3)单独规费,收费标准不固定,国际局根据汇率变化或者应单独收费国收费标准变化的要求及时将各国新的单独收费标准通知各成员国。关于费用收取方式,有些特殊情况需要注意,如在日本、巴西是分阶段收取申请费、注册费,在丹麦、欧盟从第 2 个类别就要加收费用。

马德里商标的转让、变更、删减项目,都是统一的收费标准,转让费和删减商品服务项目的费用,都是每个国际注册号收取 177 瑞士法郎,而名称和地址变更的费用,则是每件变更申请收取 150 瑞士法郎。但是,后期指定、续展申请,都是除了基础注册费,还有补充注册费、单独规费等,如果有效期满后在宽展期内递交的续展申请,还需要缴纳宽展费,这一点与中国注册商标续展收费方式相同。

二、关于马德里商标申请的实务

(一)在先检索

在国际注册商标申请之前,需要检索,查看被指定缔约方是否存在与意向商标相同或近似的在先申请商标或注册商标。而马德里成员国的官方语言不同,要访问相应的各国商标主管局官方网站进行检索各有难度,但是 WIPO 马德里体系的全球品牌数据库(Global Brand Database),拥有70多个数据库中的5000多万条记录(包括马德里体系注册的商标)。借助这个工具,可以进行字段检索,也能进行图像检索,查询要求还可以设定相同查询、模糊查询。

(二)申请条件

国际商标注册申请的主体,是马德里联盟成员的国民或法人。具体到中国,大陆、中国台湾地区的自然人、法人,都可以通过商标局提出国际注册申请。但中国香港、中国澳门的自然人、法人,目前还不能通过提交国际申请。

中国企业要申请国际注册的商标,必须是在我国已经获得注册的商标,或者是在我国提出注册申请并已受理的商标。商标,如果指定颜色保护,需要指明颜色,尤其是对每个构成元素分别主张的保护颜色都要列明,中文商标则需要逐字翻译成外文,如新加坡、菲律宾、美国等国就对此有特别要求。

商品和服务,原则上是要与基础注册和基础申请的商品和服务项目一致,若不一致,也不能超过基础注册和申请的商品范围,更不接受在某一类指定全部商品的表述。需要注意的是,美国、日本、韩国、泰国等对商品和服务的名称表述有特殊要求。例如,在美国,商品表述应具体化,不能太宽泛,符合美国专利商标局可接受的商品和服务分类手册的规定,否则,可能发出临时驳回通知。

至于国际注册申请书式的选择和申请书的填写,按照商标局网上服务系统的具体要求办理即可。

(三)规费计算

商标国际注册申请前,通过WIPO马德里体系的规费计算器(Fee Calculator)可计算出注册申请规费的具体数额,如图3所示。

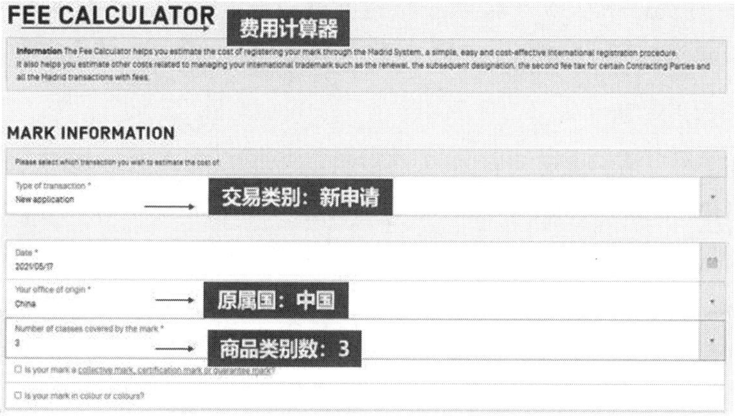

图 3　马德里体系规费计算

假定原属国为中国的关于在 3 个商品类别的 1 件商标国际注册同时指定在意大利、韩国、俄罗斯的领土延伸保护申请，在规费计算器选择相关信息后，可自动计算出，规费总额为 1525 瑞士法郎，包含韩国单独收取的规费，即每 1 类 224 瑞士法郎，3 类共计 672 瑞士法郎。

（四）查询审查进度

国际注册申请费用缴纳后，要关注后续审查进展，可以通过 WIPO 网站马德里监视器（Monitor）查询商标注册的最新状态。从查询结果可以了解到国际注册号、注册日期、权利人名称地址、商标图样、指定商品、基础申请信息、即时状态（Real time status）。要了解被指定局的审查结果和审查意见，可在 Documents 板块查阅到初审驳回通知、进入异议期的通知、最终获得保护的声明等相关文件。

被指定局审查意见主要有临时驳回通知、临时全部驳回确认声明、临时驳回后给予驳回的声明、无临时驳回通知时给予保护的声明、关于依职权的审查已结束但商标驳回仍需经第三方异议或提意见的声明、无效通知等。如果是国外申请人的马德里国际注册商标指定在中国的保护申请,中国商标局发出的驳回通知,有国际注册驳回通知书 NOTIFICATION OF EX OFFICIO REFUSAL 和因异议申请而初审驳回的通知书 NOTIFICATION OF PROVISIONAL REFUSAL BASED ON AN OPPOSITION,作为中国律师,可代理国外申请人向中国商标局分别递交复审申请和异议答辩来应对这两种不同的驳回通知。

(五)后续管理与维护

关于马德里国际注册商标在被指定国获得保护后的管理与维护,可以借助马德里案卷管理器(Madrid Manager)在线提交相应的申请书式及在线缴费的方式进行办理,比较便捷。2022 年 9 月马德里体系改版后,在线业务大多是在 e-Madrid 板块办理。

关于马德里商标申请指定在中国获得领土延伸保护的后续管理与维护,发问频率较高的有 3 个问题,在此予以解答。

问题 1:马德里商标在中国驳回复审成功后何时能申请注册证明?

答:关于此问题,先说明一下,马德里国际注册申请没有权利证书,想要持有商标在被指定缔约方获得保护的证明,需要另行向被指定局申请相关的证明文件。

马德里国际注册指定中国的申请最初被驳回,经驳回复审程序后商标被准许在中国注册,自驳回期限届满之日起可委托中国的商标代理机构向商标局申请出具商标注册证明。驳回期限从国际局通知日期(Date of notification)开始计算。原属局为纯议定书缔约方指定中国的领土延伸申请,驳回期限为 18 个月,原属局为同属协定和议定书缔约方指定中国的领土延伸申请,驳回期限 12 个月。

问题 2:对在中国获得领土延伸申请的马德里商标,何时能提出异议申请?

答:自 WIPO《国际商标公告》出版的次月 1 日起 3 个月内,符合中国《商标法》第 33 条规定的异议人可以向商标局提出异议申请。被异议人可以自收到国际局转发的驳回通知书之日起 30 日内进行答辩,答辩书及相关证据材料应当通过在中国依法设立的商标代理机构向商标局提交。

问题 3:如何计算马德里国际注册商标“撤三”申请的期限?

答:对马德里国际注册商标的“撤三”申请,起算时间尤为重要。依照中国

《商标法》第 49 条第 2 款的规定,需商标核准注册满 3 年,《商标法实施条例》第 42 条规定,国际注册商标的核准日期自该商标延伸到中国驳回期限届满日起算,而非“国际注册日期”。若国际注册商标在中国没有驳回或部分驳回情形,对其提出“撤三”申请的时间为,WIPO 网站记录日期(Date of recording)(date of notification from which the time limit to notify the refusal starts) + 驳回期限 12 个月(原属国为同属协定和议定书缔约方)或 18 个月(原属国为纯议定书缔约方)期满后,过 3 年方可提“撤三”。若国际注册商标在中国经驳回复审而取得商标专用权,应自驳回复审裁定日起算,满 3 年方提“撤三”。若存在异议、异议不予注册决定复审及后续行政诉讼程序情形,应自最终作出决定或判决的日期起算,满 3 年后方可提“撤三”。

三、马德里商标电子工具

概述与实务部分屡次提到 WIPO 网站 https://www. wipo. int/madrid/en(有中文网页)的马德里体系多个工具。

该网站改版后,是在“马德里体系在线服务 – eMadrid”办理各种在线业务:通过监视器(Monitor)可查询马德里商标详细信息、即时状态、被指定局的官方文件等信息的功能和使用;可办理马德里商标转让、变更、删减、续展、后期指定等,新版马德里体系还增加了更正业务。

马德里商标申请前的检索工具,是全球品牌数据库 Global Brand Database,其功能和特点前文已经介绍过,是我们为国内企业检索海外商标注册情况的最佳入手点。

有关马德里商标的注册申请,可以借助“资源 Resources”板块的几个重要工具:商品与服务管理器(Goods & Services Manager)、成员概况数据库(Member Profiles Database)、规费计算器(Fee Calculator)。其中,商品与服务管理器可以检索尼斯分类表的商品和服务的英文表述;成员概况数据库,顾名思义,是有关每个马德里成员的商标主管局信息及商标审查流程和相关规定等资讯。规费计算器,除了商标国际注册申请费用的计算,还能计算后期指定、二次收费、续展申请的费用。

第二个推荐的工具是国家知识产权局商标局网站。该网站有国际注册的专门板块,能通过综合查询的窗口了解每件国际注册商标申请的信息和状态。为帮助我国企业在“一带一路”沿线国家的贸易中，提前布局商标注册、在注册后选择最为恰当的维权手段，国家知识产权局商标局还通过商标网介绍了“一带一路”相关国家中的部分国家或地区的商标注册流程、商标维权流程制度。

四、与其他海外商标申请方式的比较

解说完马德里商标，也简单介绍一下其他海外商标申请的途径。

一种是地区性公约注册，例如，在欧盟商标注册，可获得欧盟 27 个成员国的保护；非洲知识产权组织商标，可获得 17 个成员国的保护。需要说明一点，欧盟、非洲知识产权组织，也都是马德里联盟成员。

另一种是单一国家和地区的商标注册，例如，在美国、英国、法国、澳大利亚、中国香港、中国澳门逐一向商标主管局申请商标注册，随时可启动申请流程，不受限制，非常灵活，但可能会使用不同语言，费用也会比较高。

总之，对包括马德里商标注册申请在内的各种海外商标申请途径有所了解后，就不难对申请途径做一个优化选择。下面是对几种情况提出的参考选择方案：

1. 如果商标尚未在国内获得注册，但又急需在国外目标市场获得注册，或者在国外被他人抢注的可能性较大，可以选择单一国家和地区逐个申请注册，优点是能够争取时间，减小被他人抢注的可能性，并尽快获得注册。

2. 如果商标已经在国内获得注册或者申请已经受理，并且需要在较多的国家获得商标保护，建议选择马德里申请的途径，可以节省申请费用。

3. 如果需要注册的国家数量不多，比如 5 个国家以内，也建议采取单一国家和地区逐个申请注册的方式，有利于减小被他人抢注的可能。

4. 对于尚未加入马德里联盟的国家和地区，只能采取单一国家和地区的注册申请途径。

5. 如果是纯中文商标，在国外存在在先权利冲突的可能性较小，审查会相对顺利，可以优先考虑马德里注册途径。

6. 英文商标如果独创性不足，可能存在较多的在先权利冲突，选择单一国家和地区注册的途径，分别委托当地律师从申请前的检索、申请提交一直跟进到注册，可以避免不利情况的出现，有利于在尽可能多的国家和地区顺利获得注册。

商标类侵权案件中行政查处与司法认定的冲突应对

北京盈科(宜昌)律师事务所　向海龙

在市场管理中,对于商标侵权及其他不正当竞争行为,依据现行法律规定,通常可以分别从民事、行政和刑事的角度来进行处理。民事手段、行政手段和刑事手段各有区别,又互有交叉。本期,我们结合办案实例进行分析解读。

一、三种手段的优劣对比

(一)关于行政手段

行政手段如市场监管部门或海关查处违法行为。

优点:一是快捷,尤其是相对诉讼来讲更讲究效率。二是直接,发现违法问题就可以直接去调查处理,没有太多繁杂的程序。三是及时,相对于诉讼要经历的各种流程,行政手段能够最快回应当事人的关切。

缺点:其一,专业性可能存在不足。市场监管职能的覆盖范围非常广泛,对于市场上的所有行为基本都能管,难免存在专业深度不够的问题。其二,行政处罚不利于赔偿。一旦被认定为侵权行为,侵权产品往往会被没收,侵权企业面临高额罚款处罚,特别是中小企业承受能力有限,打击侵权和实现赔偿难以兼顾。

(二)关于民事手段

优点:一是专业。知识产权领域的纠纷相对十分专业,相关的律师、法官常年做这方面的工作,已成为专家,越往上一层级法院的法官越专业,裁决就会更为公平公正。二是维权维度多。可以提起多种诉讼请求,案件可判可调,还可以提起财产和证据、行为保全,诉讼程序上也是两审终审,对权利的保护更为周到。

缺点：受民事诉讼程序规定本身的制约，和当前法院案多人少等方面的影响，诉讼程序周期太长，低效不及时。而当事人遭到侵权和不正当竞争时，往往需要争分夺秒的去抢夺市场、占据优势，待到民事诉讼程序下来，很多问题已时过境迁。

（三）关于刑事手段

优点：威慑力强。

缺点：一是介入较难。公安机关不得干预经济活动，刑事立案需严格审查，符合法定条件才能立案，这自然导致刑事立案难度比较大，一般都是在行政机关查处以后，对于情节比较严重的构成犯罪的才由行政机关移送刑事侦查部门转化成刑案。二是刑事程序通常不可逆转，不像民事诉讼可以随时撤诉、私下协商解决。三是刑事程序会对案涉企业的主要人员予以羁押，社会负面影响很大，不利于案涉企业的后续经营发展，加之没收违法所得、判处罚金等刑事处罚相当严厉，案涉企业很难起死回生，同样也造成在刑事罚没后不利于对被侵权人的赔偿。

因此，三种手段各有优劣、互有交叉，实践中行政、民事、刑事可以互转，行政和民事手段关联性最强，运用更多的是行政手段和民事手段，需要我们根据具体情况灵活运用。这同时也要求律师对于这三种程序都要熟悉，即使日常主要业务方向是民事或行政、刑事领域，但对其他相关法律规定和法定程序、业务技能也尽量要有所掌握，如此方能做到从容应对。

二、行政查处的作用至关重要

（一）权威性强——商标行政执法职权在县级以上市场监督管理部门

《商标法》第 61 条规定："对侵犯注册商标专用权的行为，工商行政管理部门有权依法查处；涉嫌犯罪的，应当及时移送司法机关依法处理。"《市场监督管理投诉举报处理暂行办法》第 4 条规定："国家市场监督管理总局主管全国投诉举报处理工作，指导地方市场监督管理部门投诉举报处理工作。县级以上地方市场监督管理部门负责本行政区域内的投诉举报处理工作。"《反不正当竞争法》第 3 条规定："各级人民政府应当采取措施，制止不正当竞争行为，为公平竞争创造良好的环境和条件。"县级以上人民政府工商行政管理部门对不正当竞争行为进行监督检查;法律、行政法规规定由其他部门监督检查的依照其规定。运用行政方法对于提高管理效率起着重要作用。

(二)强制性强——市场监督管理部门可行使的职权较为充分

《商标法》第62条规定:“县级以上工商行政管理部门根据已经取得的违法嫌疑证据或者举报,对涉嫌侵犯他人注册商标专用权的行为进行查处时,可以行使下列职权:(一)询问有关当事人,调查与侵犯他人注册商标专用权有关的情况;(二)查阅、复制当事人与侵权活动有关的合同、发票、账簿以及其他有关资料;(三)对当事人涉嫌从事侵犯他人注册商标专用权活动的场所实施现场检查;(四)检查与侵权活动有关的物品;对有证据证明是侵犯他人注册商标专用权的物品,可以查封或者扣押。工商行政管理部门依法行使前款规定的职权时,当事人应当予以协助、配合,不得拒绝、阻挠。”可以看出,行政手段依靠权威性和强制性,能明显提高查处侵权行为的效率。

(三)时效性强——高效原则是市场监督管理部门处理投诉举报的原则之一

从受理、当事人自行和解、组织调解,到调查处理各个环节,《市场监督管理投诉举报处理暂行办法》都规定的十分灵活,这极大方便了各级运用行政方法较好地处理特殊问题和管理活动中出现的新情况。

【典型案例一】

蒋某、孙某侵犯商业秘密案——行政措施对商业秘密侵权类案件取证、控制损害后果和诉讼索赔的重要价值

2013年,李某所办的电话营销企业A公司,客户数据被离职员工陈某带走后另起炉灶继续从事同类经营活动,抢占A公司客户市场。李某找到我后,我们迅疾达成一致意见,针对陈某的侵权行为,我们的第一要务只有一个——快速制止侵权行为。

结合本案的具体情况,我们进一步分析梳理,初步有四种应对策略:一是申请劳动仲裁(基于《劳动合同》关于保守商业秘密及竞业禁止的约定),但是慢,无法及时制止侵权;二是行政举报(依据《反不正当竞争法》向工商机关举报),能够快速处理,但无法实现索赔;三是向法院起诉,这种应对策略同样很慢,无法及时制止侵权;四是向公安机关报案,但当时证据缺失,公安机关未必受理。

经过梳理,我们发现,破解本案的核心问题,就是认定对方的侵权证据。但如何获取证据,是摆在我们面前的一个棘手问题。但就在此刻,我们发现侵权方在网络招聘电话营销员。于是,我方派人应聘电话营销员,打入侵权方内部,掌握相关情况后,我们向法院起诉、申请诉讼行为保全,并同步向市场监管部门举报,带领市场监管人员现场查获客户数据材料、销售侵权账簿等证据材料。随后,我们又立即着手开展了两项工作,一是对双方客户数据比对,认定其是否构成商业秘密侵权;二是申请法院对市场监管部门证据材料进行保全,让法院接管证据,进一步控制证据材料。在强有力的证据支撑下,侵权方主动与我方诉讼和解,并给予了赔偿和赔礼道歉。

该案之所以能快速达到目的,圆满解决,得益于:一是实施"行政举报 + 诉讼"组合策略,兼顾了"效率"与"维权";二是坚持了打官司就是打证据的理念,"卧底"取证是关键;三是秉持帮客户解决问题是王道的理念,方向正确、措施得力。

【典型案例二】

"曼娅奴"商标侵权及不正当竞争纠纷案——市场监管查扣侵权产品支持诉讼赔偿案

"曼娅奴"系位于深圳的一品牌女装经营者,某合作 10 年的代理商在代理服装经营期间掺卖假冒"曼娅奴"品牌产品,代理合作期满以后继续使用"曼娅奴"标识的店招、掺卖假冒"曼娅奴"品牌产品,导致"曼娅奴"品牌形象严重受损,客户投诉不断。

从维护品牌形象的角度出发,该案同样需要快速、有效打击侵权者。2021 年 1 月中旬我们律师团队接受客户委托,选建了一支经验指数高的调查团队,立即开展了两轮调查摸排,锁定了 3 家商场品牌专柜位置。锁定目标后,我们两次联系公证部门公证取证,对证物进行鉴定并公证全部鉴定过程,固定了侵权事实。2 月底,我方在再次调查核实中发现对方侵权状态持续,遂联系市场监管局现场检查,3 月初,市场监管部门现场查获涉嫌侵权的服装近 2000 件,涉案金额(按吊牌价计)约 300 万元。经对侵权货物逐一比对鉴定后,市场监管部门依法作出相关行政强制措施决定,权利人同时向人民法院起诉 3 家店铺所在商场及店铺经营者。3 月底,侵权人被迫与商标权利人达成和解进行赔偿,取得了权利人的谅解。后据了解,侵权方因侵犯他人注册商标情节严重,经市场监管部门调查后移送公安机关,并由办案机关以"假冒注册商标罪"对其追究刑事责任。

三、行政手段和司法认定冲突时的应对

(一)"司法审查"优先于"行政审查"

《商标法》第 62 条第 3 款规定:"在查处商标侵权案件过程中,对商标权属存在争议或者权利人同时向人民法院提起商标侵权诉讼的,工商行政管理部门可以中止案件的查处。中止原因消除后,应当恢复或者终结案件查处程序。"

(二)商标侵权行为的认定

《商标法》第 57 条对商标侵权行为的认定进行了明确规定。2020 年,《商标侵权判断标准》由国家知识产权局正式发布并实施,商标行政执法有了统一标准,这个文件明确了商标侵权判断的方法,完善了商标法律法规的细节,对傍名牌行为、"打擦边球"等基层执法中的疑难问题予以了明确,值得我们认真学习研究。

(三)地域因素在商标混淆认定中的意义

依据《商标侵权判断标准》第 19 条的规定,商标侵权的判断,在同一种商品或者同一种服务上使用近似商标,或者在类似商品或者类似服务上使用相同、近似商标的情形下,还应当对是否容易导致混淆进行判断;第 20 条规定,商标法规定的容易导致混淆,即足以使相关公众认为涉案商品或者服务是由注册商标权利人生产或者提供,或是足以使相关公众认为涉案商品或者服务的提供者与注册商标权利人存在投资、许可、加盟或者合作等关系。同时,商标执法相关部门判断是否容易导致混淆,还应当综合考量商标的近似情况、商品或者服务的类似情况、注册商标的显著性和知名度、商品或者服务的特点及商标使用的方式、相关公众的注意和认知程度等因素以及各因素之间的相互影响。因此,商标混淆认定中的地域因素可作为是否具有主观恶意加以考量,而不应成为是否构成混淆的直接因素。

【典型案例三】

“美岸”商标侵权纠纷案——商标侵权行政和司法认定冲突时的应对

李某系第718××××号“美岸”、第216××××号“MEIAN美岸”商标权利人，其在浙江绍兴经营美容美发。后其发现在湖北宜昌、恩施、荆门三地有3家“美岸医疗美容门诊部”未经许可使用其“美岸”系列商标提供医疗美容服务，并在公证取证后委托盈科律师代理。

盈科律师接受委托后向三地市场监督管理局举报侵权行为，在此期间，商标权利人分别向当地人民法院提起民事诉讼。行政举报的处理结果：恩施某区市场监督管理局未处理回复，荆门某区市场监督管理局认为构成侵权并组织双方达成了和解，宜昌某区市场监督管理局认定不构成商标侵权。由此可见，同样的商标使用行为，在不同的区域，不同的市场监管部门的处理方式和认定结论是不一致的，甚至是相互冲突的。

宜昌某区市场监督管理局认为不构成侵权的理由，一是被投诉人作为营利性医疗机构资质合法，未在企业名称中突出使用“美岸”字号，更未添加注册商标标记；二是被投诉人的经营范围属医疗范畴即内科、整形外科专业、美容中医科及麻醉科诊疗服务，与投诉人的商标注册证核定服务项目（保健、医疗护理、芳香疗法、美容院、理发店、按摩、修指甲、桑拿浴服务、美容师服务）不属于同类型的行业，且经营地址也不在同一行政区域，不会引起公众的误导。

权利方对此结论不服，遂依法申请行政复议。权利方的申请理由，一是行政机关存在违反“司法审查”优先于“行政审查”的规定、当事人复议权利未告知等程序性错误；二是依据《类似商品和服务区分表》等，行政机关关于双方经营项目“既不相同也不类似”的答复存在明显错误；三是根据《最高人民法院关于审理商标民事纠纷案件适用法律若干问题的解释》第12条的规定，被申请人对“容易引起混淆”的界定不够合理。

权利方提起行政复议后，因案件正由法院审理中，复议机关建议我方申请中止复议，待法院判决处理后再做处理，权利方遂申请中止复议程序。该案件最终由恩施、宜昌人民法院分别调解结案，3家侵权店铺均向权利人承担了赔偿责任。因此可见，侵权人自身、人民法院也都认定其行为是构成商标侵权并应承担侵权责任的。这与宜昌某区市场监管局的认定和处理也是不同的。

我方作为权利方代理人在代理该案件中发现，造成行政、司法认定分歧的原因主要有：

一是行政与司法在认定标准上脱节。对于商标是否相同或近似，市场监管部门是从登记经营范围和行政许可准入的角度（医美需要许可，美容美发不需要，所以不一样）来判断，几乎不参考最高人民法院关于认定商标侵权的相关司法解释等相关认定标准，法院知识产权庭与市场监管执法部门几乎没有沟通互动，造成认定标准不一，各行其是。

二是信息不对称，各自流程不通畅。当事人既投诉举报又向法院诉讼的，未及时告知监管部门或者法院的，程序容易引起冲突；同时，法律规定监管部门可以中止案件查处，而非必须“先司法后行政”，因此在行政查处和诉讼中究竟孰先孰后落实起来有现实困难。

【典型案例四】

“物美”商标侵权纠纷案——法院裁处（调解）后当事人再次侵权，行政部门调查认定与司法认定的协同

“物美超市”在北方较多，知名度也较大。2013 年开始，湖北省某县“物美商贸”公司开始用“物美”商标做超市。到 2019 年时，“物美商贸”的经营行为持续 5 年之久，实际开设的连锁超市达 10 家以上，且还有继续扩大的趋势。商标权人起诉后，双方达成和解，以赔偿了事，侵权人同意立即停止侵犯“物美”商标权的行为，拆除店招等并变更企业名称不含“物美”字样。

但 2021 年，商标权人发现某县的郑某（个体工商户经营者，无字号）未经授权擅自使用“物美”商标用于超市经营，尤其是在店铺的店招门面、外墙商品促销广告上突出使用“物美”标志。我们接受商标权利人的委托，经过调查，这个店就是 2019 年与权利人达成侵权赔偿协议中的一家，只是其并未完全停止侵权行为，遗留了这一家未停止侵权、摘除店招，其开具的发票还是之前那个经营主体。虽然侵权方申辩其使用的是自己的某商标，或者是店铺已经转让给他人经营，但实质很明显，其已经对权利方构成恶意侵权。

发现这个问题后，权利方双管齐下，一是行政举报，由市场监管部门第一时间责令改正并作出相应处罚；二是提起诉讼，由法院依法判决侵权，并给予惩罚性赔偿。这也告诉我们，在面对商标侵权和不正当竞争时，不能僵化死板，要善用多种手段灵活应对。同时，也要善于利用各种程序（尤其是行政复议、行政诉讼程序）据理力争，密切沟通，消除不同机关的认定冲突和对应的不利因素。

商标案件诉讼实务技巧

北京盈科(绵阳)律师事务所　刘少军

一、商标案件特点及原因

伴随市场经济的不断发展,“傍名牌”“搭便车”等商标违法行为相继出现,并且逐渐渗透到衣、食、住、行等各个方面。

当下商标案件主要有以下五个特点:

(一)涉及产品范围广

随着经济的发展,商标案件涉及的领域越来越广,凡是可以赚钱的商品或服务,几乎都可能涉及商标问题,从生产资料的钢材、化肥到生活资料的家用电器、食品服装等,五花八门,无所不包。

整体而言,商标案件涉及的往往是知名商标或利润丰厚的产业,市场上哪种商品品牌的含金量高,就可能涉及诉讼,各类案件层出不穷。

(二)涉及地域广

我国地域辽阔,经济文化发展极不平衡,商标案件通常表现为侵权行为一般以城市为中心,且多发生在一些经济较发达地区。

在我国,东部沿海地区比中西部地区商标案件数量更多,主要集中在北京、浙江、江苏、上海等经济和科技发达地区。

(三)行为方式多样化

涉嫌侵犯商标权的行为方式越来越多样化、从原来简单的仿制商品,向定牌加工、产品回收、零部件整合、互联网搜索等多种形态发展。

（四）侵权成本低

商标侵权成本主要来源于三个方面：

1. 获取侵权目标的信息成本低。就知识产权所保护信息而言，除商业秘密信息外，其他类型知识产权所保护的信息都是公开的，侵权人获取并确定侵权目标的信息成本很低。

2. 生产经营成本低。对于侵权人而言，其直接利用他人知识产权，可以节省很大一部分生产经营成本，包括研发成本、推广成本等，相对于商标权人的成本来说，通常都更低。

3. 违法成本低。侵权人因侵权所可能付出的成本，至少与两个因素有关：被发现侵权的概率和侵权赔偿数额。

与其他有形财产相比，知识产权侵权行为具有隐蔽性、不确定性和因果关系复杂性等特点，发现和认定侵权行为比较困难，被发现侵权的概率相对较低。

知识产权侵权损害不像物权侵权损害那样具有确定性，且侵权行为与损害之间的因果关系非常复杂，法院在确定损害赔偿时存在较大困难，最终确定的损害赔偿数额不一定能够与权利人的实际损失相吻合，从而导致侵权成本低。

（五）维权成本高

与侵害物权等有形财产权相比，权利人为了维护其知识产权需要付出相对更多的调查取证成本、法律服务成本、诉讼成本等，如公证费、律师费、诉讼费等，均费用不菲。

因此，与有形的物权相比，知识产权维权需要付出更高的证明成本和维权代价。

二、商标诉讼类型

（一）侵害商标权纠纷

侵害商标权纠纷，是指侵犯注册商标专用权的行为提起的诉讼。

案例1:湖南茶悦文化产业发展集团有限公司诉广州洛旗餐饮管理有限公司、广州凯郡昇品餐饮管理有限公司、长沙市天心区刘琼饮品店不正当竞争一案【(2020)湘0103民初8252号】。

2020年8月17日,“茶颜悦色”关联公司以使用相同或近似装潢标识构成不正当竞争为由,将“茶颜观色”关联公司诉至长沙市天心区人民法院。

2021年4月26日,长沙市天心区人民法院官方公众号发布“茶颜悦色”起诉“茶颜观色”不正当竞争侵权法院一审判决书。法院判决被告“茶颜观色”停止在全国范围内与“茶颜悦色”相同或近似装潢的广告宣传、加盟许可招商宣传、虚假宣传不正当竞争行为,并向“茶颜悦色”赔偿经济损失及合理维权费用累计170万元。

2021年11月26日,在长沙知识产权法庭庭审现场,“茶颜观色”洛旗公司败诉。

该案还曾被写入最高人民法院工作报告。2022年3月8日,周强作最高人民法院工作报告时表示,审理“茶颜悦色”奶茶诉“茶颜观色”不正当竞争案,对傍名牌等行为予以制裁。

2022年5月11日,据央视说法报道,湖南长沙知名网红奶茶品牌“茶颜悦色”与“茶颜观色”打过多场官司,法院曾判“茶颜观色”赔偿“茶颜悦色”170万。

(二)确认不侵害商标权纠纷

确认不侵害商标权纠纷,是指商标使用人收到商标权人或利害关系人以警告信或律师函等方式发出的商标侵权警告时,在认为自身商标使用行为不构成商标侵权的情况下,请求法院确认其行为不构成商标侵权的诉讼。

提起确认不侵害商标权诉讼的前提:原告收到了被告发送的商标侵权警告,以及被告怠于行使诉权。

(三)商标合同纠纷

商标合同纠纷,是指因商标相关合同产生的纠纷诉讼,合同类型包括商标权转让合同、商标许可使用合同、商标质押合同、商标代理合同等。

案例2:南京宝庆银楼连锁发展有限公司、江苏创煜工贸有限公司与南京宝庆银楼首饰有限责任公司、南京宝庆首饰总公司特许经营合同纠纷上诉案【(2012)苏知民终字第0154号】。

南京宝庆银楼首饰有限责任公司(以下简称“宝庆首饰公司”)、南京宝庆首饰总公司（以下简称"宝庆总公司"）系"宝庆"系列注册商标的权利人。

南京宝庆银楼连锁发展有限公司（以下简称"连锁公司"）、江苏创煜工贸有限公司（以下简称"创煜公司"）自2005年开始与宝庆首饰公司、宝庆总公司签署了一系列合作协议，以特许经营的方式进行合作。

在双方合作期间，"宝庆"品牌获得了巨大发展，年销售额达数十亿元，但双方后因协商合资失败而最终导致合作关系破裂。宝庆总公司、宝庆首饰公司遂以连锁公司存在多种违约行为且构成根本违约为由，发函要求解除双方的合作协议，并同时在江苏多地法院提起商标侵权系列诉讼。而连锁公司、创煜公司亦诉至法院，要求确认解除协议通知无效。

江苏省南京市中级人民法院就双方争议的特许经营合同纠纷案作出一审判决，确认宝庆首饰公司、宝庆总公司提出的解除涉案协议无效，并驳回连锁公司其他诉讼请求。

双方均不服，提起上诉。江苏省高级人民法院在充分衡量双方发生纠纷的原因、连锁公司多种违约行为的性质及程度、连锁公司违约擅自开店的数量、双方对宝庆品牌的贡献等因素的基础上，合理平衡双方利益，通过判决明确界定了双方合作关系的性质以及宝庆总公司、宝庆首饰公司的权利边界和连锁公司合法经营行为的法律边界，在对一审裁判理由中所确定的连锁公司对宝庆商标合理使用范围予以纠正的基础上，维持了一审确认解除协议无效的判决。

根据在特许经营合同纠纷案中所确定的裁判规则，即凡是未经许可，连锁公司擅自使用宝庆商标开店经营的，构成商标侵权，判令停止侵权、赔偿损失；凡是已经过许可的，连锁公司可以继续经营，二审法院对双方之间系列商标侵权纠纷作出相应的终审判决。

（四）商标权权属纠纷

商标权权属纠纷，是指因商标所有权纠纷产生的诉讼。

案例3：苹果公司、IP申请发展有限公司诉唯冠科技（深圳）有限公司商标权权属纠纷案【（2012）粤高法民三终字第8、9号】。

2000年，当时苹果并未推出iPad平板电脑，唯冠旗下的唯冠台北公司在多个国家与地区分别注册了iPad商标。

2001年，唯冠国际旗下深圳唯冠科技公司又在中国内地注册了iPad商标的两种类别。

2009 年 12 月 23 日,唯冠国际 CEO 和主席杨荣山授权麦世宏签署了相关协议,将 10 个商标的全部权益转让给英国 IP 申请发展有限公司,其中包括中国内地的商标转让协议。协议签署之后,英国 IP 公司向唯冠台北公司支付了 3.5 万英镑购买所有的 iPad 商标,然后英国 IP 公司以 10 万英镑的价格,将上述 10 个 iPad 商标所有权转让给了"苹果"。

2012 年 02 月 17 日,惠州市中级法院已经判当地苹果经销商构成侵权,禁止其销售苹果 iPad 相关产品。这是国内法院首次认定苹果商标侵权。

2012 年 2 月 29 日,二审开庭。2012 年 2 月 22 日消息,iPad 商标权侵权案上海听证会结束,唯冠要求苹果上海贸易有限公司停止销售。苹果认为唯冠 iPad 产品未进入市场,商标权不稳定,申请终止本案审理。

2014 年 6 月 25 日,苹果公司与深圳唯冠就 iPad 商标案达成和解,苹果公司向深圳唯冠公司支付 6000 万美元。

（五）注册商标侵犯他人在先权利的侵权纠纷

注册商标侵犯他人在先权利的侵权纠纷,是指对于他人注册商标侵犯著作权、外观设计专利权、企业名称权等在先权利而提起诉讼。

在先权利包含:在先商标权利、在先字号权利、在先著作权/专利权、姓名权、肖像权、知名商品的特有名称、包装或装潢等。

案例 4:上海美术电影制片厂有限公司诉石家庄葫芦娃食品公司侵犯在先著作权纠纷案【(2021)沪 73 民终 62 号】

《葫芦兄弟》是上海美术电影制片厂有限公司(以下简称美影厂)于 1986 年原创的系列剪纸动画片,其塑造的"葫芦兄弟"形象,在社会公众中享有极高知名度。

原告美影厂享有《葫芦兄弟》系列动画片及动画片中人物涉及的美术作品的著作权。

被告石家庄葫芦娃食品公司(以下简称葫芦娃公司)之法定代表人经受让成为第 631343 号注册商标专用权人,该"葫芦娃形象和文字"组合商标于 1993 年获准注册。被告公司经其法定代表人授权许可,在相关网站上发布大量带有"葫芦娃"动画形象的加盟信息,可见大量标识有上述商标的多款产品宣传图。此外,被告公司还在相关网页发布文章,声称其同知名卡通形象葫芦娃签订了长期战略合作协议,成为相关类别国内唯一授权商。

一审法院认定被告葫芦娃公司侵犯了原告美影厂在先的著作权,判决立即停止侵权及不正当竞争,发布声明消除影响、赔偿经济损失及合理开支等。

被告葫芦娃公司不服提起上诉,二审法院驳回上诉,维持原判。

三、商标诉讼主体

(一)常见的商标案件原告

根据《商标法》第60条的规定,商标注册人或者利害关系人可以向人民法院起诉他人侵害其商标权。

商标注册人的范围比较明确,也比较方便确认,而利害关系人的范围则比较模糊。为此,《最高人民法院关于审理商标民事纠纷案件适用法律若干问题的解释》特别对利害关系人作了进一步明确:包括注册商标使用许可合同的被许可人、注册商标财产权利的合法继承人等。

在发生注册商标专用权被侵害时,独占使用许可合同的被许可人可以向人民法院提起诉讼;排他使用许可合同的被许可人可以和商标注册人共同起诉,也可以在商标注册人不起诉的情况下,自行提起诉讼;普通使用许可合同的被许可人经商标注册人明确授权,可以提起诉讼。

(二)常见的商标案件被告

最常见的商标案件被告是涉嫌侵权商品的生产者,销售者,或者涉案侵权服务的提供者。

此外,还有故意为侵犯他人商标专用权行为提供便利条件,帮助他人实施侵犯商标专用权行为的运输者、储藏者,以及伪造、擅自制造他人注册商标标识或者销售伪造、擅自制造的注册商标标识的行为主体。

四、诉讼管辖

(一)级别管辖

根据最高人民法院《关于第一审知识产权民事、行政案件管辖的若干规定》(自2022年5月1日起施行)第2条、第3条的规定,涉及驰名商标认定的第一审民事案件,由知识产权法院和中级人民法院管辖。一般的商标民事案件,由最高人民法院确定的基层人民法院管辖。

在绵阳,标的额在100万以上以及涉及对驰名商标的认定的案件由绵阳市中级人民法院管辖;其他关于商标民事一审就由绵阳高新技术产业开发区人民法院管辖。

（二）地域管辖

根据《民事诉讼法》第29条和《最高人民法院关于适用〈中华人民共和国民事诉讼法〉的解释》第24条的规定,商标侵权案件,由侵权行为地或者被告住所地人民法院管辖;侵权行为地,包括侵权行为实施地、侵权结果发生地。

《最高人民法院关于审理商标民事纠纷案件适用法律若干问题的解释》第6条,对于地域管辖作了更为细致的规定:因侵犯注册商标专用权行为提起的民事诉讼,由《商标法》第13条、第57条所规定侵权行为的实施地、侵权商品的储藏地或者查封扣押地、被告住所地人民法院管辖。而侵权商品的储藏地,是指大量或者经常性储存、隐匿侵权商品所在地;查封扣押地,是指海关等行政机关依法查封、扣押侵权商品所在地。

五、原告的诉前证据准备

原告在提起诉讼前,需要准备好相关证据。

（一）商标权属及知名度等证据

主要证明原告是商标的合法权利人或其利害关系人,具备起诉资格。主要包括:

1. 商标注册证、核准转让变更证明及续展核准证明等。

2. 商标知名度证据:驰名商标认定行政裁定或法院判决书。

3. 其他证明商标知名度及荣誉的证据如获得原著名商标、名牌产品等。

（二）侵权证据

主要证明被告实施了或正在实施被控使用原告注册商标的恶意侵权行为。具体包括:

1. 侵权人身份证明文件,包括企业营业执照,工商登记档案,人数,经营范围等资料;

2. 侵权商品宣传材料,包括网站介绍、展览、展销及广告宣传手册等;

3. 销售展览侵权商品或在店招、店面、仓库、橱窗上等使用侵权商标标识;

4. 侵权商品销售合同、销售发票；

5. 工商部门立案材料、财务查扣清单及行政处罚决定书等处罚材料；

6. 其他证明商标使用侵权行为的证据。

（三）有关损害赔偿的证据

主要是为主张的赔偿数额提供证据支持，包括：

1. 原告因侵权所造成商品销售减少量的证据：

例如，注册商标合法商品或服务单位利润的证据；制止侵权合理费用的证据；为制止侵权的调查费、证据保全费、律师费、差旅费等。

2. 被告获利的证据：

例如，被告的账簿、资料，财务审计报告；被告侵权期间销售额的证据；被告涉案产品每单位的利润；供货清单、与涉嫌侵权商品对应的进货发票、供货合同等；其他可以证明被告获利的证据。

（四）其他有关证据

例如，国家知识产权总局对于商标的行政保护，如对于近似商标作出的商标无效裁定书，不予注册的决定书等。

在正式启动诉讼前，建议采取公证证据保全（或时间戳保全）。经过公证证明的法律行为、法律事实和文书，法院通常会认可其法律效力。

六、被告的常见抗辩理由

（一）程序性抗辩理由

包括：诉讼主体资格抗辩、诉讼管辖抗辩、诉讼时效抗辩等。

（二）实体性抗辩理由

包括：合法性来源抗辩、商标权人三年未实际使用抗辩、商标权无效抗辩、未侵权抗辩和在先使用抗辩等。

案例5（被告通过商标权人三年未实际使用抗辩成功避免了承担赔偿责任）：成都八益家具股份有限公司诉绵阳经开区八益鸟床垫加工厂、绵阳市涪城区康韵柏居家私经营部、马光辉商标侵权一案【（2022）川0792诉前调1467号】

2022年3月15日，绵阳市涪城区市场监督管理局作出《行政处罚决定书》（川市监绵涪处罚〔2022〕084号），对被告一进行了行政处罚并确认涉案产品系由被告二销售给被告一的。

原告认为,涉案产品上的“八益鸟”商标已被国家知识产权局驳回商标注册。被告二、被告三在被控侵权产品上使用“八益鸟”文字,客观上与原告的“八益”系列商标构成近似,必然造成混淆误认,故被告的行为侵害了原告“八益”系列商标的注册商标专用权。被告一销售被控侵权产品,被告二、被告三共同制造、销售被控侵权产品的行为构成共同侵权。

原告要求被告应当承担应当停止侵权、赔偿损失(15 万元)、消除影响的法律责任。

被告的抗辩意见为:

首先,被告方马光辉是商标“八益鸟”的所有权人,其经销商绵阳市涪城区康韵柏居家私经营部在 2012 年 11 月 21 日到 2021 年 6 月 20 日期间使用“八益鸟”商标为合法使用。

马光辉于 2011 年 9 月 21 日依法向原国家工商总局商标局(简称商标局)申请了“八益鸟”(20 类,申请号:9987207)注册申请,该商标于 2012 年 8 月 20 日进入初审公告,2012 年 11 月 21 日获得注册,商标注册号为:9987207,商标专用权期限为:2012 年 11 月 21 日 ~2022 年 11 月 20 日,其为商标的合法所有权人。

其次,马光辉及经销商绵阳市涪城区康韵柏居家私经营部自 2021 年 6 月 9 日起至今使用“八益鸟”商标为合法正当使用,不构成对被答辩人商标侵权。

马光辉在“八益鸟”商标被宣告无效后,在 1 年优先权期限内向国家知识产权局申请了“八益鸟”商标注册申请,注册申请的商品范围为:软垫,床垫等,该商标于 2021 年 12 月 27 日进入初审公告期,该“八益鸟”商标至今(2022 年 7 月 20 日)有效。

再次,原告持有的第 20 类商品上的第 1290354 号“八益 BY 及图”商标完全不符合驰名商标的规定条件,为普通商标,不是驰名商标。

最后,原告在本案中并没有近三年内实际使用涉案商标证据,被告不承担赔偿责任。

由于原告成都八益家具股份有限公司在本案中并没有任何证据证明其近三年(2019 年 5 月 ~2022 年 5 月)实际使用了所注册的八益商标,因此被告不承担责任。

专题四

著作权

游戏行业 IP 侵权

北京盈科(上海)律师事务所　王欣桐

“IP”,指“Intellectual Property”,即知识产权。典型的 IP 侵权模式包括将流行畅销的小说改编为电视剧、电影和网络游戏,或者电视剧、电影、网络游戏之间的改编等引起的侵权。游戏 IP 主要分布于原创 IP、网络文学及动漫名作,游戏并非《著作权法》所规定的一种单独作品,而是综合了美术作品、音乐作品、类电影作品、文字作品的综合。在司法实践中,当事人主张涉案游戏构成侵权时,通常会把两个游戏从游戏界面、角色造型和装备设计、背景音乐和插曲、作品名称、人物关系、故事情节、关卡的设置、文字介绍等方面进行逐一比对。游戏行业的 IP 侵权主要涉及对商标权、著作权、商业秘密的侵犯,此外,游戏的出版审批也对游戏的顺利上市至关重要。

一、商标权

(一)商标权的内涵

根据《商标法》第 8 条的规定,商标是任何能够将自然人、法人或者其他组织的商品与他人的商品区别开的标志,包括文字、图形、字母、数字、三维标志、颜色组合和声音等,以及上述要素的组合。商标主要用于区分商品来源。

(二)侵犯商标权的行为

商标是使用在商品或者服务上,用以区分商品或服务的来源,具有显著特征的标志,要构成《商标法》意义上的侵权,前提是侵权人使用商标的行为构成商标性使用。实践中侵犯商标权的行为主要分为以下两种:一是未经商标人的许可,在同种商品上使用相同的商标;二是未经商标人的许可,在同种商品上使用近似的商标,或者在类似商品上使用相同或者近似的商标,容易导致混淆的。

游戏行业中应当尽量避免以下几种常见的侵犯商标权的行为:

1. 游戏名称与他人商标相同或近似

以"剑灵"与"格斗剑灵"一案为例。[①] 原告腾讯科技(深圳)有限公司(以下简称腾讯公司)拥有"剑灵"商标权,并开发了一款名为"剑灵"的游戏。被告广州四三九九信息科技有限公司(以下简称4399公司)开发了一款名为"格斗剑灵"的游戏。腾讯公司认为"格斗剑灵"游戏侵犯了其"剑灵"商标权,因此提起诉讼。

广州知识产权法院认为,"剑灵"商标的核定范围包括商标第41类服务上的"(在计算机网络上)提供在线游戏",被控侵权的"格斗剑灵"游戏亦属于网络游戏,属于同一种服务。"格斗剑灵"由"格斗"和"剑灵"两部分构成,被控侵权游戏本身为一款格斗游戏,被控标识中的"格斗"是游戏类型的描述,未能起到识别服务来源的作用,被控标识的主要识别部分应为"剑灵",与"剑灵"商标构成近似。此外,两者均为网络角色游戏,服务对象均为网络玩家,对于普通游戏玩家等相关公众的一般注意力来说,其并不能将两者进行有效识别,容易产生混淆,误认为其存在特定联系。因此最终认定4399公司使用"格斗剑灵"商标的行为构成侵权。

2. 使用他人商标作为搜索推广、宣传的关键字

除了最常见的直接将商标用于侵权商品或服务上的行为,将他人游戏商标用作商业宣传也会构成商标性使用。根据《商标法》第48条的规定,商标的使用,是指将商标用于商品、商品包装或者容器以及商品交易文书上,或者将商标用于广告宣传、展览以及其他商业活动中,用于识别商品来源的行为。

以"惟我独仙"与"风云无双"一案为例。[②] 原告上海玄霆娱乐信息科技有限公司(以下简称玄霆公司)拥有"惟我独仙"的商标权,并推广一本名为《惟我独仙》的网络小说。被告北京畅游时代数码技术有限公司(以下简称畅游公司)是游戏"风云无双"的经营者,其在搜狗搜索中以"惟我独仙"为关键字,并设置相关跳转链接来推广"风云无双"游戏。

---

① 参见广州知识产权法院民事判决书,(2016)粤73民终559号。

② 参见上海知识产权法院民事判决书,(2017)沪73民终267号。

上海知识产权法院认为,“惟我独仙”商标的核定范围包括第 41 类服务上的“(在计算机网络上)提供在线游戏”,被控侵权的“风云无双”游戏亦属于网络游戏,属于同一种服务。被告在推广链接的标题中以“点击进入惟我独仙游戏,惟我独仙小说改编页游”等进行宣传,属于在其推广宣传的游戏上使用“惟我独仙”的商标使用行为。玄霆公司已在电子出版物等商品上实际使用了“惟我独仙”商标,而畅游公司的上述使用行为明确指示了涉案推广链接的游戏与“惟我独仙”相关联,足以使相关公众产生涉案推广链接所链接的游戏与涉案商标相关联的混淆和误认。

(三)与商标相关的不正当竞争行为

《反不正当竞争法》对商品名称、装潢等的保护,可以理解为对未注册商标的保护。根据《反不正当竞争法》第 6 条的规定,经营者不得实施下列混淆行为,引人误认为是他人商品或者与他人存在特定联系:(1)擅自使用与他人有一定影响的商品名称、包装、装潢等相同或者近似的标识;(2)擅自使用他人有一定影响的企业名称(包括简称、字号等)、社会组织名称(包括简称等)、姓名(包括笔名、艺名、译名等)。

构成不正当竞争需要满足三个要件:一是不正当竞争行为须对有一定影响力的商品实施;二是被诉标识与该商品的名称、装潢等近似;三是使用行为造成混淆,使购买者误认为两者之间具有特定联系。对上述三方面的考量,目的就是看被诉标识是否已经具备了识别功能,即是否具备了商标的区别来源功能。

以《斗破苍穹》与《斗破乾坤》一案为例。[①]《斗破苍穹》是一本连载于起点中文网的古装玄幻小说,成都泽洪品牌营销策划有限公司(以下简称泽洪公司)、成都页游科技股份有限公司(以下简称页游公司)开发了一款同名网页游戏,具有较高的知名度。被告广州菲音信息科技有限公司(以下简称菲音公司)开发运营一款名为“斗破乾坤”的网页游戏,且游戏部分角色及境界名称相同,游戏角色争夺的物品“异火”名称相同。广州知识产权法院认为,原、被告均属于网络游戏开发公司,具有直接的竞争关系。两款游戏相比较,游戏名称中“斗破”二字相同,“乾坤”与“苍穹”的意思相近,且游戏部分角色及境界名称相同,

---

① 参见广州知识产权法院民事判决书,(2015)粤知法著民终字第 30 号。

游戏角色争夺的物品“异火”名称相同,容易使消费者将菲音公司的游戏“斗破乾坤”误认为是泽洪公司、页游公司运营的游戏“斗破苍穹”。泽洪公司、页游公司为游戏“斗破苍穹”进行了较大的宣传投入,该游戏具有较高知名度,属于知名商品,“斗破苍穹”属于特有名称。因此,综合判断菲音公司的行为构成不正当竞争。

二、著作权

(一)著作权的客体——作品

著作权存在的前提基础是存在法律所界定的“作品”。《著作权法》所称作品,是指文学、艺术和科学领域内具有独创性并能以某种有形形式复制的智力成果。网络游戏中可能构成作品的元素包括:(1)具有独创性的游戏界面、游戏角色的造型和武器装备设计等,可能构成美术作品。(2)游戏的源代码和目标代码,可能构成计算机软件。(3)游戏中的背景音乐和插曲等,可能构成音乐作品。(4)游戏中篇幅较长的背景介绍、角色简介、任务介绍等,可能构成文字作品。(5)游戏中存在的特有画面或由玩家操作形成的动态画面,可能构成类电作品。

(二)侵犯著作权的行为

《著作权法》中规定了 17 项著作权利,其中对于网络游戏产品比较重要的财产权利包括复制权、发行权、信息网络传播权和改编权。

1. 抄袭游戏代码侵犯计算机软件著作权

著作权侵权判定原则为接触加实质性相似。如果认定被控作品与权利人的作品实质性相似,同时作品权利人又有证据表明被告在此前具备了掌握该作品的条件(不要求证明实际接触,仅证明有接触的可能性即可),那么就应当由被告来证明其所使用的作品的合法来源,否则应承担侵权赔偿责任。

游戏软件的源代码,特别是服务器端的源代码,往往是一个游戏开发公司的核心机密。因此,外部人员并不容易获得一款游戏的源代码,抄袭或使用他人源代码在实践中往往有一定的障碍或难度。在实践中发生的代码抄袭侵权的案件中,大部分发生在员工离职后到新的公司开发新产品时,利用在前公司所了解的游戏源代码来开发新的产品来牟利。

以《王者之剑》与《巨龙之怒》一案为例。① 蓝港在线(北京)科技有限公司(以下简称蓝港在线公司)是《王者之剑》软件的著作权人,该软件首次发表时间为2012年6月8日。九合天下(北京)科技有限公司(以下简称九合天下公司)《巨龙之怒》软件的开发完成时间为2013年2月1日,且开发该软件的被告员工是蓝港在线公司的前员工,曾负责《王者之剑》的部分开发工作。经司法鉴定,被告游戏的客户端源代码的CS文件共有871个,蓝港在线公司游戏的客户端源代码的CS文件共有834个,双方客户端源代码有463个文件具有对应关系,且有大量重复;被告游戏的服务器端源代码的.JAVA文件共有793个,蓝港在线公司游戏的服务器端源代码的.JAVA文件共有951个,其中244个名称不同内容有相同或名称相同内容有修改。

北京市第二中级人民法院认为,九合天下公司未能就双方代码存在大量相同之处给出合理解释。结合九合天下公司现员工(蓝港在线公司前员工)接触过《王者之剑》软件代码,可以认定九合天下公司在编写《巨龙之怒》软件时将《王者之剑》软件内容作为自己的内容,并以自己的名义予以发表,已构成对蓝港在线公司计算机软件的抄袭,侵犯了蓝港在线公司的著作权。

2.抄袭游戏人物角色、场景画面、背景界面侵犯美术作品著作权

具有独创性的人物角色形象、游戏场景画面等能够作为美术作品予以保护不存在太大的争议。游戏界面是否能予以保护则要根据实际情况来分析。游戏界面,可以简单理解为游戏的操作界面设计,一般包括登录、充值、邮件、排名、设置、聊天等功能操作界面。如果这些界面通常不具有美术作品所要求的审美意义,只是较简单地使用了网络游戏的通用表达,不具有独创性,较难成为作品予以保护。

以《炉石传说》与《卧龙传说》一案为例。② 原告暴雪娱乐有限公司(以下简称暴雪公司)认为炉石标识、游戏界面、牌面设计构成美术作品;视频和动画特效构成视听作品。被告上海游易网络科技有限公司(以下简称游易公司)的《卧龙传说》可以说是《炉石传说》的换皮游戏,在游戏标识、游戏界面、卡牌设计及组合方面有或多或少的相似。

① 参见北京市第二中级人民法院民事判决书,(2013)二中民初字第9903号。

② 参见上海市第一中级人民法院民事判决书,(2014)沪一中民五(知)初字第23号。

对于认定炉石标识和卡牌牌面设计是美术作品,法律并未要求美术作品独创性需要达到较高的水平,只要是作者独立创作,具有最低限度的审美意义,且不属于公有领域的造型艺术,均视为满足了作品的独创性要求。关于游戏中的视频和动画特效,由一系列连续画面组成,符合以类似摄制电影的方法创作的特征,属于类电作品。在无证据表明暴雪公司请求保护的视频和动画特效并非源自自身创作,也没有证据表明其内容属于公有领域或者游戏中的惯常表达的情况下,其可以作为以摄制电影的方法创作的作品获得保护。

关于游戏界面,根据著作权法的“思想表达二分法”,游戏界面的布局作为美术作品的思想的确不属于著作权保护的范畴。上海市第一中级人民法院重点分析了《炉石传说》中的14个界面在构图、布局、素材的选择、线条的轮廓、明暗的变化及整体的造型等方面具备美术作品的审美意义。这14个界面并非仅由布局构成,而是由色彩、线条、图案构成的平面造型艺术。如前所述,美术作品的独创性判断仅要求最低限度的审美意义,并且没有证据表明暴雪公司作品来源于公有领域的惯常表达,故而该14个游戏界面属于《著作权法》所称的作品。

综上所述,法院认为,《炉石传说》的标识、游戏界面、牌面设计以及视频和动画特效均具有独创性,前三者构成美术作品,后者构成类电作品。《卧龙传说》的游戏标识和部分视频、动画特效与暴雪公司的相似度较高,构成实质性相似,侵犯了暴雪公司的著作权(复制权和信息网络传播权);游易公司的游戏界面和牌面设计在图案、色彩等方面与暴雪公司不同,导致两者在造型及美感上形成了差别,不构成实质性相似,不侵犯暴雪公司的著作权。

3. 化用游戏角色名称、境界名称等侵犯文字作品著作权

改编权,是指在原有作品的基础上,通过改变作品的表现形式或用途等,创作出具有独创性的新作品。改编作为一种再创作,主要是利用了原作品的基本内容。因此,被控侵权作品是否构成对原有作品改编权的侵犯,应当取决于其是否使用了原有作品的基本内容,而且所使用的原有作品的基本内容必须是受《著作权法》保护的具有独创性的表达。

又以《斗破苍穹》与《斗破乾坤》一案为例。本案中对于被控侵权网页游戏系统而言,若其与涉案小说在表达上存在相同或实质性相似之处,且此种相同或相似具有独创性,此外,这种相同或实质性相似达到一定程度,并损害权利人的相关权利时,被控网页游戏构成对涉案小说改编权的侵犯。

四个相同或实质相似之处分别为：(1)该网页游戏的名称“斗破乾坤”与涉案小说名称“斗破苍穹”相比较，均有“斗破”二字，“乾坤”与“苍穹”一词意思相近；(2)该网页游戏的角色“药老”“萧薰儿”“土豆大师”“小医仙”“青鳞”“纳兰嫣然”“萧厉”“萧玉”名称与涉案小说的角色名称相同；(3)该网页游戏多个角色争夺的目标物品名称均为“异火”；(4)该网页游戏的境界名称“斗者”“斗师”“斗灵”“斗王”“斗皇”“斗宗”与涉案小说中的境界名称相同，在名称为“斗者”的境界中，两者的等级划分及其名称也相同。广州知识产权法院认为，上述游戏名称、角色名称、目标物品名称、境界名称均为作者具有独创性的文字表达，而且构成了涉案小说及涉案网页游戏系统的基本内容，被控侵权网页游戏的著作权登记时间在涉案小说的发表时间之后，故认定菲音公司开发《斗破乾坤网页游戏系统 V1.0》的行为构成对泽洪公司、页游公司所享有的小说《斗破苍穹》改编权的侵犯。

4. 抄袭游戏动画、特效、整体画面侵犯类电作品著作权

在实践中，游戏视频、动画特效往往作为类电作品获得保护。对此类作品是否被复制，关键看组成作品的一系列画面是否相同或者实质性相同。《炉石传说》与《卧龙传说》一案中，主要涉及游戏视频、动画特效的抄袭。被控侵权游戏中的“牌店及打开扩展包动画”与暴雪公司游戏中的“牌店及打开扩展包动画”无实质性差异，其余视频片段在画面组成和效果上均有一定差别。上海市第一中级人民法院认为，游易公司游戏中“牌店及打开扩展包动画”构成对暴雪公司“牌店及打开扩展包动画”的复制，侵害了其复制权。

《奇迹 MU》与《奇迹神话》一案中[①]，主要涉及游戏整体画面的抄袭。网络游戏中连续活动画面因操作不同产生的不同的连续活动画面实质是因操作而产生的不同选择，并未超出游戏设置的画面，不是脱离游戏之外的创作。该连续活动画面是唯一固定，还是随着不同操作而发生不同变化并不能成为认定类电影作品的区别因素。《奇迹 MU》游戏整体画面构成类电影作品。上海知识产权法院认为，我国《著作权法》规定了电影作品和类似摄制电影的方法创作的作品，其中类似摄制电影的方法创作，应是对创作方法的规定，不应仅是制作技术的规定，更应包括对各文学艺术元素整合的创作方法。从此意义上来讲，网络游戏也

① 参见上海知识产权法院民事判决书，(2016)沪 73 民终 190 号。

是采用对各文学艺术元素整合的创作方法。因此,《奇迹 MU》游戏整体画面构成类电影作品。经比对,两款游戏 400 级之前的地图、场景及相应的等级设计、角色及相应技能、武器、装备、怪物及 NPC 的名称和造型相似度极高,虽然部分造型在线条的组合细节方面有些许差别,但是整体造型的视觉效果差别不大。因此法院判定构成侵权。

5. 抄袭游戏规则、玩法侵犯作品著作权

前文曾提到,《著作权法》不保护抽象的思想、方法,只保护对思想的具体表达。一般认为,游戏的玩法属于思想,不受保护。但规则与玩法的表达属于两个不同的概念。简单纯粹的游戏规则作为思想不应受到《著作权法》的保护,但其通过特定方式呈现出来的具体表达,则有可能受到《著作权法》的保护。区分游戏作品中相应的玩法规则属于思想还是表达,应当看这些玩法规则是属于概括的、一般性的描述,还是具体到一定程度足以产生感知特定作品来源的特有玩赏体验,如果具体到这一程度,足以到达思想与表达的临界点之下,可作为表达保护。

在 ARPG 类电子游戏中,角色的选择、成长、战斗等玩法设置本身具有叙事性,依托游戏界面呈现的详尽的游戏玩法规则,类似于详细的电影剧情情节,游戏开发过程中通过绘制、设计游戏界面落实游戏规则的表达,与电影创作过程中依据文字剧本绘制分镜头剧本摄制、传达剧情具有一定相似性,可以说,以游戏界面设计体现的详细游戏规则,构成了对游戏玩法规则的特定呈现方式,是一种被充分描述的结构,构成作品的表达。

以《太极熊猫》与《花千骨》一案为例。[①]《太极熊猫》游戏中玩法规则的特定呈现方式可以被认定为《著作权法》保护的客体。《花千骨》游戏在游戏玩法规则的特定呈现方式及其选择、安排、组合上整体利用了《太极熊猫》的基本表达,并在此基础上进行美术、音乐、动画、文字等一定内容的再创作,依据现有证据,可以认定《花千骨》游戏实施了对《太极熊猫》游戏的“换皮”抄袭。

(三)玩法相关的不正当竞争行为

侵害网络游戏的玩法和规则,即便不构成著作权侵权,也可能构成不正当竞争。游戏规则尚不能获得著作权法的保护,并不表示这种智力创作成果法律不

---

① 参见江苏省苏州市中级人民法院民事判决书,(2015)苏中知民初字第 00201 号。

应给予保护。

又以《炉石传说》与《卧龙传说》一案为例。上海市第一中级人民法院认为,两款游戏所涉卡牌、界面相似度极高,视觉效果差别不大,区别仅在于角色形象由魔兽世界中的人物替换为三国人物;两款游戏在卡牌构成及使用规则、基本战斗规则上基本一致。游戏作为一种特殊的智力创作成果,需要开发者投入大量的人力、物力、财力,凝聚了很高的商业价值。游易公司并未通过自己合法的智力劳动参与游戏行业竞争,而是通过不正当的抄袭手段将暴雪公司的智力成果占为己有,并且以此为推广游戏的卖点,其行为背离了平等、公平、诚实信用的原则和公认的商业道德,超出了游戏行业竞争者之间正当的借鉴和模仿,因此构成不正当竞争。

三、商业秘密

(一)游戏中可能涉及的商业秘密

根据《反不正当竞争法》的规定,商业秘密是指不为公众所知悉、具有商业价值并经权利人采取相应保密措施的技术信息、经营信息等商业信息。构成商业秘密的三个要件包括秘密性、商业价值性和保密性。网络游戏中可能涉及的商业秘密包括:(1)游戏代码。这是游戏研发商重要的商业机密,尤其源代码是游戏软件开发者的创作成果。游戏开发者进行游戏的上线运营以及后续开发、升级、完善等,均以源代码为基础。游戏软件源代码被视为游戏公司的重要技术信息,可作为商业秘密的客体。(2)未对外发布前的游戏产品。一款游戏未对外发布之前,游戏公司可以对各项游戏内容予以保密,此时的游戏产品可以作为商业秘密的保护内容。(3)未对外使用的游戏营销推广方案。一款游戏的营销推广方案有时将极大地影响游戏的收入情况,营销推广方案作为经营信息的一种,也可以作为商业秘密的保护范畴。

(二)侵犯商业秘密的案例

以《大荒传奇》与深圳东谷科技公司一案为例。[①] 被告姚某、黄某、陈某曾是原告深圳岳览时代网络科技有限公司(以下简称岳览时代公司)的股东,知悉涉

① 参见广东省深圳市宝安区人民法院民事判决书,(2015)深宝法知民初字第434号。

案源代码，且具有保密义务，后至被告深圳东谷科技公司（以下简称东谷公司）工作，开发了游戏《神仙与妖怪》。

岳览时代公司涉案15个文件包含的源代码经不为公众所知悉，能够为权利人带来经济利益，且权利人也采取了相关保密措施，符合商业秘密构成要件。并且与岳览时代公司签订了《股东竞业禁止和商业保密协议》，协议约定岳览时代公司作为《大荒传奇》游戏源代码这一商业秘密的知识产权人。在保密期限内，被告针对该商业秘密负有保密义务。

经鉴定《大荒传奇》与前述涉案游戏15个核心程序源代码文件具有同一性。前述三被告的行为违反协议中保守商业秘密的相关要求，在保密期限内，擅自使用其所掌握的商业秘密，构成对岳览时代公司商业秘密的侵犯。被告四东谷公司明知被告前述侵权行为，仍然使用他人商业秘密并推广《神仙与妖怪》游戏，视为侵犯岳览时代公司的商业秘密，故四被告应当承担侵权责任。

（三）事先预防措施

事先预防商业秘密的主要途径是通过合同约定，分为对外合同与员工合同两种。对外合同包括交涉前NDA（保密协议）签订、开发协议中的保密条款以及合作协议中的保密条款。但要注意勿约定“声明”要件和保密期限，以及条款中“包括但不限于”的表达。

员工合同涉及员工手册中的保密规定与员工签字、专门保密制度与员工签字、劳动合同中的保密条款以及。专门的保密合同。但要注意保密与竞业禁止不同，无须补偿，且任何时间均可签订，但要注意保密期限（不限于在职期间）。

四、出版与审查

（一）网络游戏的出版审批

网络游戏的出版审批，是指网络游戏上网出版前，必须向所在省、自治区、直辖市出版行政主管部门提出申请，经审核同意后，报国家新闻出版广电总局（现已更名国家广播电视总局）审批，俗称“版号”。

“版号”包括“审批文号”以及“网络游戏出版物号（ISBN）”，是网络游戏上网出版前，根据《出版管理条例》《网络出版服务管理规定》《关于移动游戏出版服务管理的通知》的规定，报国家广播电视总局审批，经审批同意相关游戏出版上线运营的批准文件。

擅自出版网络游戏,可能构成非法经营罪。未经新闻出版广电总局批准的移动游戏,不得上网出版运营。未经批准,擅自从事网络出版服务,或者擅自上网出版网络游戏的,由相关部门予以取缔、关闭网站等处罚;已经构成非法经营罪的,依法追究刑事责任;尚不够刑事处罚的,删除全部相关网络出版物,没收违法所得等,违法营业额不足1万元的,可处5万元以下的处罚;侵犯他人合法权益的,依法承担民事责任。

(二)网络游戏的内容合规

根据《网络出版服务管理规定》的规定,网络出版物不得含有以下内容:(1)反对宪法确定的基本原则的;(2)危害国家统一、主权和领土完整的;(3)泄露国家秘密、危害国家安全或者损害国家荣誉和利益的;(4)煽动民族仇恨、民族歧视,破坏民族团结,或者侵害民族风俗、习惯的;(5)宣扬邪教、迷信的;(6)散布谣言,扰乱社会秩序,破坏社会稳定的;(7)宣扬淫秽、色情、赌博、暴力或者教唆犯罪的;(8)侮辱或者诽谤他人,侵害他人合法权益的;(9)危害社会公德或者民族优秀文化传统的;(10)有法律、行政法规和国家规定禁止的其他内容的。另外,为保护未成年人合法权益,网络出版物不得含有诱发未成年人模仿违反社会公德和违法犯罪行为的内容,不得含有恐怖、残酷等妨害未成年人身心健康的内容,不得含有披露未成年人个人隐私的内容。

在实践中应当注意避免游戏中出现以下几类内容:

1. 避免涉及政治、民族、宗教。某款射击类型的游戏,其在开始不删档测试后1个月即被停服审查,原因是其在游戏地图中使用了具有藏传佛教元素。

2. 避免违背社会公德的内容。某网络游戏由于其部分游戏情节允许玩家"刑讯逼供""贪污受贿",含有违背社会公德的禁止内容,被某区文化体育局依法责令改正,并给予该游戏开发商罚款的行政处罚。

3. 避免涉及宣扬色情的内容。某游戏由于个别女性角色穿着暴露,动作带有明显性暗示,含有宣扬色情的禁止内容,某行政执法总队依法责令游戏运营方予以改正,并给予其罚款的行政处罚。

4. 避免涉及宣扬赌博的内容。某手机游戏由于涉嫌含有宣扬赌博的内容,被某市文化广电新闻出版局依据《网络游戏管理暂行办法》第9条第7项及第30条第1项等相关规定,对该游戏的运营主体作出罚款1万元人民币的行政处罚。

新《著作权法》实施后对广电行业的影响

北京市盈科(深圳)律师事务所　刘玉红

一、《著作权法》第三次修改背景

《著作权法》自1990年颁布以来,分别于2001年10月27日和2010年2月26日历经两次修改。自2011年7月《著作权法》的第三次修改正式启动,本次修法历时10年,新《著作权法》(以下简称2020年《著作权法》)于2020年11月11日经第十三届全国人大常务委员会第二十三次会议审议通过,并自2021年6月1日起施行。

《著作权法》的前两次修改,更多动因来自世界贸易组织的要求、国际社会的压力等,而第三次修改更多是基于国家政策和实际发展需要的主动选择。首先,通过修改来适应目前以网络化、数字化为代表的新技术的高速发展和应用,解决现行著作权部分规定难以涵盖新事物、无法适应新形式等问题;其次,修改的重点在于有效遏制著作权侵权行为,让权利保护的实际效果进一步满足权利人的期待,破解著作权维权成本高、侵权赔偿数额低,执法手段不足等沉疴积弊;最后,《著作权法》在第二次修改后,我国加入《视听表演北京条约》等国际条约并颁布了《民法典》等法律,《著作权法》第三次修改也为了进一步做好与国际条约及其法律的衔接。

二、什么是广播电视

广电行业主要包括"广播电台、电视台"两大主体,"广播电台、电视台"也是广播组织权的主体。根据《广播电视管理条例》(2020年修订)第8条、第9条、第10条的规定,广播电台、电视台是指采编、制作并通过有线或者无线的方式播放广播电视节目的机构。广播电台、电视台均需审查批准,由县、不设区的市以上人民政府广播电视行政部门设立,其他任何单位和个人不得设立广播电台、电视台。

传统的广播电台、电视台,向观众呈现出来的,就是无线广播、无线电视、有线电视等。随着网络技术和数字电视技术的发展,2010 年之前,在部分城市的广电、电信企业已经先行开展了网络电视、IPTV、手机电视等实验性质的活动,受到观众的欢迎,有一定成熟的经验。2010 年国家加快了推动三网融合的步伐。

所谓三网融合,是指电信网、广播电视网、互联网三大网络通过技术改造,其技术功能趋于一致,业务范围趋于相同,网络互联互通、资源共享,能为用户提供语音、数据和广播电视等多种服务。①

技术的发展,三网融合带来的机遇,以及社会公众对信息共享多样、便捷的需求,使得广播电视业务产生新的产业形态和市场推广模式,如从原来的无线广播、卫星广播、有线广播的广播电视节目播放机构,增加了 IPTV、OTT、移动多媒体广播电视等;也使得广播电视业务由传统的实时传送发展到了点播、回看等新的业务领域,以往固定地点收视、单项收听收看、视听效果差等收视效果和习惯都发生了巨大改变。

2021 年 3 月 16 日,国家广播电视总局发布《广播电视法(征求意见稿)》对广播电视有了新的定义,广播电视活动,是指采取有线、无线等方式,通过固定、移动等终端,以单向、交互等形式向社会公众传播视频、音频等视听节目及其相关活动。

三、2020 年《著作权法》对广播电视行业的影响

2020 年《著作权法》着力解决著作权保护领域出现的一些新情况、新问题,其中与广电行业相关的条款调整,也是此次修改中最为重大的几项变化之一,2020 年《著作权法》实施后对广电行业产生了哪些影响?

(一)完善作品的定义和类型

1. 明确作品的定义

作品是著作权法律制度的核心概念,也是著作权保护的客体。根据 2020 年

① 《国务院办公厅关于印发三网融合试点方案的通知》(国办发〔2010〕35 号)。

《著作权法》第3条的规定，构成作品需要满足四个要件：(1)具有独创性；(2)必须属于文学、艺术和科学领域内的创作；(3)能以一定形式表现；(4)智力成果。

2. 将"电影作品和类似摄制电影的方法创作的作品"修改为"视听作品"

1990年《著作权法》将"电影、电视、录像作品"明确列为作品的一个类型。2001年修改《著作权法》时借鉴《伯尔尼公约》和一些国家的有关法律，将其修改为"电影作品和类似摄制电影的方法创作的作品"。此次修改为"视听作品"，充分考虑了我国新技术、新媒体尤其是互联网发展的现实需要。

上述对作品定义和类型的修改，有利于将诸如"体育赛事节目""综艺节目""短视频""游戏画面""电子竞技直播"等具有独创性但难以归类或存在争议的新型事物纳入作品保护范围，一定程度上解决了司法实践中适用的困扰。

案例分析：作品独创性是"有无"之分还是"高低"之分？

体育赛事直播画面案件出现后，著作权理论界和事务界对《著作权法》保护作品所需独创性的核心要件是"有无"之分还是"高低"之分产生了激烈讨论。法院在新浪网诉凤凰网二审判决①中指出，作品与制品的区别，特别是电影类作品和录像制品的区别：从《著作权法》的体系角度分析，不少情况下邻接权具有个性化选择的情形，同为邻接权客体的录像制品也不排除个性化选择的存在，简单以是否具有个性化选择、是否具有独创性来区分著作权对象和邻接权对象在逻辑上是难以论证。从著作权和邻接权制度的历史发展角度来看，邻接权客体的形成受到各种复杂的历史文化传统和特定的历史条件约束。从司法实践现有做法的角度来看，一些被定为录像制品的画面，如部分MV，或多或少的体现了独创性。因此电影类作品与录像制品应当以独创性高低作为区分二者的标准。在上述判决后，随即引发热烈的讨论。

新浪网诉凤凰网一案的再审判决②指出，从文义解释的角度来看，作品一般定义中的"独创性"要求系指"具有独创性"。作品的独创性源自作者的创作。作品是否具有独创性与作者是否从事了创作，属于同一问题的两个判断角度，而创作是一种事实行为，对于是否存在创作这一事实行为，只能定性，而无法定量；同理，对于作品的独创性判断，只能定性为其独创性之有无，而无法定量其独创

① 参见北京知识产权法院民事判决书，(2015)京知民终字第1818号。

② 参见北京市高级人民法院民事判决书，(2020)京民再128号。

性之高低。从体系解释的角度来看,电影类作品与录像制品的划分标准应为独创性之有无,而非独创性高低。我国《著作权法》严格区分著作权和邻接权。著作权基于作者的创作自动产生,邻接权基于传播者的加工、传播行为而产生。我国《著作权法》单独设置邻接权是为了拓展保护,而非限制保护。邻接权是在狭义著作权之外增加的权利,目的在于对那些不具有独创性,仅仅是劳动和投资的成果也给予保护,以鼓励对作品的传播,但作品的判断标准并不是因为单独设置了邻接权而提高。因此,电影类作品和录像制品分别作为著作权和邻接权的保护客体,其实质性区别在于连续性画面的制作者是否进行了创作,所形成的连续画面是否具有独创性。因此,电影类作品与录像制品的划分标准应为有无独创性,而非独创性程度的高低。

我们认为,作品的独创性是有无之分,具有独创性即构成作品,而非独创性高或者较高才构成作品。

(二)明确视听作品的著作权归属

2010 年《著作权法》第 15 条规定,电影作品和以类似摄制电影的方法创作的作品的著作权由制片者享有,但编剧、导演、摄影、作词、作曲等作者享有署名权,并有权按照与制片者签订的合同获得报酬。电影作品和以类似摄制电影的方法创作的作品中的剧本、音乐等可以单独使用的作品的作者有权单独行使其著作权。由于这次将"电影作品和类似摄制电影的方法创作的作品"修改为"视听作品",事实上扩大了调整范围。2020 年《著作权法》将视听作品的权利归属作了区分规定:一是电影、电视剧作品的权利归属。视听作品中的电影作品、电视剧作品的著作权由制作者享有,但编剧、导演、摄影、作词、作曲等作者享有署名权,并有权按照与制作考签订的合同获得报酬。二是其他视听作品的权利归属。电影作品、电视剧作品以外的视听作品的著作权归属由当事人约定;没有约定或者约定不明确的,由制作者享有,但作者享有署名权和获得报酬的权利。同时还规定,视听作品中的剧本、音乐等可以单独使用的作品的作者有权单独行使其著作权。这样修改兼顾和平衡了各个主体的利益,融合了域外的两种立法模式,与国际条约的精神也不冲突。

(三)增加涉报社、电台、电视台的特殊职务作品

2020 年《著作权法》第 18 条第 2 款第 2 项,增加了一类特殊职务作品,即

“报社、期刊社、通讯社、广播电台、电视台的工作人员创作的职务作品”，该职务作品的著作权（署名权除外）直接归属于报社、电台、电视台等单位。此次修改的主要理由：第一，我国的报社、期刊社、通讯社、广播电台、电视台等新闻媒体担负着重要的宣传职责，这些单位的工作如发表文章、制作节目多是为落实本单位的宣传报道责任，这些文章、节目通常是利用单位提供的物质条件完成，并由单位进行使用。第二，在实践中，新闻媒体单位内部通常会建立一整套的工作机制，新闻报道的规划、方案、实施，以及作品的表达形式、内容、结构等与单位息息相关。而且，一些采访报道，还与单位的资质、等级有关，并非任何新闻媒体单位和任何记者均可接触。相关工作的单位意志性突出。第三，随着当前互联网技术的高速发展，新闻报道过程中形成的作品权利清晰，归属明确，更有利于解决网络转载、著作权侵权维权、传统媒体与网络媒体深度融合等现实。

从司法实务角度来看，增加该特殊职务作品，解决了上述单位对此类职务作品的后续利用和维权难题。此前，报社、电台、电视台等单位对此类作品的后续利用和维权都需要以与工作人员签订合同并作出相应约定为前提。

（四）对广播权进行合理扩张

2010 年《著作权法》规定，著作权中的广播权是指以无线方式公开广播或者传播作品，以有线传播或者转播的方式向公众传播广播的作品，以及通过扩音器或者其他传送符号、声音、图像的类似工具向公众传播广播的作品的权利。该规定中的“广播”，仅指无线传播方式，不包含有线传播方式。2010 年《著作权法》对于广播权的规定是为了执行《伯尔尼公约》，与公约保持一致。但是，《世界知识产权组织版权条约》通过设立“向公众传播权”的概念，对有线传播及互联网环境下的权利进行了拓展，我国已加入并批准该条约，但有关制度尚未完全衔接。为解决这一问题，2020 年《著作权法》对广播权的概念进行修改，使广播这一行为不再局限于无线播放，同时包括直接传播作品的有线传播方式。传统的广播权主要有无线广播，无线模拟电视，调整后的广播权，把有线电视平台、IPTV 平台、互联网平台同步转播广播电视节目，网络定时播放，网络直播使用音乐作品等纳入广播权的范畴。

考虑到 2020 年《著作权法》的广播权和信息网络传播权都是包括以有线和无线方式传播作品的行为，很容易导致二者适用范围混淆，为了避免这个问题，2020 年《著作权法》明确规定，广播权的内容不包括本法规定的信息网络传播权的权利内容,信息网络传播权的核心内容是“使公众在其选的时间和地点获得作品”,即用交互性的方式获取作品,所以,2020 年《著作权法》的广播权仅限于以有线或者无线方式非交互式传播作品的权利,不包括以交互性方式传播作品的权利。

案例分析:“电视回看”的权利界定

无论是有线电视还是 IPTV,都开展了“电视回看”的功能,即电视运营平台把电视台播出的节目信号临时存储在服务器上,向用户提供短期(通常是 3 天或 7 天)的回放服务,使用户可以在错过电视直播的情况下,通过电子节目指南选择回看昨天或是 1 周内电视运营平台存储的直播节目内容。

随着媒体融合不断深化,网络技术的进步使得广播电视节目的传输方式不断拓展,如此前备受争议的“电视回看”模式,理论界和实务界有分歧,一种认为这与观看普通电视一样是广播行为,另一种认为属于信息网络传播行为。从公开的判决书显示,乐视网与珠江数码侵犯著作权纠纷①发生在有线电视回看领域,西藏某公司与杭州某公司侵害作品信息网络传播权纠纷②发生在 IPTV 回看领域,这两个案件均认定电视回看属于广播行为。

关于电视回看法律性质的争议,其实是对信息网络传播权“使公众可以在其个人选定的时间和地点获得作品的权利”的解释问题。认为回看属于广播行为的看重选定时间有限制,认为回看属于信息网络传播行为的强调“几天时间也是可以选定的时间”。这是一道需要立法者最终抉择的选择题。从广电的公共业务性质、信息技术中立精神、“回看”的时效性决定电视运营机构无法对作品取得信息网络传播权等因素,笔者赞同电视回看属于广播行为的观点。

(五)扩大广播组织权的控制范围

广播组织作为作品的重要传播者,其到底享有什么权利是 2020 年《著作权法》修订的一个重要问题,也是争议较大的问题。2020 年《著作权法》第 47 条规定:“广播电台、电视台有权禁止未经其许可的下列行为:(一)将其播放的广播、电视以有线或者无线方式转播;(二)将其播放的广播、电视录制以及复制;

① 一审:广东省广州市越秀区人民法院民事判决书,(2012)穗越法知民初字第 1101 号;二审:广州市中级人民法院民事判决书,(2013)穗中法知民终字第 1174 号。

② 一审:杭州互联网法院民事判决书,(2018)浙 0192 民初 4603 号。

(三)将其播放的广播、电视通过信息网络向公众传播。广播电台、电视台行使前款规定的权利,不得影响、限制或者侵害他人行使著作权或者与著作权有关的权利。本条第一款规定的权利的保护期为五十年,截止于该广播、电视首次播放后第五十年的12月31日。"根据该条款,我们从广播组织权的主体、客体、内容三个角度来分析。

1. 广播组织权的主体

2020年《著作权法》仍然保留2010年《著作权法》中关于广播组织权主体为"广播电台、电视台"的表述,广播组织权的原始权利人只能是广播电台、电视台。

我国"广播电台、电视台"的设立需要审批,对此主要由《广播电视管理条例》(2020年修订)予以调整。实践中,广播电台、电视台处于实际经营的需要,往往设立相应的网络播放机构,如中央电视台所属的CNTV、湖南电视台所属的芒果TV,深圳电视台所属的壹深圳,通过互联网平台同步转播或交互式播放传统广播电台、电视台的节目,这种以传统广播电台、电视台为依托的网络广播平台和其他纯粹的网播组织,并不属于《广播电视管理条例》(2020年修订)中的广播电台、电视台。

在司法实践中,经过广播电台、电视台明确授权许可的被许可人,在涉及侵害广播组织权纠纷时会陷入主体是否适格的争论。例如,在央视国际网络有限公司诉北京我爱聊网络科技有限公司著作权侵权及不正当竞争纠纷①中,央视国际网络有限公司基于中央电视台授权,主张被诉侵权手机软件"电视粉"向用户实时转播中央电视台的"CCTV-1"等共计16个频道的节目构成侵害广播组织权的行为,被告提出的抗辩理由之一即原告不属于广播电台、电视台,不是广播组织权的主体,原告不享有广播组织权。对于该类问题的处理,通常法院会判断授权方是否属于《著作权法》上的"广播电台、电视台",如果授权方属于著作权法上的广播组织,则经合法授权的被许可人可以基于双方明确的约定以自己的名义提起诉讼,成为适格的诉讼主体,进而在授权范围内主张相关权利。

上述认定主要基于以下两方面的考量:一方面,广播电台、电视台作为广播

① 参见北京市海淀区人民法院民事判决书,(2013)海民初字第21740号;北京市第一中级人民法院民事判决书,(2014)一中民终字第3199号。

组织在制作和播放广播、电视节目过程中投入了大量的时间、精力、技能和资金,其劳动和投资已经得到法律的承认,且作为私权,对其授权给其他非广播组织的主体行使权利以获得经济利益,法律也不应禁止。经合法授权的被许可人可以基于双方明确约定以自己的名义提起诉讼,成为适格的侵害广播组织权纠纷的诉讼主体。另一方面,2020年《著作权法》未明确限制广播电台、电视台只能将广播组织权许可给具备广播电视组织条件的单位。因此,广播电台、电视台作为广播组织权人,有权将该权利授权给广播电台、电视台之外的其他民事主体。经授权取得的广播组织权的非广播组织,能够以自己的名义行使广播组织权,并有权据此禁止他人未经许可转播、录制、复制和通过信息网络向公众传播相关广播及电视。经许可取得广播组织权的被许可人在其权利受到侵害时,有权以自己的名义依法向法院提起诉讼。

2. 广播组织权的客体

关于广播组织权的客体,一直以来存在较大分歧,"信号说"和"广播电视节目说"均有各自的道理和依据。2020年公布的《著作权法》修改审议稿中从信号到节目的摇摆变化,也体现出背后对该问题的激烈争论。2020年《著作权法》第47条第1款最终确定广播组织权的客体仍然是"广播、电视",根据第二次审议稿的说明报告,因为"信号"是通信技术概念,因此放弃了信号的措辞。

基于广播组织权客体是其播放的"广播、电视",需要注意以下区分:第一,制作的"广播、电视"和播放的"广播、电视"的区别。前者实质上指广播组织者作为著作权人或者录音录像制作者制作广播电视节目内容,其不属于广播组织权的范围。后者实质上指广播组织播放的广播电视节目,此种情形才是广播组织权的调整对象。第二,播放的"广播、电视"与播放的作品区分。广播组织对播放的广播、电视享有权利,是基于其在播放中的投资或劳动。但广播、电视保护的他人作品、制品并不会因为播放行为而成为广播组织的权利对象。

3. 广播组织权的内容

根据2020年《著作权法》第47条的规定,广播组织权的具体内容包括转播权,录制、复制权和信息网络传播权。

(1)广播组织的转播权:无线方式转播+有线方式转播。

根据2020年《著作权法》第47条的规定,广播组织对其播放的广播、电视的转播权利既包括无线方式的转播,也包括有线方式的转播。这一修改与"广播权”的修改是一致的。

2010年《著作权法》及之前的《著作权法》均未规定互联网进行的转播行为纳入广播组织权的调整范围，无论是理论界还是司法实务界，基本认为广播组织权控制的“转播”行为仅限于传统的无线转播和有线电视转播。但近年来，网络实时转播行为的规制成为著作权法领域的热点问题之一。由于2010年《著作权法》的“转播”不涵盖网络，故司法实践中，少数法院通过《反不正当竞争法》的原则条款，对将广播电台、电视台的广播、电视进行网络转播的行为予以规制①。

从广播组织的权益的保护角度来看，对于广播组织而言，针对网络服务提供者实时、同步转播广播电台、电视台播出节目的行为，广播组织者依据其享有的广播组织权进行维权，是最为简捷的途径。为解决司法实践中的问题，适应网络同步转播作品等新技术的发展和加大广播组织权的保护，2020年《著作权法》对“转播”行为予以修改，不再仅限于传统的无线转播和有线电视转播，也包括互联网环境下的网络传播行为。因此，2020年《著作权法》实施后，广播电台、电视台以及经过其合法授权的被许可人，将有权对互联网环境下转播电台、电视台的广播、电视的行为，主张广播组织权。

（2）录制、复制权：删除了“音像载体”的限制。

2020年《著作权法》第47条第1款第2项规定，广播电台、电视台有权禁止未经其许可的“将其播放的广播、电视录制以及复制”的行为。对比2010年《著作权法》，删除了“音像载体”的限制，扩大了录制、复制范围。

在以往的技术条件下，录制及复制的载体通常是激光唱片、录像带、录音带、光盘等音像载体。随着信息存储技术的发展，录制及复制的载体形式大为丰富，也可以采取存储等方式。因此，本项删除了“音像载体”的表述。

（3）增设了信息网络传播权。

2020年《著作权法》关于广播组织权的最大修改，在于增设信息网络传播权的权限。对于广播组织信息网络传播权的理解，按照某些法院的观点，应当是禁止他人未经许可将“广播、电视”节目录制或复制之后通过网络传播，使公众可以在其选定的时间、地点获得广播电视节目。上述行为与转播权中通过网络进行转播行为虽然都是利用网络传播，但二者的区别在于传播方式是否为“交互

① 参见上海市徐汇区人民法院民事判决书，（2014）徐民三（知）初字第1383号。

式”,即公众能否在其选定的时间、地点获得广播电视节目。转播权只能控制的使被动接收广播、电视,而信息网络传播权控制的是可以主动选择获得广播、电视。此时,广播组织权中的信息网络传播权,是可以吸收未经许可对广播、电视的复制、录制行为的。例如,某网站未经许可将某电视台的节目信号在其网站上向公众提供,供用户在个人选定的时间和地点进行观看和下载,则电视台可以依据《著作权法》第47条行使广播组织权利进行维权。

四、加大侵权损害赔偿力度

在著作权领域存在“守法成本高,违法成本低”的问题,为了解决这个问题,2020年《著作权法》健全完善损害赔偿机制,加大对侵权行为的惩罚力度。

一是调整侵权损害赔偿基础的计算方法适应顺序。2010年《著作权法》规定,侵犯著作权的赔偿数额按照权利人因被侵权所受到的实际损失确定;实际损失难以确定的,可以按照侵权人因侵权所获得的利益确定。2020年《著作权法》取消了二者的适用顺序,当事人可以自行选择更有利于其自身权利保护的赔偿数额计算方法。

二是把权利许可使用费增设为确定侵权赔偿数额的一种参考方式,即“权利人的实际损失或者侵权人的违法所得难以计算的,可以参照该权利使用费给与赔偿”。该项规定有利于减轻权利人的举证负担,也有利于防止法定赔偿额的滥用。

三是增加了侵权惩罚性赔偿制度,即“对故意侵犯著作权或者与著作权有关的权利,情节严重的,可以在按照上述方法确定数额的一倍以上五倍以下给予赔偿”。这与《民法典》和其他法律如《商标法》《专利法》《反不正当竞争法》的相关惩罚性赔偿规定是衔接的。

四是进一步完善了法定赔偿额制度。权利人的实际损失、侵权人的违法所得、权利使用费难以计算的,由人民法院根据侵权行为的情节,判决给予500元以上500万元以下的赔偿。

加大侵权损害赔偿力度,具体内容详见2020年《著作权法》第54条:侵犯著作权或者与著作权有关的权利的,侵权人应当按照权利人因此受到的实际损失或者侵权人的违法所得给予赔偿;权利人的实际损失或者侵权人的违法所得难以计算的,可以参照该权利使用费给予赔偿。对故意侵犯著作权或者与著作权有关的权利,情节严重的,可以在按照上述方法确定数额的1倍以上5倍以下给予赔偿。

权利人的实际损失、侵权人的违法所得、权利使用费难以计算的,由人民法院根据侵权行为的情节,判决给予500元以上500万元以下的赔偿。

赔偿数额还应当包括权利人为制止侵权行为所支付的合理开支。

人民法院为确定赔偿数额,在权利人已经尽了必要举证责任,而与侵权行为相关的账簿、资料等主要由侵权人掌握的,可以责令侵权人提供与侵权行为相关的账簿、资料等;侵权人不提供,或者提供虚假的账簿、资料等的,人民法院可以参考权利人的主张和提供的证据确定赔偿数额。

人民法院审理著作权纠纷案件,应权利人请求,对侵权复制品,除特殊情况外,责令销毁;对主要用于制造侵权复制品的材料、工具、设备等,责令销毁,且不予补偿;或者在特殊情况下,责令禁止前述材料、工具、设备等进入商业渠道,且不予补偿。

网络游戏知识产权案件代理经验分享

北京市盈科(广州)律师事务所　唐向阳

网络游戏知识产权案件涉及游戏名称、游戏玩法、游戏直播、联运责任、IP授权等前沿疑难法律问题。代理律师要充分熟悉网游行业特点,综合运用知识产权专业知识。既应是知识产权专业律师,更是网络游戏行业律师。我将选取近期代理的数件代表性网络游戏知识产权案件,为大家分享办理网络游戏知识产权案件的最新实务经验。

接下来我将从三个部分进行分享,首先我将简单介绍网络游戏的基本类型,其次是网络游戏知识产权案件的主要类型及特点,最后是我们代理的网络游戏知识产权案件的实务经验。

一、网络游戏的基本分类

按照剧情分类不同,网络游戏可以分为强剧情游戏和非剧情游戏。强剧情游戏大致可以细分为四类,一是角色扮演类游戏(Role-playing Game,RPG),其代表游戏有《梦幻西游》等;二是动作类角色扮演游戏(Action Role Playing Game,ARPG);三是多人在线战术竞技游戏(Multiplayer Online Battle Arena,MOBA),代表游戏有《dota2》《英雄联盟》等;四是大型多人在线游戏(Massively Multiplayer Online Game,MMOG)。非剧情游戏较之剧情游戏有较为休闲的特点,如深受全年龄段喜爱的捕鱼达人、年轻女性喜欢玩的《天天爱消除》《旅行青蛙》,主要面向长辈的《欢乐斗地主》都是非剧情游戏,非剧情游戏基本覆盖了各年龄阶层的人群,受众十分广泛。

按照运行方式不同,网络游戏可以分为单机游戏和网络游戏,单机游戏中的佼佼者有《太吾绘卷》,其当年在 Steam 平台上线即喜报连连,销售额很快过亿元;网络游戏的代表有《大话西游》等。单机游戏较之网络游戏更复杂、专业度更高,玩家投入十几个小时甚至更长时间才能上手,网络游戏相对而言则较易上手,较短时间即可掌握大部分玩法。

按照载体不同,网络游戏分为页游、端游、手游、H5小游戏、5G云游戏等,这也是网络游戏较为常见的分类,其代表游戏分别有页游的《传奇》、端游的《梦幻西游》、手游的《王者荣耀》、H5小游戏的《马丁大冒险》、5G云游戏的咪咕快游平台等。

尽管有如此区分,但页游、端游和手游的界限也逐渐模糊,页游与端游也不断推出其手游版游戏。传奇类游戏手游化就是一个很典型的例子,甚至在江西宜春有一个传奇产业园,该产业园以传奇IP为核心,联动国内所有传奇产业链相关企业。

二、网络游戏知识产权案件的类型及特点

(一)网络游戏知识产权保护的体系划分

我们对网络游戏知识产权案件作了一个简单的划分,将其分为两条主线,第一条主线是游戏产品的知识产权保护,包括游戏版号、名称、登录页面、角色、场景、玩法等;第二条主线是游戏全生命周期的知识产权保护,包括游戏研发运营退市等全过程中的知识产权保护。

针对第一条主线,即游戏产品涉及的知识产权点,可以作如下的具体划分:如游戏名称/icon可能会涉及商标侵权和反不正当竞争的问题,游戏的美术资源如角色造型、场景地图、技能特效、道具图标等可能涉及著作权侵权和反不正当竞争的问题,游戏和核心元素以及玩法设定则可能涉及著作权侵权以及反不正当竞争的问题,而游戏的整体画面以及直播画面则会涉及著作权侵权和反不正当竞争的问题。

针对第二条主线,即游戏研发运营退市全程涉及的知识产权点,网络游戏从开发、研发、运营以及的退市每一环节都有相应的知识产权点。以研发为例,研发过程中可能涉及美术的素材源代码以及商业秘密保护的问题。因为游戏的剧情描述、游戏内置BGM、特效等很多时候都是游戏公司交由外包制作的,如果游戏公司在委托外包时没有对知识产权没有作严格的规定,也没有严格的游戏审核机制,就会出现外包为了贪图效率而在游戏中使用侵犯他人知识产权的图片或素材的情况。另一种情况是根据IP改编开发的游戏,在研发前特别需要确认

授权方是否有权作出此项授权,若是出现 IP 改编纠纷,可能投入了大量成本研发的游戏,最后却不能推广运营,这会给游戏公司带来非常大的损失。

正如研发阶段有不同的知识产权要点,代理运营阶段也有其特色,特别需要注意的是联合运营的责任的问题,游戏开发商将游戏完成后交由运营商运营,对于游戏运营商来说,其对游戏知识产权权属的情况不甚清楚,在游戏名称或是游戏内容涉及侵权时如何规避法律责任也是值得思考的一个问题。反过来,对于游戏开发商来说,也要注意避免游戏运营商运营过程中的违规行为给自己带来的法律风险,比如运营商在使用的竞价排名时使用他人注册商标作为关键词,这时可能涉及侵犯商标权或反不正当竞争的问题,这些问题如果处理不好,都可能导致诉讼,事实上,我上述提到的例子,实践中都产生了相应的诉讼。

最后是游戏退市阶段的知识产权要点,包括游戏知识产权的归属、游戏用户过渡、玩家的权益保障以及客户服务等问题。

(二)网络游戏知识产权案件的特点

1. 判赔金额水涨船高

目前整体看来,网络游戏知识产权案件所呈现出的特点,第一个就是诉讼标的及判赔金额的提高,判决金额从《梦幻西游》案的 100 万元、《武侠 Q 传》案的 150 万元,到《全民魔兽》案的 600 万元、《仙语》案的 1500 万元,再到《花千骨》案的 3000 万元、《阿拉德之怒》案的 5000 万元。

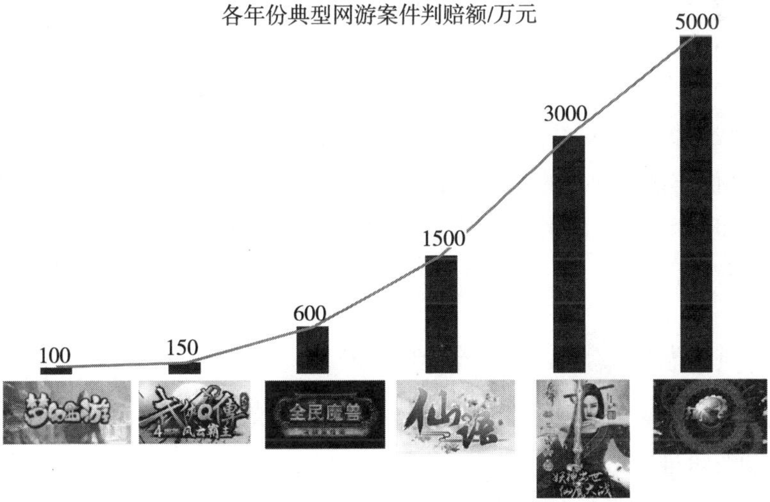

图 1 诉讼标的/判赔金额水涨船高

2. 从分类保护到整体保护

网络游戏知识产权案件的特点除了判赔金额较高，也有保护方式的变化，从早期的分类保护到作为主流的整体保护。以前分类保护将游戏拆分成若干的部分，分别采用软件著作权、文字作品、美术作品、背景音效、UI 界面等进行保护。而现在司法实践中已经逐步形成了将游戏作为一个整体，参照类电作品，也即 2020 年《著作权法》中的视听作品保护，将游戏作为一个整体而不再去细分是目前司法实践中的一个趋势。

3. 法律关系日趋复杂

网络游戏知识产权案件第三个特点是法律关系日趋复杂多样，网络游戏中涉及很多法律问题目前尚未形成定论。在此我分享四个网络游戏可能涉及的法律问题。

第一是网络游戏的玩法能否获得法律的保护以及如何保护的问题。

第二是直播游戏画面是否构成侵权的问题，虽然已有判例认为构成侵权，但该观点能否成为司法实践中的主流仍未可知，若直播游戏画面构成侵权，如何在权利人和社会公众之间进行利益平衡也是学界前沿关注的焦点问题。

第三是如何准确确定网络游戏著作权侵权案件的案由，这其实是很专业的问题，曾经有因为诉讼请求的不准确导致维权失败的例子。

第四是网络游戏著作权侵权及不正当竞争案件竞合的问题如何处理，关于这个问题司法实践中也有不同的做法，目前仍有待明确。

说到这里，则不得不分享一下广东省高级人民法院发布的《关于网络游戏知识产权民事纠纷案件的审判指引》。由于广东是游戏案件的高发区域，所以广东省高级人民法院对涉及游戏网络游戏知识产权的方方面面作了详细的规定，这是一份非常有价值的审判指引，对于先行判决、证据的披露与举证妨碍、侵权损失的确定等问题，都作了很细致的规定，是非常值得我们去参考、研究和使用的司法解释性文件。

三、网络游戏案件之代理经验分享

此部分向大家分享我们代理网络游戏案件经验。我的分享也会按照上述两条主线的逻辑进行去分享。

（一）版号合规及维权案件

版号合规及维权，应该是网络游戏行业特有的一类案件。由于网络游戏产品的出版受到严格的管控，所以游戏必须申请版号才能上线，现在对于游戏监管越发严格，一旦发现没有版号的游戏，相关的监管部门就会作出严厉的处罚，严重的还可能涉嫌非法经营罪。

在我们客户的案件中就出现过类似情况，我们客户的游戏被其他的游戏公司盗用了版号，对方直接编造了计算机软件著作权登记证书，以及相关国家机关的批文，属于典型的游戏的资质造假，我们开始采用了民事的方式，以反不正当竞争作为案由，我们认为被告盗用了我方版号以及企业名称，属于不正当竞争的行为，该案一审由广州市天河区人民法院审理，二审由广州知识产权法院审理，均判决被告公司构成不正当竞争，并就违法犯罪线索移送公安。人民法院在审理案件的过程中，发现被告有大量伪造国家印章行为。庭审中特别有趣的一个点是，平台方认为他们经过了严格的审核，所以不承担责任。我们发现对方提交的供审核的版号文件，竟然出现了还没有成立的国家机关在当时的文件上盖章的情况，我方认为平台方没有尽到相关的审核义务，最后法院除了认定被告游戏公司有侵权责任，负责代理推广这款游戏的游戏平台也需要承担共同侵权责任。

（二）5G 云游戏维权之道

我方代理独立游戏及主机游戏《太吾绘卷》起诉中国移动云游戏平台《咪咕快游》构成著作权侵权及不正当竞争。简单介绍一下案情，委托方《太吾绘卷》是一款集冒险类、扮演类、角色类于一身的独立游戏，因其精美的制作、丰富的玩法和别出心裁的创新设置，入选“steam 2018 年度人气最高榜单”并获得“中国游戏风云榜之 2019 年度最佳口碑游戏”、“2018 虎嗅脑洞大奖”以及“2018CGWR 年度十大最佳网游”荣誉称号，被誉为“2018 年国产独立游戏的最大黑马”，具备极高知名度及社会影响力。被告中国移动经营的云游戏平台，未经许可擅自将《太吾绘卷》游戏通过云计算的技术手段放置在其云游戏平台，供相关公众在其个人选定的时间和地点可通过“咪咕快游”云游戏平台访问、体验、获得《太吾绘卷》游戏，热度高、参与人数众多。

云计算技术在国内属于前言行业，云游戏是否构成侵权或不正当竞争在法律行业、游戏行业均属于新问题。本案属于广州互联网法院少数的云游戏案件。

在诉讼策略和案由主张方面,存在难度和复杂性。

律师团队既主张著作权侵权(主张云游戏平台侵犯委托方《太吾绘卷》游戏之信息网络传播权),也主张构成反不正当竞争(并细化为:被告未经授权将委托方《太吾绘卷》游戏置于云游戏平台中供公众访问,使得相关公众可以通过云游戏平台绕开委托方《太吾绘卷》游戏的收费限制、免费体验并获得《太吾绘卷》游戏。另外,在免费体验之外,被告还通过云游戏平台向相关公众提供增值服务,包括但不限于通过向云游戏平台充值或购买会员服务的方式来延长对《太吾绘卷》游戏体验和使用时间等,违反了诚实信用原则和基本商业道,使相关公众误以为委托方《太吾绘卷》游戏可以通过免费方式获得,掠夺和攫取本该属于委托方《太吾绘卷》游戏的用户流量,大大降低委托方的用户粘性和付费率,给委托方造成严重经济损失,破坏了公平竞争、健康有序的市场秩序,构成不正当竞争)著作权侵权及不正当竞争的主张基本均获得广州互联网法院的支持,判决被告云游戏平台构成著作权侵权及不正当竞争,赔偿委托方的经济损失及维权合理费用。

(三)游戏地图著作权侵权案件

我们曾经代理的《大话西游》游戏诉《××仙语》游戏案件著作权侵权案件:原告游戏是网易《大话西游》游戏,被告游戏是《××仙语》,我方代理被告,该案也入选了广州互联网法院2019年度著作权十大典型案例。

原告主张保护的范围为15幅场景地图+14项美术设计,索赔数百万元。我方代理思路的关键之处在于抓住原告主张保护内容存在的“交叉与重叠”。事实上,原告主张的29幅游戏截图均包含在7幅场景地图中,实质上可归纳为7幅场景地图。我方认为原告公司通过整体保护+局部保护+拆分保护的方式,从而导致其保护的内容范围和数量增加了数倍,原告应当明确其主张保护的内容,并剔除当中交叉重复的部分。我方此举大幅降低了原告主张的数量,最终法院基本采纳我方关于游戏场景地图“整体”与“局部”的法律意见,剔除了重复保护部分,大幅降低了判赔额。

法院在判决书中关于“主张范围的认定”认为,第一,大的场景地图包含了小的游戏场景或元素,在游戏用户操控游戏的过程中,虽然小的游戏场景或元素会单独呈现,且可能与大的场景地图中的呈现方式有一定差异,但这种差异不具有显著性和实质性,不足以形成新的美术作品;第二,如果大的场景地图被认定为构成实质性相似,则其中小的游戏场景或元素不再进行重复保护;第三,如果大的场景地图未被认定为构成实质性相似或者不被认定为美术作品,则其中能单独形成美术作品的小的游戏场景或元素,权利人可以另行主张。

(四)游戏名称商标侵权案件

我们曾经代理的《××苍穹》游戏商标侵权案件,《××苍穹》是我们代理的被告的游戏名称;原告是阅文集团,其拥有"××苍穹"在第9类和第41类的注册商标;被告没有注册"××苍穹"商标,其当时给游戏取名的时候,并不知晓存在"××苍穹"的商标。本案原告起诉被告构成商标侵权及不正当竞争,索赔人民币数百万元。

事实上,被告的游戏在原告起诉前已下架,但部分游戏网站对被告游戏软件进行抓包并进行夸大的不实宣传,本案难点是在此情况下如何进行抗辩并降低赔偿数额。

我方作为被告代理人,第一时间向抓包网站发出《律师函》,要求抓包网站立即下架游戏并删除不实介绍。由于不同网站并非通过官方渠道宣发,对游戏介绍也各不相同;最终法院采纳了我方代理意见,未认定虚假宣传行为,综合考虑大幅减低判赔金额,大大降低了赔偿金额。

(五)传奇游戏权属之争

接下来是我们代理的《传奇霸业》游戏诉《××传奇》游戏著作权侵权案件,我们是被告《××传奇》的二审代理人。《传奇》游戏自诞生起就存在纠纷隐患,传奇游戏由韩国Actoz公司和娱美德公司共同享有著作权,但由于两家企业之间的冲突,所以这两个企业在中国分别授权了不同的企业。

而在该起案件中,被告一审由其他律所代理,法院判定200多项游戏元素抄袭,判决金额远远超过了律师预测。我们团队在二审阶段介入,在广州知识产权法院代理委托方进行上诉。事实上,我们在研究一审判决及相关材料时发现一审判决存在一个素材保护了两遍,也即重复保护的问题。同时,为了证明原告游戏中相当多的元素并非其原创,我们去旧书店、网上纪录片中找到了20多年前发布的有关传奇游戏的书籍。相关书记在官方攻略中在先披露了原告《传奇霸业》游戏中的很多元素,证明在20多年前已经存在原告所主张的美术形象,那么原告自然不享有这些美术作品的著作权。最终,二审法院采纳了我们的部分抗辩事实与法律意见,适度降低了赔偿金额。

(六)IP 授权游戏改编纠纷

例如,我们曾经代理的“诛仙 H5 游戏改编”案件,涉及诛仙 IP 的授权,我方代理原告。委托方与授权方就诛仙 IP 进行合作开发,授权方负责提供诛仙 IP 授权,委托方垫付前期所有开发费用进行诛仙 H5 游戏改编开发,游戏上线后双方对游戏流水进行分成。游戏基本开发完毕后,授权方以委托方开发制作的游戏产品未达到验收条件为由拒绝上线、解除合同。委托方蒙受前期高额开发费用的损失,且上线后的预期收益付诸东流。该案难点在于委托方与授权方签署的开发合同,在条款内容上对委托方非常不利;鉴于授权方处于合作的强势地位,开发合同中对方具有验收和是否上线的单方决定权、单方解除合同的权利,且开发合同未约定前期开发费用,如何认定授权方在合同履行过程中的违约之处、如何证明对方根本性违反合同、导致合同目的无法实现,难度较大、复杂性较高。

本案中,律师团队从授权方持有的诛仙 IP 授权存在瑕疵以及授权方未能办理好运营游戏的资质入手,同时搜集对方在合同履行过程中违背双方合作初衷的违约行为(如删改与诛仙 IP 有关的名称、元素),主张授权方根本性违反合同约定,合同无法履行的根本责任在于对方;同时,律师为委托方搜集整理大量开发成本证据及 H5 游戏上线后的预期收益,主张授权方应当赔偿委托方数百万元开发费用及预期收益。最终,上海知识产权法院支持律师的主张和法律意见,酌定授权方赔偿委托方开发费用及预期收益人民币数百万元,为委托方挽回大部分损失。

(七)广州互联网法院第一案

最后分享的是我们代理的广州互联网法院第一案,该案是广州互联网法院成立后的第一案,该案亦入选了广州互联网法院 2019 年度著作权十大典型案例。

原告为《昆仑墟》游戏的权利人,我方代理被告游戏《醉美人》的联合运营方。在庭前会议阶段,原告明确被告游戏侵犯的是复制权以及信息网络传播权,但最终法院认为被告五款游戏在故事背景、角色形象与原告游戏存在差异,并非复制品,不构成复制权、信息网络传播权侵权,驳回原告的诉讼请求。原、被告均服判，未提起上诉。

随后，原告又以被告侵犯改编权、署名权为由再次将被告起诉到广州互联网法院。我方运用了游戏的合法来源抗辩，主张我们作为联合运营方，运营游戏具备合法来源、事前事中事后充分尽到合理审查义务。一审法院认为，我方被告在运营《醉美人》游戏前审核了该游戏的软件著作权登记证书的资料，在协议中亦约定了知识产权的相关条款，尽到了合理审查义务，在收到原告起诉材料后，我方被告及时将涉案游戏下架，未导致侵权损失的进一步扩大，认定合法来源抗辩成立，我方被告无须承担法律责任。

综上所述，我们通过三部分，就网络游戏的行业类型，网络游戏涉及知识产权案件的主要类型与特点及我们代理的相关案件进行了分享。相信，凭借国家扶持文化创意产业、大力推进数字经济的“天时”，广州、深圳、粤港澳大湾区游戏产业集中的“地利”，以及我们长期在知识产权法律服务领域精英汇集的“人和”，盈科律师将在网络游戏知识产权法律服务领域结出累累硕果。

公司经营中的著作权侵权防范及应对

北京市盈科律师事务所　王　晔

随着知识产权保护力度的日益增强,著作权作为一种有创造性的智力成果越来越为一般公众所重视,知识产权法律风险日渐成为公司宣传、营销、生产过程中的高危风险。公司的日常经营中需要防范著作权侵权风险。

一、公司宣传、营销过程中侵犯著作权的风险

(一)著作权侵权行为的特点

著作权侵权行为指未经合法著作权人同意,或未以合法著作权人同意的方式使用作品的行为。侵权行为的认定,理论上是要求侵权人知道或应该知道自己侵犯了他人合法的著作权。在诉讼中由侵权人一方承担自己不明知或不应知的举证责任。公司在宣传及营销过程中可能发生的著作权侵权具有以下特点。

1. 著作权侵权行为表现形式多样

我国《著作权法》规定作者对其作品享有包括人身权、财产权等 17 项权利,司法实务中,著作权纠纷主要分为三大类:著作权合同纠纷、著作权权属纠纷和著作权侵权纠纷。涉及公司的最常见的著作权纠纷集中在作品信息网络传播权侵权纠纷、侵犯作品改编权、复制权纠纷。

2. 著作权侵权行为易发生

公司在宣传、营销过程中,容易侵犯他人的著作权,主要原因:

一是公司为增强宣传内容的可读性,不可避免地需要使用图片、照片、特定字体、背景音乐、动漫形象及视频短片等元素。依据我国《著作权法》的规定,其原创作者对此享有著作权,不经作者明示许可的商业使用均属于侵权行为。

二是每种作品的著作权人构成不同,且存在信息不对称的问题,很难确定真正的权利人。《著作权法》对作品的著作权人作出了规定,但在实践中,每种作品的著作权人存在多种情况,而且很多作品没有署名或签署笔名,导致公司在使用各类作品过程中,对权利人的分辨能力降低,无法确定或无法找到真正的权利人。

3. 著作权侵权行为易被发现

随着互联网的发展和普及,越来越多地企业通过互联网网页、微信公众号、微博、App 等自媒体渠道做广告宣传,涉及著作权侵权时,权利人通过一般搜索渠道而便有可能找到相关侵权内容;同时有些公司会通过爬虫技术等技术手段进行全网范围搜索,导致侵权行为很容易被发现。

(二)常见作品类型、权利归属及使用要求

1. 文字作品

《著作权法》中规定的第一类作品即文字作品,文字作品的著作权属于完成作品的作者,由于文字作品作者通常会在作品上署名,所以文字作品的著作权人相对容易确定。

在使用过程中,使用人员通常知道对文字作品的整体复制系侵权行为,为了避免侵权一般会对作品进行改编,但根据我国《著作权法》规定,作品的改编权属于作者的人身权,而复制权属于作者的财产权,在法学理论上人身权高于财产权,从法律责任上来说,改编侵权的责任也相对会更重一些。

2. 美术作品

美术作品的权利范围与文字作品基本相同,其著作权属于创作完成的人。需要特别注意的是,美术作品的原件转移并非著作权的转移。公司在使用美术作品时,还需要注意,美术作品原件的持有人并不一定享有美术作品的复制权。

3. 音乐作品

一个完整的音乐作品包括三部分权利:曲作者的权利、词作者的权利、演唱者的权利。而依据著作权法律的相关规定,对于可以单独行使的权利,相关权利人享有独立著作权,公司在使用上述作品时需要考虑具体的使用方式。

4. 电影作品及类电作品

如果使用的图片是从影视剧中截取过来的,那么其著作权属于该影视剧的制作人或其转让许可方;如果图片为该影视剧原制作班底制作的海报或剧照,则需要根据原班底人员与海报制作单位及其剧照师的约定来确定著作权人,如果原制作班底在影视著作权转让时没有明确约定,则该部分作品著作权由原制作班底享有。

5. 动漫作品

动漫作品特殊之处在于整部动漫作品的著作权人与单个动漫形象作品的著作权人并不一定同一。目前的司法实践中原则上认定动漫形象属于原创作作者。

(三)一般作品的合理使用

著作权的种类繁多,权属复杂,但法律也规定了一些不受著作权保护的内容及一些虽然受著作权保护但是可以合理使用的内容,根据法律规定及实务经验,可从以下几个角度合理使用一些作品。

1. 对不适用于著作权法保护内容的使用

《著作权法》第5条规定了三类不适用于著作权法的内容,一是法律、法规,国家机关的决议、决定、命令和其他具有立法、行政、司法性质的文件,及其官方正式译文;二是单纯事实消息;三是历法、通用数表、通用表格和公式。以上三类内容与受众密切相关,公司在营销宣传中可以援引并加以释义或评论。

2. 为评论某一事件或问题的适当引用

《著作权法》第24条规定,为介绍、评论某一作品或者说明某一问题,在作品中适当引用他人已经发表的作品,可以不经著作权人许可,不向其支付报酬,但应当指明作者姓名、作品名称,并且不得侵犯著作权人享有的其他权利。这里的"适当引用"原则上不能超过原作品内容的25%,并且对使用目的有明确地要求。

3. 合法来源,不需要赔偿,但性质仍然为侵权行为

《著作权法》第59条规定:"……不能证明其发行、出租的复制品有合法来源的,应当承担法律责任。"这里提到的"合法来源",是指被控侵权的发行者、出租者通过合法的进货渠道、正当的买卖合同和合理的交易价格从他人处购买该产品,并能够加以证明的一种事实。合法来源不等于合法授权,提供了合法来源并不意味着销售者一定无须承担法律责任。

(四)侵犯著作权的法律责任及危害

侵犯著作权的法律责任分为民事责任、行政责任、刑事责任。从公司的角度

分析,发生侵权时更多承担的是民事责任。根据《著作权法》第52条的规定,民事责任主要有停止侵害、消除影响、赔礼道歉、赔偿损失等。

"停止侵害"对于公司来说比较容易做到,如果只是在线上宣传、公众号营销中使用他人作品,法院认定的赔偿金额也不会太高。相反对于公司来说,"消除影响""赔礼道歉"的民事责任方式的负面影响更大。

二、公司经营中的计算机软件著作权侵权风险

依据我国法律,计算机软件受《著作权法》的保护,从法理上来说我国立法更加倾向于将计算机软件作为一种表达方式,而在国外一些国家会倾向将其认定为一种技术,从而受专利法的保护。以下仅从国内法进行分析。

(一)计算机软件著作权的归属

计算机软件著作权属于创作并完成作品的人,即软件开发者,但是其与一般作品的不同在于大型的具有商业价值的计算机软件往往并非由一个作者独立完成,其著作权人的归属问题比较复杂。

1. 独立完成开发软件的著作权

《计算机软件保护条例》第9条第1款规定,软件著作权属于软件开发者,本条例另有规定的除外。这是计算机软件著作权归属的基本原则。计算机软件开发者包括两类:一是法人,即实际组织开发、直接进行开发,并对开发完成的软件承担责任的法人或者其他组织;二是自然人,即依靠自己具有的条件独立完成软件开发,对软件承担责任的自然人。

2. 合作开发软件的著作权

合作开发的软件原则上由合作开发者共同享有,但是,如果各自开发的部分可以构成一个独立的软件包单独使用时,那么该部分的软件开发者对该部分可以享有独立著作权。

3. 委托开发软件的著作权

委托开发软件是根据委托方的要求,由委托方与受托方以合同确定的权利和义务的关系而进行开发的软件。需要特别注意的是,在没有约定或约定不明的情况下,著作权属于受托方,即实际开发者,而不属于支付了开发经费的委托人。

4. 下达任务开发软件的著作权

下达任务开发软件,一般是指对于一些涉及国家基础项目或者重点设施的

计算机软件,往往采取由政府有关部门或上级单位下达任务的方式进行开发。软件著作权的归属与行使,由项目任务书或者合同规定;项目任务书或者合同中未作明确规定的,软件著作权由接受任务的法人或者其他组织享有。

5. 职务开发软件的著作权

职务软件作品是指公民在单位任职期间为执行本单位工作任务所开发的计算机软件作品。根据《计算机软件保护条例》第 13 条的规定,职务开发软件的著作权由该法人或者其他组织享有,该法人或者其他组织可以对开发软件的自然人进行奖励。

(二)计算机软件的合理使用

根据《计算机软件保护条例》第 16 条和第 17 条的规定,下列行为属于计算机软件合理使用的范围:

1. 根据使用的需要把该软件装入计算机等具有信息处理能力的装置内。

2. 为了防止复制品损坏而制作备份复制品。这些备份复制品不得通过任何方式提供给他人使用,并在所有人丧失该合法复制品的所有权时,负责将备份复制品销毁。

3. 为了把该软件用于实际的计算机应用环境或者改进其功能、性能而进行必要的修改;但是,除合同另有约定外,未经该软件著作权人许可,不得向任何第三方提供修改后的软件。

4. 为了学习和研究软件内含的设计思想和原理,通过安装、显示、传输或者存储软件等方式使用软件的,可以不经软件著作权人许可,不向其支付报酬。

(三)软件著作权的侵权行为

计算机软件在一般公众使用时其源代码原则上并不公开,非专业技术人员一般无法从事侵权行为。企业经营中需重视防范软件著作权侵权。

1. 盗版软件侵害了软件的复制权,未经许可不得下载及使用。

盗版软件是一个都不陌生的词汇,从法律术语上说盗版软件侵犯的主要是软件的复制权。软件作品包括源代码及目标码,因此不仅未经许可进行安装程序的 copy 是侵害软件著作权的行为。虽然合法获得了安装程序,但是未经权利人许可的安装行为,也是侵权行为。

2. 使用软件包时需注授权使用范围。

软件作品与普通作品不同的是，软件的主要作用在于作为一种工具的使用，并且软件还可以通过成为另一个软件作品的一部分、并承担相应功能的方式，与其他软件结合。有一些软件的编写者也愿意将其软件放至公共区域，供他人学习或使用。但是不代表该软件作品可以商用，因此在使用时需审查软件的授权范围。

3. 软件著作权侵权责任认定：

(1)认定标准。

结合法规和相关案例，在计算机软件侵权纠纷中，判断是否存在侵权行为的主要标准有两个方面：一是比较软件著作权人、被控侵权人双方的软件源程序之间是否相同或者构成实质性相同；二是双方人员之间是否有接触的可能。

(2)法院审判的原则和标准。

法院认定计算软件著作权侵权行为成立的思路一般有以下三点：

①原告是否拥有该计算机软件的著作权或相关合法权利；

②被告的行为是否经原告授权或者是否有其他合法依据；

③对双方的软件源进行比对。如果软件著作权人、被控侵权人双方的软件程序、文档之间相同或者构成实质性相同，则判定被控侵权人承担侵权的民事责任。

表1 法院在审判中的常见标准点

序号	条件	标准
1	涉案软件产品使用开发语言是否相同	肯定答案倾向于判定侵权成立，否定答案倾向于判定侵权不成立
2	从时间顺序上看，原告对涉案软件产品的生产、销售、宣传行为是否早于被告	
3	软件源程序、文档之间是否相同或者构成实质性相同	
4	被告是否承认双方的软件在源程序和功能上有相似之处	
5	被告是否拒不提交其代码，或无正当理由不能说明其软件开发过程	
6	被告或其主要工作人员是否有接触到原告软件代码的可能	

(四)公司需将用于工作的软件更换为正版软件

2020年1月15日发布的《中华人民共和国政府和美利坚合众国政府经济贸易协议》中,对我国未经许可的软件提出了新的要求,依据该协议第1.23条的规定:

1. 所有政府机构以及所有政府拥有或控制的实体,均安装和只能使用经许可的软件。即只能使用正版软件。

2. 中国应在8月16日前,在国内聘用合格的非政府所有或附属的第三方进行年度审计,并在网上公布审计结果。

3. 美国现行措施要求政府部门及其承包商仅安装和使用经许可的软件。

因此为了防范侵权风险,应当将公司办公软件及员工用于工作的软件更换为正版软件,对于使用的第三方软件包或插件,应当严格审查其来源。

(五)软件开发纠纷预防

计算机软件著作权纠纷涉及的案由主要包括三类,即侵害计算机软件著作权纠纷、计算机软件著作权权属纠纷、计算机软件开发合同纠纷。

1. 签订计算机软件开发合同注意事项

软件开发合同除了与一般合同一样从费用、期限、目标、验收、上线、违约、管辖等方面作出具体约定外,还应当根据软件开发合同的特点,对以下几点作出特别约定:

(1)作品完成后的知识产权归属。合作开发的,还应当对合作方可独立使用部分的使用限制进行约定,此举可以减少将来的权属纠纷。

(2)开发过程中的第三方知识产权的保护。在软件开发过程中难免会遇到使用第三方软件包、插件等情况,对于使用该软件包、插件行为的责任人,应当在《软件开发合同》中作出明确约定,这样可在发生侵权后作为明确的追责依据。

(3)开发失败风险承担方式。软件开发难免有失败的情形发生,因此建议在协议中对开发失败地风险承担责任、承担方式明确约定,以减少开发失败导致的纠纷。

(4)合同后继权利义务。一个成功的软件,可以改编出更多不同理念的作品,因此建议在开发合同中对软件的改编、再开发、许可限制等作出约定,以免出现改编作品之间的冲突。

(5)硬件配合约定。某些软件功能的实现需要一定硬件的支持,在软件开发中有些硬件由开发者提供,有些硬件由委托人或客户自行采购,因此对于软、硬件不兼容,导致的软件功能不能完全实现的责任应提前作出明确约定。

(6)软件源代码的交付。应用程序只是软件代码的表现形式,软件源代码才是软件著作权保护的核心内容。因此关于软件源代码的交付成为软件开发合同中的重要内容。

2. 软件开发时审查事项

软件开发过程中可能使用开源软件或购买第三方软件包,在使用第三方软件包时,应当重点审查第三方的权属问题。

在聘用员工时,特别是聘用高级软件开发技术人员时,需要审查其在原单位承担的开发项目的基本情况,以免在相同或类似的开发项目中,因为被原单位当作职务作品而引发不必要的侵权诉讼。

3. 开发成果及时固定

虽然《软件著作权登记证书》不能作为软件著作权的决定性证据,但是及时进行登记对于明确权属还是可以起到非常积极的作用,因此建议公司在软件核心内容完成后及时进行软件著作权登记,以免他人提前发表或提前登记行为,减少不必要的损失及诉累。

三、公司著作权风险防范

近几年著作权纠纷案件量呈逐年上涨的趋势,侵害作品信息网络传播权纠纷、著作权权属纠纷、侵害作品放映权纠纷是数量居前三的主要案由。另外,侵害作品署名权纠纷、侵害作品改编权、侵害作品汇编权纠纷、侵害录音录像制作者权纠纷、计算机软件著作权权属纠纷、侵害计算机软件著作权纠纷都分别有不同数量的案件发生。因此,如何有效减少侵权诉讼的发生,对公司的著作权风险防控具有重大意义。建议从以下三点进行防范。

(一)加强公司内部管理

从对员工进行著作权知识培训、著作权权属书面约定以及档案完善管理等三方面,进行著作权侵权风险防控。

1. 对员工进行著作权知识培训,提高员工意识

加强对员工的著作权知识培训,一是可以使公司员工了解著作权的基本知

识;二是可以使公司员工有初步的著作权权属判断能力;三是通过培训分清各种侵权行为导致的民事、行政、刑事责任的范围及程度,从而减少损失。

2. 与员工对著作权权属进行明确、明示约定

公司可以通过员工手册、劳动合同、保密协议或其他方式对权属进行约定,可以明晰权属归属,减少因认识错误导致的诉讼风险。同时对软件源代码的开发、管理、保管人员应单独进行保密约定,单独采取保密措施。

3. 完善档案管理

对于涉及著作权内容的工作档案应当分类管理,收集及保管的材料包括:软件设计开发流程图的初中定稿、相关的程序性文档,第一份初步成形软件应当单独保存并不得做另存或其他会改变完成时间的操作、相关的会议决议及往来的邮件,签署的相关文件等。对于法人作品重点应当保留各类反映法人意志的会议决议文件,相关文件需要与会方签字确认。同时加强对作品素材来源的登记管理,从创作源头严格把关,避免侵权行为产生。

(二)加强公司外部管理

1. 公开资源使用时的流程档案管理

对于公开资源的使用,需要审查该公开资源是否许可商业使用,没有明确可以商业使用的,公司在宣传、营销及产品制作时是不可以使用的。

2. 委托作品约定明确

在公司将作品交给第三方进行创作时,首先需要与受托方签订明确的书面委托合同,并在委托合同中约定作品类型、基本要求、保密条款、权属归属、知识产权保证等内容。同时在公司接受他方委托时也应当明确约定相关权属。

3. 著作权许可使用

(1)打包许可。

公司在宣传中使用的作品种类繁多,并且多数作品的使用周期较短,完全原创对于公司资源的消耗很大,因此对于经常使用的作品素材可以考虑向集体权利人进行打包购买。

(2)许可事项明确。

公司对外签订许可协议时,特别是对方将著作权授予公司使用时,首先需要明确约定许可的性质是独家许可、独占许可还是一般许可;其次需要明确约定许可包括哪些具体内容。

(三)发生侵权纠纷的应对

由于作品种类繁多、权利人复杂、权属转让不透明等多种因素,导致著作权利人有可能无法分辨,很容易发生著作权类的侵权诉讼。在发生著作权类的侵权追诉时,应做好相关应对措施。

1. 首先进行侵权的初步调查,依据调查结果根据需要采取证据固定措施

在发现涉嫌侵权时,应当进行初步调查,在确认确为侵权或有合理来源时,应采取证据固定措施,证据的固定可以方便公司分析作品的形式、内容、浏览量,并基本了解侵权可能造成的后果、应当承担的责任。

2. 审查对方权属内容

因著作权权属具有复杂性,对于向公司主张权利的主体应进行初步权利审核,真正的权利人在此时一般会提供其权利证明材料供公司审查以便达成和解。在审查中如果对方不能提供其为权利人的有力证据,公司可以对该事项进行终止或暂缓处理。

3. 软件著作权纠纷中还应当由专业人员进行初步作品对比

在软件著作权纠纷中一般权利人会进行软件著作权登记,经过登记的软件只会披露部分内容。在发生纠纷后首先由专业的软件技术人员进行初步的是否相同或近似的比对,以正确掌握我方是否存在侵权行为,及侵权行为的严重程度,作为后期的诉讼或协商的基础。

4. 在确定了权利人身份后,公司可以与权利方商谈和解

对于将来还会使用的作品可以与权利方商谈授权,如果权利方不同意授权,建议将侵权产品销毁或删除。对于小型作品创作人建议以赔偿和解的形式了结,以免有不利的诉讼内容公布至网络,对公司形象造成负面影响。

综上所述,公司在生产经营、营销、宣传中对于著作权侵权事项无法完全避免,但是公司可以通过合同、集体许可、相关培训、完备的档案管理等行为减少侵权发生机率,且在发生纠纷后的正确应对,也有利于减少公司侵权行为被公示的机率,一定程度上减少公司商誉损失。

专题五

竞争法

合规与保护：企业商业秘密保护制度体系的构建

北京盈科(重庆)律师事务所　谭明进

一、商业秘密法律实务概述

《民法典》第 123 条将商业秘密作为知识产权权利客体之一，我们先来看一个案例。2007 年 10 月，甲入职 A 公司，建立劳动关系，工作岗位为销售总监；2015 年 10 月，A 公司发现甲私自开办公司，该公司经营范围与 A 公司存在竞争关系，在 2015 年 10 月底，双方就解除劳动关系；2016 年 11 月，甲参与投资设立 C 公司，并担任法定代表人；2017 年 2 月，C 公司对 A 公司销售代理商 B 公司提起专利诉讼。

A 公司是一家生产销售机电产品的企业，但是 A 公司绝大部分专利是关于产品机械结构方面，更加重要的产品电路技术方案，A 公司并没有去申请专利进行保护，A 公司也没有针对这些技术方案建立商业秘密保护制度，所以给了甲参与投资的 C 公司可乘之机，C 公司围绕 A 公司的竞争性产品布局了 300 多项专利。为了避免和 A 公司直接硬碰硬打官司，C 公司只对 A 公司销售代理商 B 公司提起专利专利侵权诉讼，B 公司在系列案件中涉及 A 公司的 10 多家经销商，让 A 公司陷入非常被动的局面。当然如果 A 公司针对没有申请专利保护的专有技术，本来可以用商业秘密的形式进行保护，比如与甲签订保密协议、采取合理的保密措施等，那么这个案件就可以反过来起诉 C 公司与甲侵犯了 A 公司的商业秘密。

商业秘密其实与专利、商标、著作权如影随形，比如可口可乐饮料，Coca-Cola 是可口可乐公司商标，Coca-Cola 标识设计具有独创性公司也享有著作权，

Coca-Cola 瓶子外形有相应的外观设计专利保护，Coca-Cola 饮料配方属于公司的商业秘密。

根据《反不正当竞争法》第 9 条第 4 款的规定，商业秘密是指不为公众所知悉、具有商业价值并经权利人采取相应保密措施的技术信息、经营信息等商业信息。商业秘密作为知识产权权利客体包含有秘密性、价值性、措施性三个属性。在商业秘密侵权民事案件中，权利人就要围绕商业秘密的三性、侵权人有接触秘密信息的可能性、排除合法来源进行有针对性的举证，由法院最终认定被诉方所使用的信息与权利人所主张的秘密信息是否相同或近似。

商业秘密侵权比对一般会涉及司法鉴定，商业秘密司法鉴定主要包括秘密性鉴定与同一性鉴定，秘密性鉴定就是针对商业秘密的秘密属性（不为公众所知悉）委托专业鉴定资质机构出具司法鉴定意见。除此之外常见的就是经济损失的鉴定，特别是侵犯商业秘密罪刑事案件都会找专业鉴定资质机构出具经济损失鉴定意见，因为经济损失是刑事案件追诉量刑非常重要的标准。

二、经营信息商业秘密保护路径

企业研发成果、工艺诀窍、采购信息、电子数据、财务资料、客户名单等商业秘密通过员工的流动很容易泄露，研发成果、工艺诀窍等技术秘密有一定的技术壁垒，而对于采购信息、财务资料、客户名单等经营秘密泄露较为频繁，统计发现 80% 以上的商业秘密外流是由内部员工引起的，在我们团队所接触的商业秘密侵权案件中，基本也都是企业内部员工引起的。

2021 年江苏省高级人民法院《侵犯商业秘密纠纷民事案件审理指南（修订版）》指出，审判实践中涉及“客户信息”商业秘密案件的审理难度较大，随着信息网络技术的发展，检索、搜集特定客户信息的难度已显著降低。客户信息包括客户的名称、地址、联系方式以及交易习惯、意向、内容等信息。如原告主张其经营信息构成客户信息，应当明确其通过商业谈判、长期交易等获得的独特内容（如交易习惯、客户的独特需求、特定需求或供货时间、价格底线等），而不能笼统地称“××客户”构成客户信息，避免将公众所知悉的信息纳入商业秘密保护范围。

我们来看一个飞单侵权案例。2004 年，李某斌与马格公司建立劳动关系，担任销售经理职位，负责产品销售、招投标工作；2014 年，MA 香港公司成立，唯一股东和董事为朱某文(系李某斌的妻子);2014 年 7 月,马格公司作为轨道扇门产品供应商授权中软公司参与南宁轨交 1 号线项目的投标;2015 年 9 月,中软公司发现南宁轨交 1 号线项目产品并非马格公司产品且存在严重质量问题,要求马格公司承担质保责任并赔偿损失;2015 年 11 月,中软公司与马格公司达成《谅解备案录》,确认李某斌在 2015 年 7 月与马格公司已解除劳动关系。我们在代理客户诉讼案件中经常发现,很多案件是在产品出了质量问题之后才发现各种假冒注册商标、擅用厂名厂址、飞单等侵权事实,从而引发争议。

而本案飞单细节是,中软公司中标后向李某斌提出与马格公司签订销售合同,但李某斌利用其担任马格公司销售经理的职务便利,向中软公司谎称“马格公司即将关闭并退出中国市场”“MA 香港公司是马格公司关闭后,由马格公司在香港新成立的公司”,并以此为由要求中软公司与 MA 香港公司就南宁轨交 1 号线项目签订销售合同。由于马格公司所属集团及品牌名称包含 Magnetic 字样,在业内常被简称为 MA 品牌,致使中软公司信以为真,与 MA 香港公司签订了扇门的《进口采购合同》,合同金额高达 100 余万欧元。

法院经审理认定,马格公司实际掌握的“中软公司的采购意向”的经营信息,属于特定主体(中软公司和马格公司)之间的特定采购意向,从公开渠道仅能获知中软公司系南宁轨交 1 号线项目的总承包商,并没有证据表明中软公司的采购意向信息已被公开,故应当认定马格公司实际掌握的“中软公司的采购意向”的经营信息属于不为公众所知悉的经营信息。

我们来看另一个飞单侵权案例,在锦丰公司与欧瑞丰公司侵害商业秘密纠纷案件中,锦丰公司主张其与涉案五家客户保持着较为长期稳定的交易关系,其主张的商业秘密是五家客户的经营信息,商业秘密载体是法院在欧瑞丰公司保全的电子邮件。法院经审理查明,电子邮件系陈某玲、陈某平在锦丰公司工作期间代表锦丰公司与包括涉案五家客户在内客户进行沟通所收发的邮件,其内容反映了锦丰公司与涉案五家客户长期进行的商业磋商及交易,可以认定涉案五家客户与锦丰公司保持着长期稳定交易关系。从电子邮件内容来看,其不仅反映了客户的名称、地址、联系人等简单信息,还包含有产品型号、报价、交易习惯等深度信息,上述信息非经权利人一定的努力和付出是无法轻易获得的。锦丰公司主张的客户信息,符合商业秘密的秘密性要求。

上述案例是分别涉及采购信息、客户信息等经营秘密的案例,经营秘密作为重要的商业秘密内容本身难以通过专利、商标、著作权等知识产权类型进行保护。当企业公司员工、合作伙伴出现泄露企业商业秘密情形时，公司除了通过《劳动合同法》解除劳动合同，或者根据合作伙伴签订的合作协议追究对方违约责任等常规手段外，依据《反不正当竞争法》第 9 条直接追究侵犯商业秘密行为人的侵权责任成为越来越方便的选择，当然这就有赖于公司需要建立商业秘密保护管理制度。

三、“四位一体”商业秘密制度构建方案

我们先来看一个案例。2012 年 5 月，礼来中国公司与黄某炜签订《劳动合同书》，聘用其从事化学主任研究员工作，并于同日在《员工手册责任声明书》《培训确认声明》《关于本公司和其他方的信息资产的全球政策》《关于电子资源使用的全球政策》《礼来在中国完成的发明的发明人奖励报酬公司制度》《员工保密协议暨发明创造协议》等文件签名确认；2013 年 1 月，黄某炜违反公司规章制度及《保密协议》规定，从礼来中国公司的服务器上下载了 21 个核心机密商业文件，并将上述文件私自存储至黄某炜所拥有的存储装置中；2013 年 2 月，礼来中国公司向黄某炜发出停职通知书，通知黄某炜 2013 年 1 月 28 日起暂停行使主任研究员的相关职能，2 月底礼来中国公司就向黄某炜发出劳动关系终止通知函；2013 年 6 月，礼来中国公司就做了公证：用户名为 C160732 的用户从互联网上连接进入礼来中国公司服务器，下载了 48 个文件，其中包含礼来中国公司主张作为商业秘密保护的 21 个文件，下载时间为 2013 年 1 月 19 日晚 00:58 ~ 1:01，下载设备编号为 GH3XPCNU2091DLN，文件存储地址为 SEAGATE 移动硬盘；2013 年 7 月，礼来中国公司向上海市第一中级人民法院起诉黄某炜侵害技术秘密。

本案核心争议焦点就是礼来中国公司主张的 21 个文件内容是否属于技术秘密。前面我们讲了，技术秘密需要满足秘密性、价值性、措施性三个条件，对于秘密性、价值性这里不做过多赘述。对于权利人是否采取合理保密措施，法院经审理认为，礼来中国公司作为专业的药品研发企业，对系争信息文件采取了限定知悉人员范围、对文件采取加密措施、标注保密标志、监控文件阅看及下载情况、与员工签订保密协议、进行保密培训等多种多效的保密手段，符合保密性的要求。

根据《最高人民法院关于审理侵犯商业秘密民事案件适用法律若干问题的规定》第6条的规定，具有下列情形之一，在正常情况下足以防止商业秘密泄露的，人民法院应当认定权利人采取了相应保密措施：(1)签订保密协议或者在合同中约定保密义务的；(2)通过章程、培训、规章制度、书面告知等方式，对能够接触、获取商业秘密的员工、前员工、供应商、客户、来访者等提出保密要求的；(3)对涉密的厂房、车间等生产经营场所限制来访者或者进行区分管理的；(4)以标记、分类、隔离、加密、封存、限制能够接触或者获取的人员范围等方式，对商业秘密及其载体进行区分和管理的；(5)对能够接触、获取商业秘密的计算机设备、电子设备、网络设备、存储设备、软件等，采取禁止或者限制使用、访问、存储、复制等措施的；(6)要求离职员工登记、返还、清除、销毁其接触或者获取的商业秘密及其载体，继续承担保密义务的；(7)采取其他合理保密措施的。

在上述文件出台之前，我们已经向企业提出了"四位一体"商业秘密保护制度构建法律服务方案，也就是商业秘密管理、人力资源管理、信息安全管理、知识产权管理"四位一体"商业秘密保护制度体系方案，可以满足商业秘密保护合理保密措施要求，介绍如下。

(一)建立商业秘密管理制度

建立商业秘密管理制度是商业秘密保护工作的基础，中小企业缺乏规范定制化的商业秘密法律制度文本，合同中单列的保密条款或者通用保密协议无法满足司法案件中关于合理保密措施的举证要求。

商业秘密管理制度建立主要包括制定《公司保密管理制度》及《保密协议》、开展保密培训、进行商业秘密盘点等工作内容，《公司保密管理制度》是商业秘密管理的核心，《公司保密管理制度》在制定过程中应当合法合理，履行民主公示程序，当出现员工以不正当手段获取、披露、使用或者允许他人使用公司商业秘密情形发生时，公司才能以员工违反公司规章制度解除劳动合同，而不用另行支付经济补偿金。《保密协议》是商业秘密管理日常运行签订最多的保密文件，公司应根据签订对象的不同制定对应的《保密协议》，比如一般员工可以签订《通用保密协议》，保密员工则应当签订约束性更强的《保护商业秘密协议》，公司高管一般应当签订《保密与竞业限制协议》，核心技术人员一般应当签订《知识产权与保密协议》，外部合作伙伴一般应当签订《项目合作保密协议》并要求其建立与公司配套的保密管理制度。商业秘密管理进行制度顶层设计之后，公司应定期或不定期开展商业秘密盘点工作，类似于专利、商标、著作权管理，将商业秘密对应的具体内容通过规范化的文件固定并进行管理，定期或不定期开展商业秘密培训。

（二）整合人力资源管理制度

整合人力资源管理制度是商业秘密管理制度落地执行的前提，将商业秘密保护工作嵌入绩效考核、薪酬、入职、在职、离职等人力资源管理过程中，才能有效防止商业秘密泄露和塑造企业保密文化。

员工入职前应开展背景调查，签署声明不会侵害前雇主的商业秘密，原则上不录用直接竞争公司的离职员工；入职后应及时签订保密合同，开展商业秘密保密培训，对接触商业秘密工作岗位进行《商业秘密盘点表》及保密事项书面告知；在员工试用期，设定较少范围的商业秘密接触权限，开展文件日志安全监控与审查，原则上不安排试用期员工进入机密项目相关工作岗位；员工转正以后开展商业秘密定期培训，设定正式员工参与核心机密项目的保密管理事项；员工离职之前，应进行离职预告，评估是否需要签订竞业禁止相关协议，有条件的应完成脱密管理程序。公司脱密程序可以设定以下内容：一般员工离职预告为 1 个月，公司高管、研发单位、特殊管制单位离职预告期为 3 ~ 6 个月，离职预告提出后公司指派专责单位提出文件日志审查报告，人力资源部应依据审查报告安排离职面谈，必要时应请法务或律师陪同。

（三）配套信息安全管理制度

配套信息安全管理制度是商业秘密管理制度稳定运行的客观要求，加密软件、防火墙、终端行为审计等信息安全软硬件是防止企业商业秘密泄露的有力手段，也是商业秘密维权取证和企业内控反舞弊调查的基础。

随着无纸化办公、商务办公软件的普及，员工日常工作只需要在计算机信息系统中即可完成，计算机信息系统作为办公设备储存了大量的商业秘密信息，同时也方便了商业秘密的日常管理，相较于管理员工而言管理计算机系统更为简单易行，通过信息安全管理软件即可实现数据加密、控制数据外发、数据安全审计等保密工作。比如通过数据安全管理软件，对包含商业秘密数据的文档打印进行授权访问控制，可以对用户的打印行为进行控制和审计；通过移动存储介质控制，实现对移动存储介质的授权注册、使用权限控制、存储数据加密、使用监控和审计、权限回收；通过终端安全管理软件，可以满足文件操作监控、设备安全管理、进程安全管理以及远程控制等需要；通过服务器与应用安全网关，可以实现应用安全准入、应用安全防护、邮件安全审计、邮件安全加固等商业秘密保护需求。

（四）统筹知识产权管理制度

知识产权主要包括专利、商标、著作权、集成电路布图设计、植物新品种等权利客体，企业通过向行政机关提出申请以获得权利证书，而商业秘密司法保护有赖于企业商业秘密合规制度的建立。专利权利作为保护企业专有技术方案的手段，为企业带来技术垄断（独占）的经营优势，但由于其技术的公开性，也给竞争对手提供了仿造专利技术的参考，可以通过反向工程或付出一定代价相对容易获得的专有技术方案，企业应优先考虑通过专利进行保护。如何在保护专利优势的前提下，避免专利权的劣势给企业带来负面的影响，通过商业秘密保护手段、完善专利保护的不足之处，将商业秘密和专利保护有机结合起来，才能以正确有效的方式来保护企业的专有技术或者商业秘密，维持企业产品的市场竞争能力。

我们在为企业提供商业秘密管理法律服务过程中，通常会依次开展商业秘密盘点、部门访谈与业务分析、商业秘密风险评估、商业秘密保护方案制定、商业秘密保密培训、人力资源与信息安全管理辅导等工作内容，由于商业秘密属于知识产权权利客体，企业知识产权管理部门的主要工作一般是进行专利、商标、著作权的管理，我们会要求将商业秘密管理纳入知识产权管理部门日常工作当中。

平台经济领域经营者反垄断合规管理策略

北京市盈科律师事务所　王俊林　孔繁琳

一般来说,平台经济指的是采用互联网信息技术手段搭建虚拟或真实的交易场所,促成双方或多方供需交易并从中获取利润的新的经济模式。近年来,由于互联网技术的高速发展导致全球产业组织发生深刻变革,而平台作为新的组织形式,逐渐被应用于商业各个领域,平台经济也由此兴起。

相较于传统经济而言,平台经济在降低交易成本、扩大市场规模、提高经济效益、深化社会分工、培育经济发展新动能等方面能够发挥积极作用。但也要看到,当平台企业对市场份额和数据形成垄断后,继续提升产品服务质量不仅无法提升盈利水平,反而会增加运营成本,并会对市场竞争、消费者福利、创新创业等构成威胁,甚至会导致金融风险的增大。

一、平台经济领域法律法规

提到平台经济领域经营者反垄断合规,我们都会想到2021年年初发布的《国务院反垄断委员会关于平台经济领域的反垄断指南》(以下简称《平台经济指南》),以及各省市公布的经营者反垄断合规指引,其中浙江针对平台经济领域特别公布了《浙江省平台企业竞争合规指引》。实际上,在《平台经济指南》公布之前,国家就通过《电子商务法》《反不正当竞争法》等法律法规尝试对网络交易平台及其经营者进行规制,2021年3月15日公布的《网络交易监督管理办法》,更是细化了《电子商务法》的部分内容。新修订的《反垄断法》贯彻落实了党中央关于强化反垄断和防止资本无序扩张的决策部署,根据平台经济领域的竞争方式和特点,进一步明确了反垄断相关制度在平台经济领域中的适用规则。既在总则中规定“经营者不得利用数据和算法、技术、资本优势以及平台规则等从事本法禁止的垄断行为”,同时也在滥用市场支配地位章节中具体规定“具有市场支配地位的经营者不得利用数据和算法、技术以及平台规则等从事前款规定的滥用市场支配地位的行为”。此外,市场监督管理总局为促进平台经济规范健康持续发展、规范互联网平台经营活动,还公布了《互联网平台分类分级指南(征求意见稿)》与《互联网平台落实主体责任指南(征求意见稿)》,对平台进行分类、分级管理,进一步落实平台责任。中国标准化协会还公布了《平台经营者反垄断合规管理规则(征求意见稿)》,作为团体标准,是引导平台经营者合规经营的倡导性行为规范,属于“软法”,尽管不具备强制性效力,但是有利于以良法善治保障新业态新模式健康发展,进一步加强我国在数字平台领域的建设和探索。

与平台经济反垄断息息相关的还有《个人信息保护法》及相关法律法规,《个人信息保护法》明确规定了平台经营者处理个人信息的规则、义务及受到的监管等内容。该法第 24 条第 1 款还特别针对大数据“杀熟”现象作出明确规定:“个人信息处理者利用个人信息进行自动化决策,[①]应当保证决策的透明度和结果公平、公正,不得对个人在交易价格等交易条件上实行不合理的差别待遇。”

由此可见,平台经济领域经营者反垄断合规不仅涉及网络平台经营者、平台内经营者、消费者、劳动者等多主体,还涉及数据安全、个人信息保护、金融安全等多领域。

《平台经济指南》是首部针对互联网领域的行业性反垄断指南。作为我国第一部官方正式发布的、专门针对平台经济领域的反垄断指南,全面而系统性地梳理了反垄断执法机构对平台经济领域反垄断执法的分析思路和考虑因素。我们就以《平台经济指南》作为主要参考,从以下几个执法(合规)重点和难点来讨论平台经济领域经营者该如何通过合规来预防和降低反垄断风险。

① 自动化决策,是指通过计算机程序自动分析、评估个人的行为习惯、兴趣爱好或者经济、健康、信用状况等,并进行决策的活动。

二、合规重点

(一)互联网平台企业未依法申报经营者集中

近年来,我国线上经济蓬勃发展,新业态、新模式层出不穷,成为经济增长的新动能,对推动经济高质量发展和满足人民群众美好生活需要,发挥了重要作用。投资并购是互联网企业发展壮大的重要手段。线上经济呈现市场集中度越来越高的趋势,市场资源加速向头部平台集中,关于平台垄断问题的反映和举报日益增加,显示出线上经济发展中存在一些竞争风险和隐患。其中一个重要的问题就是一些互联网平台企业未依法申报经营者集中。

2020 年 12 月 14 日,市场监督管理总局首次公布了对阿里巴巴投资收购银泰商业股权、阅文集团收购新丽传媒股权、丰巢网络收购中邮智递股权三起未依法申报违法实施经营者集中案作出行政处罚决定,并在《平台经济指南》中明确,涉及协议控制架构(VIE 架构)的经营者集中,属于经营者集中反垄断审查范围。目前,互联网平台经济领域企业不得再通过 VIE 架构方式规避监管,在投资并购过程中,应事前评估本次交易是否符合经营者集中的申报条件,及时与反垄断执法机构进行商谈,主动提交申报材料并配合进行审查。

(二)扼杀式并购

新修订的《反垄断法》在经营者集中章节明确"经营者集中未达到申报标准,但有证据证明该经营者集中具有或者可能具有排除、限制竞争效果的,反垄断执法机构可以要求经营者申报。如果经营者未按照规定进行申报,反垄断执法机构应当依法进行调查"。《平台经济指南》特别指出:"国务院反垄断执法机构高度关注参与集中的一方经营者为初创企业或者新兴平台、参与集中的经营者因采取免费或者低价模式导致营业额较低、相关市场集中度较高、参与竞争者数量较少等类型的平台经济领域的经营者集中,对未达到申报标准但具有或者可能具有排除、限制竞争效果的,国务院反垄断执法机构将依法进行调查处理。"这意味着反垄断执法机构有意加强对涉及初创企业、新兴平台的反垄断监管,互联网平台经济领域企业不得借助并购形成垄断,或通过收购中小企业等方式扼杀潜在竞争对手,阻碍创新。

(三)平台企业"二选一"

美团、阿里巴巴"二选一"垄断行为案:2015 年以来,阿里巴巴为限制其他竞争性平台发展,维持、巩固自身市场地位,滥用其在中国境内网络零售平台服务市场的支配地位,实施"二选一"行为,通过禁止平台内经营者在其他竞争性平台开店和参加其他竞争性平台促销活动等方式,限定平台内经营者只能与当事人进行交易,并以多种奖惩措施保障行为实施,构成限定交易行为,被罚182亿元。无独有偶,2018年以来,美团为阻碍其他竞争性平台发展,进一步提升、维持、巩固自身市场地位,滥用其在中国境内网络餐饮外卖平台服务市场的支配地位,系统、全面实施"二选一"行为,阻碍平台内经营者与其他竞争性平台合作,限定平台内经营者只能与当事人进行交易,并以多种措施保障行为实施,构成限定交易行为,被罚34.42亿元。

《反不正当竞争法》第12条第2款"经营者不得利用技术手段,通过影响用户选择或者其他方式,实施妨碍、破坏其他经营者合法提供的网络产品或者服务正常运行的行为"可适用于规制限定交易("二选一")行为。《电子商务法》也对"二选一"有所涉及,第35条规定:"电子商务平台经营者不得利用服务协议、交易规则以及技术等手段,对平台内经营者在平台内的交易、交易价格以及与其他经营者的交易等进行不合理限制或者附加不合理条件,或者向平台内经营者收取不合理费用"。《网络交易监督管理办法》第32条在《电子商务法》的基础上进一步细化,列举了一些平台干涉商家自主经营的情形,例如,"通过搜索降权、下架商品、限制经营、屏蔽店铺、提高服务收费等方式,禁止或者限制平台内经营者自主选择在多个平台开展经营活动,或者利用不正当手段限制其仅在特定平台开展经营活动"。

《平台经济指南》明确指出,具有支配地位的平台要求交易相对人在竞争性平台间"二选一"构成限定交易行为,包括惩罚型限定交易行为(搜索降权、流量限制、技术障碍、扣去保证金等)和激励型限定交易行为(补贴、折扣、优惠、流量资源支持等)。具体限定的措施既包括通过电话、口头传统方式,也包括通过平台规则、数据、算法、技术等方面的实际设置限制或者障碍的方式。《平台经济指南》的规定有力地回应了困扰互联网行业健康发展的"二选一"问题,弥补了《反不正当竞争法》第12条对"二选一"规制的无力,以及《电子商务法》第35条对电商"二选一"规制的局限。

互联网平台经济领域企业来说,惩罚型限定交易行为(搜索降权、流量限制、技术障碍、扣去保证金等)通常被认为对市场竞争和消费者利益产生直接损害，一般可以认定为构成限定交易行为；而激励型限定交易行为（补贴、折扣、优惠、流量资源支持等）可能对平台内经营者、消费者利益和社会整体福利具有一定的积极效果，仅在对市场竞争产生明显的排除、限制影响时，才可能被认定构成限定交易行为，对于通过正面激励形式促成限定交易方的要求，执法机关会更谨慎地综合评估行为带来的积极效果和消极效果，但企业应注意，激励型限制行为还可能引发忠诚折扣的垄断风险。

另外，按照《行政处罚法》坚持处罚与教育相结合的原则，市场监督管理总局分别向阿里巴巴集团和美团发出《行政指导书》，要求两家平台企业围绕严格落实平台企业主体责任、加强内控合规管理、维护公平竞争、保护平台内商家和消费者合法权益等方面进行全面整改，并连续 3 年向市场监管总局提交自查合规报告。2020 年 9 月 11 日国务院反垄断委员会印发了《经营者反垄断合规指南》，从合规管理制度、合规风险重点、合规风险管理（风险识别、风险评估、风险处置等）、合规管理保障四个方面对企业内部建立反垄断合规管理制度提供指引。那么从《行政指导书》来看，企业应如何完善企业内部合规控制制度？我们认为：第一，建立并有效执行反垄断合规制度，明确合规管理要求和流程，完善合规咨询、合规检查、合规汇报、合规考核等内部机制。第二，定期开展公司高管和工作人员合规培训，增强反垄断合规意识，提升合规能力。

三、合规难点

（一）拒绝交易行为——平台是否构成必需设施是个案分析中的难点

平台经济领域拒绝交易存在多种表现形式，除传统方式外，还包括行业特有的“在平台规则、算法、技术、流量分配等方面设置限制和障碍”，以及“控制平台经济领域必需设施的经营者拒绝与交易相对人以合理条件进行交易”。

从合规的角度来说，《平台经济指南》认为，“平台”在满足一定条件的情形下，可以构成必需设施，并增加了平台“占有数据情况”这一考量因素。在考量平台“占有数据情况”时，主要考虑因素包括平台对数据的强控制性、强分析性等，以及平台内经营者或消费者对数据的弱迁移性、弱可携带性等。例如，当平台内经营者或消费者欲从 A 平台转移到 B 平台时，可能会因数据迁移成本过高或顾虑 A 平台对其过往数据的留存、使用等，而放弃平台间转换。同时，《平台经济指南》考虑到“数据”的非排他性、可复制等特性，认为通常不宜将数据认定为基础设施。

(二)大数据“杀熟”——如何认定交易相对人的交易条件相同是个案分析中的难点

大数据“杀熟”现象常见于网约车平台、外卖、机票或酒店预订平台、OTA平台(在线旅游业)等与日常生活密切相关的领域。利用大数据对不同的消费者进行差别待遇可以在一定程度上提升运营效率,但也有可能被认定为滥用市场支配地位。

针对差别待遇,实践中一大难点是如何认定交易相对人的交易条件相同。在相关案例中,在其他交易条件均相同的情况下,法院认为购买时间段不同(就外卖配送业务来说:白天和夜晚、高峰期和普通时段),存在合理价格变动属于正常现象,以此认定被告无过错,不需要承担侵权责任,这便是司法实践中很难认定大数据“杀熟”的原因。

《平台经济指南》指出对于具有市场支配地位的经营者,“基于大数据和算法,根据交易相对人的支付能力、消费偏好、使用习惯等,实行差异性交易价格或者其他交易条件”,可能构成通过差别待遇的方式滥用市场支配地位。即平台经营者在交易中获取的交易相对人的隐私信息、交易历史、个体偏好、消费习惯等方面存在的差异,不能作为认定交易条件不同从而实施差别待遇的理由。《平台经济指南》同时也列举了一些实施差别待遇行为可能具有的正当理由:(1)根据交易相对人实际需求且符合正当的交易习惯和行业惯例;(2)针对新用户在合理期限内开展的优惠活动;(3)基于平台公平、合理、无歧视的规则实施的随机性交易等。

从合规的角度来说,当交易相对人为平台内经营者时,平台的客制化定价须具有合理理由(如应用商城对不同体量的应用程序开发者收取不同比例的服务费抽成等);而当交易相对人为消费者时,平台的客制化定价更易遭到消费者投诉继而引发监管关注。互联网平台企业应更加注意用户数据与用户画像使用场景的合理性,评估“个性化定制”“定向推送”等商业模式或营销策略的合规性。

(三)强化数据隐私保护——具有市场支配地位的企业将受到隐私保护和反垄断法的双重规制

近年来,个人信息与数据保护是热点话题,《平台经济指南》指出分析特定行为是否构成搭售或者附加不合理交易条件时，可以考虑的因素包括“强制收集非必要用户信息”；在考察“经营者集中对消费者的影响”时，考虑因素包括“集中后经营者是否有能力和动机以不恰当使用消费者数据等方式损害消费者利益”。《平台经济指南》尽管没有提及“隐私”一词，实际上在支配地位滥用行为以及经营集中的考量因素中，已经对隐私问题有所涉及。这表明，对于个人信息收集问题，具有市场支配地位的企业将受到隐私保护和反垄断法的双重规制。

从合规的角度来说，平台经济领域经营者应提前做好数据安全方面的合规，避免违反有关消费者权益保护、个人信息保护等领域的法律法规。就搭售行为来说：(1)企业不得通过搜索降权、流量限制、技术障碍等传统搭售方式，强制交易相对人接受其他商品；(2)在数据收集、隐私保护方面，企业不得强制收集非必要用户信息或者附加与交易标的无关的交易条件、交易流程、服务项目。

四、其他方面——协同行为、MFN 条款(最惠国待遇条款)、平台轴辐协议

(一)协同行为

《平台经济指南》明确规定：“数据”、“算法”和“平台规则”可能被用来达成协同行为，对于利用“数据”“算法”等达成协同行为的认定，仍需要当事方之间的“意思联络”，不能仅根据一致的市场行为而推定协同行为的存在，但这里不排除执法机构运用多寡头控制的市场结构去推定默示合谋的存在。

从合规角度出发，平台经济领域企业应当更加谨慎地对待其与竞争者之间的信息交换，避免提供或获得其他竞争者的相关敏感信息，而且应进一步强化内部合规体系设计和执行。此外，经营者在进行定价等重要商业决策时，应当坚持独立性原则和公平性原则，保存相关证据记录，以便在必要时能够对一致性行为作出客观、合理解释。

(二)MFN 条款(最惠国待遇条款)

《平台经济指南》规定：“平台经营者要求平台内经营者在商品价格、数量等方面向其提供等于或者优于其他竞争性平台的交易条件的行为可能构成垄断协议，也可能构成滥用市场支配地位行为”。最惠国待遇条款可能成为经营者之间达成横向垄断协议的辅助措施，也可能构成滥用市场支配地位行为，具有提高

市场进入壁垒,封锁市场的效果。MFN 条款在实践中与“二选一”行为密切相关,需要平台经营者关注。

(三)平台轴辐协议

《平台经济指南》规定:“具有竞争关系的平台内经营者可能借助与平台经营者之间的纵向关系,或者由平台经营者组织、协调,达成具有横向垄断协议效果的轴辐协议”。平台作为“平台规则”“算法”的制定方或“数据”的提供方,如果其规则、算法或数据能够促使或者协助平台内企业达成横向协议,则平台可能会被认为对达成轴幅协议起到组织和协调作用。根据新修订的《反垄断法》的规定,“经营者不得组织其他经营者达成垄断协议或者为其他经营者达成垄断协议提供实质性帮助”,并规定“经营者组织其他经营者达成垄断协议或者为其他经营者达成垄断协议提供实质性帮助的”适用垄断协议的罚则,即“由反垄断执法机构责令停止违法行为,没收违法所得,并处上一年度销售额百分之一以上百分之十以下的罚款,上一年度没有销售额的,处五百万元以下的罚款;尚未实施所达成的垄断协议的,可以处三百万元以下的罚款。经营者的法定代表人、主要负责人和直接责任人员对达成垄断协议负有个人责任的,可以处一百万元以下的罚款”。可见,互联网平台经营者在与其他经营者(包括同业竞争者和交易相对方)进行沟通时,需要注意避免为其他经营者达成并实施垄断协议起到“组织”作用或者“实质性帮助”效果,如组织具有竞争关系的经营者沟通敏感信息或为其沟通敏感信息提供相应协助,导致其他经营者在相关方面达成并实施横向垄断协议,否则将面临与垄断协议一样严重的行政处罚。

互联网领域内商业诋毁的形式与认定规则

北京市盈科律师事务所　孟泽东

互联网的高速发展拓宽了商业评论的影响范围,提升了商业讯息的传播速度,但同时也为一部分经营者利用网络实施不正当竞争行为、打击竞争对手提供了便利。近几年商业诋毁的案件数量呈爆发式增长,但目前有关商业诋毁的法律法规仅对禁止性条款进行界定,使得实际意义上的商业诋毁行为往往缺乏合理有效的认定依据。

一、商业诋毁

根据《反不正当竞争法》第 11 条的规定,“经营者不得编造、传播虚假信息或者误导性信息,损害竞争对手的商业信誉、商品声誉”。一般意义上商业诋毁要求双方具有竞争关系且被诋毁对象特定。但随着互联网生态圈的形成,竞争主体逐渐多元化,要求双方具有竞争关系的条件越来越弱化。

(一)商业诋毁与名誉权

商业诋毁和名誉权侵权在侵权主体、侵权客体和侵害对象等方面均存在较大区别,根据《民法典》第 110 条第 2 款的规定,“法人、非法人组织享有名称权、名誉权、荣誉权等权利”。法人的名誉权为一种复合型权利,其中融合了人格权利和财产权利,可视为一种广义上的知识产权。而名誉权侵害的是不同主体的名誉权,一般仅限指人格权利。

在司法实践中,商业诋毁案件的审理周期较长,而且上诉率较高,名誉权案件审理周期较短,且对于原告的举证责任更重。

(二)商业诋毁与商业评价

商业评价通常包括三种类型:消费者对商品或服务的评价、第三方评价机构的评价及同业竞争者的评价,在行使商业评价时要尊重客观基本事实,不能损害经营者的相关权利,如果对经营者进行片面的评价或做误导性的评述可能会构成商业诋毁。但商业评价其本质上是有利于促进商品质量的改善,有利于同业监督,因此在认定商业评价是否构成商业诋毁时,要把握评价言论所依据客观事实的可靠程度,如果评价言论所依据客观事实确实存在,即使评价具有一定的负面倾向,一般也不会认定为商业诋毁。

二、互联网领域内商业诋毁的形式

(一)同行之间存在的商业诋毁

以浙江某泊尔股份有限公司(以下简称某泊尔公司)与浙江某赫厨具有限公司(以下简称某赫厨具公司)、浙江某康厨具有限公司商业诋毁纠纷案①为例。

【案情简介】

2019年10月21日,某赫厨具公司在《羊城晚报》刊登广告内容为:"苏白尔:感谢你,要不是你的模仿,无人知晓蜂窝不粘锅原创发明者是我等",且在其网站发布一份《声明》,内容为"我公司发现浙江苏泊尔股份有限公司在未经授权的情况下,盗用康巴赫'蜂窝不沾专利技术'并仿造、销售侵权产品,严重损害了康巴赫的合法权益"等,上述内容被广泛传播,某泊尔公司诉至法院,指控上述内容构成侵权。

【法院裁决】

一审认为,某赫厨具公司所发布一系列信息的核心含义是某泊尔公司侵害其专利权。但上述信息发布时,并无任何司法裁判或行政决定认定某泊尔公司构成对某赫厨具公司专利权的侵害。为此,一审法院认定某赫厨具公司发布的上述信息属于《反不正当竞争法》所规制的虚假、误导性信息,对某泊尔公司的商业信誉、商品声誉造成损害,构成商业诋毁,应当承担消除影响、赔偿损失等民事责任。二审法院认定某赫厨具公司商业诋毁成立,判决立即停止传播、编造虚

---

① 浙江省高级人民法院民事判决书,(2021)浙民终250号。

假信息或误导性信息的行为，立即删除相关平台上的内容，应于判决送达之日起15日内在媒体上刊登声明，为某泊尔公司消除影响，并赔偿某泊尔公司经济损失及为制止侵权行为所支付的合理开支共计300万元。

【案件评析】

判定一行为是否构成商业诋毁，前提需判定该行为是具有明确的事实依据，还是属于凭空捏造、恶意歪曲或是散布虚伪事实。如果对于未定论的事实，进行非客观的评价或者故意将未定论的状态作为已经定论的事实来进行宣传散布，误导性相关公众对此产生误解，则属于商业诋毁规制的范畴。

（二）自媒体散布虚假事实构成商业诋毁

以某科技有限责任公司（以下简称某科技公司）、某通讯技术有限公司与北京某天下科技有限公司（以下简称某天下公司）商业诋毁纠纷案①为例。

【案情简介】

2020年4月22日，某天下公司所认证的"某天下"抖音账号发布了标题为"作为小米的忠实用户，不得不说小米鱼缸的设计有很大缺陷，再不好好做手机，雷总要和罗某某一样直播带货了"的短视频。视频中，提及"小米最近出了一款懒人鱼缸"并使用了"坑爹""不合格""完全失败"等评论用语。但实际上，该视频中所提到的"懒人鱼缸"并非由某科技公司所生产和销售，某科技公司故将某天下公司以商业诋毁为由诉至法院。

【法院裁决】

法院认定，被告某天下公司涉案行为构成商业诋毁的不正当竞争行为。第一，双方存在竞争关系。某天下公司经营养鱼类产品，并和某科技公司一样通过电商平台销售其产品。涉案视频内容也具有明确指向性。第二，作为普通消费者只要施加一般的注意力都可以分辨涉案鱼缸的实际生产经营者及电商平台的区别，某天下公司在未核实事实的情况下，贸然发布涉案带有明显贬损性和强烈导向性的视频，作为该领域专业公司未尽到审慎的注意义务。该行为会使相关公众对原告商品信誉及商业商誉产生误解，产生负面评价，致使原告权益受损。因此，被告构成商业诋毁的不正当竞争行为。

---

① 北京知识产权法院民事判决书，（2021）京73民初73号。

【案件评析】

当下自媒体正在迅速蔓延发展，自媒体滥用其影响力将误导性的信息进行广泛传播，具有一定的煽动性和侮辱性，容易导致不特定公众对被诋毁公司企业商誉产生负面乃至否定性评价，影响消费者的消费选择，应当认定为商业诋毁。

（三）自然人散布虚假事实构成商业诋毁

以深圳某时尚集团有限公司（以下简称某时尚集团公司）与吕某、上海某商贸有限公司商业诋毁纠纷案①为例。

【案情简介】

2019年3月27日至4月26日，吕某使用的名为“吕某”的账号在新浪微博发布内容称“你们谁认识‘影儿’集团的老板啊？拜托带句话吧！你抄也稍微改改吧！这样赤裸裸的抄，如果卖300元我也就算了，这个价格不能忍”“我看出来了，影儿集团就是个抄抄集团，有没有大律师愿意帮我打官司啊？所有打赢的费用都归你！太没有底线了，三个牌子都在抄我的，原封不动的抄，而且卖的比我还贵！”等信息，并附有相关配图。某时尚集团公司认为，吕某之举是以维权为名而行不正当竞争之实，故诉至法院。

【法院裁决】

虽然经营者在市场活动中具有言论自由和竞争自由，但应以不侵犯他人合法权益和不扰乱正常市场竞争秩序为限。商业言论具有表意性，除了简单的事实陈述，往往包含经营者对有关事物的认知和评价。经营者当然有权利评价其他经营者的商品、服务或经营活动，但这一评论自由必须以客观真实、公允中立、诚实信用为原则。即使经营者传播的信息并非完全虚假，但若以引人误解的方式表述，使消费者产生认知偏差而削弱其购买竞争对手商品或服务的意愿，在竞争法上仍应予以负面评价。吕某作为某时尚集团公司的同业经营者，发表有关竞争对手的商业言论本应尽到较高的谨慎注意义务，但其在微博平台上面向不特定公众持续指控某时尚集团公司抄袭，且相关抄袭事实尚无定论，从言论内容、表述方式、传播范围等方面来看，有关言论已经超出正当、合理的范围，足以误导相关公众产生认知偏差，损害某时尚集团公司的商业信誉、商品声誉，构成商业诋毁。

① 广东省高级人民法院民事判决书，（2021）粤民终382号。

【案件评析】

作为经营者具有一定的商业言论自由，但应以不侵犯他人合法权益和不扰乱正常市场竞争秩序为限。尤其是对于尚未有定论的侵犯知识产权的相关评述更要持以更加谨慎的态度，虽然吕某为自然人，但是其在发布相关侵权内容所表达的立场指向和其自己的品牌利益具有相应的竞争关系，足以认定吕某可以构成商业诋毁的侵权主体。

(四)网络服务提供者在特定情况下可构成商业诋毁

以北京某网讯科技有限公司(以下简称某网讯公司)与北京某天下科技发展有限公司(以下简称某天下公司)商业诋毁纠纷案①为例。

【案情简介】

2020年2月4日，某天下公司下的脉脉平台一网络用户“百度员工”发布了帖子“疫情如此严峻……领导居然让10号返回公司以后一起吃个开工饭。咋拒绝啊?”2020年2月5日和2月10日某网讯公司委托律师两次发送《律师函》给某天下公司要求删帖，但某天下公司拒不采取必要技术措施，持续扩大侵权。某网讯公司认为某天下公司发布的帖子本身具有社会关注度，且内容明显虚假和具有误导性，会降低社会公众对某网讯公司的正面社会评价，毁损某网讯公司商誉，某天下公司作为社交平台，理应对此等信息施以较高的注意义务，即时采取必要措施删除、屏蔽信息。某网讯公司主张，某天下公司构成直接侵权，认为某天下公司未提供准确的用户信息。故诉至法院，请求判如所请。

【法院裁决】

本案中，首先，某天下公司无证据证明涉案言论的客观真实性，其以“百度员工”账号的名义发布涉案言论，属于编造、传播虚假信息的行为。其次，该言论本身发布于2020年2月4日，处于疫情防控的关键时刻，该内容具有一定的误导性，会降低社会公众对某网讯公司的正面社会评价，损害某网讯公司的商誉，构成商业诋毁行为。从评论回复中亦可看出，多个评论均系围绕涉案言论展开的对话，可见涉案评论引发脉脉用户的广泛关注。最后，某天下公司用以发布涉案评论的账号名称为“百度员工”，使得公众更加信赖该言论系某网讯公司员工发出，增加其真实性及可信度。综上，涉案言论显然会使他人对某网讯公司的

① 北京知识产权法院民事判决书，(2021)京73民终4817号。

企业形象、企业文化产生怀疑，导致出现否定性的评价，使得某网讯公司的社会评价降低，属于损害某网讯公司商业信誉的行为。综上，法院认定，某天下公司发布涉案言论的行为，构成商业诋毁。

【案件评析】

某天下公司虽然作为网络服务提供者，在表象上似乎与某网讯公司无直接的竞争关系，但用户访问量、吸引更多注册用户使用网站及 App 服务亦是双方企业获取市场交易机会及交易利润的根本，这使得双方之间存在现实的竞争利益。某天下公司发布涉案言论后显然会提高其经营的脉脉平台的热度、关注度、增加流量并吸引更多用户，从而获得直接或间接的竞争优势，因此构成商业诋毁。

（五）诋毁信息同时指向公司和公司的法定代表人时相关商业诋毁的认定

以某视光科技集团有限公司（以下简称某视光公司）与青岛某眼镜科技有限责任公司（以下简称青岛某公司）商业诋毁纠纷再审案①为例。

【案情简介】

"永康智能降度镜"是某视光公司主营的产品，青岛某公司在其题为《国华眼镜起诉"永康智能降度镜"刘某宏李某明（之四）》的文章及案涉其他文章中，包含大量损害"永康智能降度镜"或刘某宏的声誉或信誉的内容，刘某宏既是案涉实用新型及发明专利的原始专利权人，又是某视光公司的法定代表人及股东。某视光公司向法院提起诉讼。

【法院裁决】

法院认为，青岛某公司作为经营者，通过此种方式损害了竞争对手某视光公司的商业信誉、商品声誉，故某视光公司具有本案的诉讼主体资格。青岛某公司申请再审称某视光公司不具备诉讼主体资格，理由不能成立。青岛某公司申请再审主张其在与刘某宏的另案诉讼中已经停止侵权行为并消除了影响，且另案已经执行完毕，不应在本案中再次承担责任。经审查，在刘某宏诉青岛某公司名誉权纠纷一案中，青岛某公司确已承担相应责任，但该案与本案诉讼标的并不相同，不构成重复诉讼。青岛某公司据此主张其不应在本案中承担责任，没有法律依据，理由不能成立。

---

① 最高人民法院民事裁定书，(2019)最高法民申 4791 号。

【案件评析】

当竞争者散布的诋毁信息既涉及公司的商品、服务或经营活动,同时涉及对经营者的法定代表人、高级管理人员、技术人员等自然人时,法院一般认为属于一个侵权行为侵害了两个不同的法益,针对上述情形,自然人可单独提起名誉权侵权之诉。

三、互联网领域内商业诋毁的认定规则

(一)关于竞争关系的认定

竞争关系本质上是市场上经营者之间相互争夺交易机会,寻求自身最大利益而产生的一种社会关系。在浙江某网络有限公司与上海某网络科技有限公司、某(上海)有限公司不正当竞争纠纷一案[①]中,法院认为,被告提供的服务的实质系利用消费者追求优惠的心理,通过提供价格或运费补贴的方式,利用原告平台增加自己网站的用户量和交易量,且容易导致消费者的混淆,明显超出了购物助手的行为边界。从主观方面来看,其本质系利用他人多年经营所获得的竞争优势以谋求自身的交易机会,具有明显的"搭便车"的特点,双方具有竞争关系。但在深圳市某计算机系统有限公司、某科技(深圳)有限公司等与杭州某网络科技有限公司等不正当竞争纠纷案[②]中,法院认为:网络时代软硬件技术的发展,为网络经营模式、方式的创新提供了基础,多元化的生态体系网络(商业生态系统)经营模式渐为普及。商业生态系统在经济学领域一般指由相互影响的组织和个人构建的经济共同体,包括供应商、主要生产商、竞争者以及其他利益相关者,该共同体为消费者提供有价值的产品或服务,且消费者本身也是这个商业生态系统中的一员。商业生态系统中的主体以合作和竞争的方式共同进化与持续创新,开发的新产品不断满足消费者需求。互联网环境下的市场主体通过创新经营模式,逐渐打造互联网领域的商业生态系统,营造出由网络平台提供经营场所和众多支撑服务的动态结构系统,包括平台提供方、平台其他经营者和用户,相互影响组成共同进化的经济共同体。不正当竞争行为损害对象的多样性决定了竞争行为的广泛性,当经营者以不正当手段谋取竞争优势或是破坏他人

---

① 上海市浦东新区人民法院民事判决书,(2015)浦民三(知)初字第1963号。

② 杭州铁路运输法院民事判决书,(2018)浙8601民初1020号。

竞争优势，由此产生的亦是损害与被损害的关系。因此，经营者与没有直接竞争关系的其他经营者（包括本案中的平台方），以消费者（在本案中除平台一般消费性用户还包括经营者用户）为中介，建立的一种彼此利益此消彼长的关系，正是《反不正当竞争法》调整的对象。

在司法实践中，随着各个产业的相互融合，在商业诋毁案件中对于竞争关系的认定越来越容易，法院对于竞争关系的要求也越来越低。

（二）商业诋毁的侵权表现形式

商业诋毁的表现形式多种多样，既有传统经济模式下的商业诋毁行为，也有近年来随着互联网经济的发展而衍生出的新的侵权表现形式。商业诋毁侵权表现形式主要集中在以下两种：

1. 捏造并散布虚假信息来贬损竞争者的商誉。

主要表现形式为通过自媒体平台或者发布声明、律师函、投诉等方式制造、散布损害竞争者商业信誉、商品声誉的虚假信息，并从中谋取不正当利益和竞争优势。在无锡某凯尔医学技术有限公司、上海某医疗器械技术有限公司等商业诋毁纠纷一案中，[①]法院认为，权利人为维护自身合法权益可以发送侵权警告，但不能逾越权利行使的界限，贬损竞争对手商誉。侵权警告函发送之时，相关司法案件仍处于未决状态，故应当根据发函当时的实际情况判断函件内容是否构成“虚伪事实”，并综合考虑发函者的主观状态判断发函者是否“捏造、散布虚伪事实”。尤其当函件的发送对象为产品的销售商、使用者或潜在使用者时，由于受函者对产品是否侵权的判断能力较弱、避险意识较强，容易受到侵权警告的影响从而拒绝交易相关产品，因此发函者应当善尽谨慎注意义务，客观、充分地披露据以判断涉嫌侵权的必要信息，避免误导受函者。

2. 对尚未有结果的争议擅自发表结论性意见。

经营者对“未定论”的争议结果，故意将未定论的状态作为已经定论的事实进行宣传散布的，势必导致相关公众误解，破坏竞争对手的正常活动，损害了竞争对手的商誉，构成商誉诋毁。在杭州某电池有限公司诉临沂市某电池实业公司商业诋毁纠纷案[②]中，法院认为，商业诋毁的立法目的在于规制经营者通过不

---

① 上海市高级人民法院民事判决书，(2016)沪民终274号。

② 杭州铁路运输法院民事判决书，(2018)浙8601民初615号。

正当的评价损害其他经营者的商誉。因此,散布虚假事实不仅包括虚假事实,引人误解的事实只要具有诋毁性效果,也属于商业诋毁范畴。法院未生效的判断属于司法未决事实。通常情形下,判决书应由作出相应文书的法院予以公布或授权相关的公共媒体进行公布,同时必须已经生效。法律之所以禁止将未定论的事实进行传播、散布,一方面防止对市场秩序造成的冲击和损害,另一方面避免因此脱离事实本身的不定论、不确定的性质,从而损害竞争对手或消费者的合法权益。

商业评价对净化市场环境、规范市场主体的竞争行为具有良好的导向作用,但如果评价失实或者超过必要的限度则可能会构成商业诋毁,对于新型的商业诋毁行为的认定也要在相关法律法规的基础上并综合在先的司法裁判案例进行一定的突破和创新。

新修订《反垄断法》热点问题及合规建议

北京市盈科律师事务所　王俊林　孔繁琳

一、修订沿革

我国《反垄断法》于2008年8月1日起正式施行，至今已实施了14年之久，基于过去一段时间的反垄断立法和执法经验，我国于2019年正式启动了《反垄断法》的修订工作。2020年1月31日，国家市场监督管理总局公布了《〈反垄断法〉修订草案（公开征求意见稿）》；2021年10月19日，全国人民代表大会常务委员会对《〈反垄断法〉修正草案（公开征求意见稿）》进行了初次审议，于10月23日正式公布并向社会征求意见；2022年6月21日至24日，全国人民代表大会常务委员会第二次对《反垄断法（修正草案）》进行审议，6月24日，第十三届全国人民代表大会常务委员会第三十五次会议表决正式通过关于修改《反垄断法》的决定，新修订的《反垄断法》于2022年8月1日起施行。

相较于《反垄断法（修正草案）》，新修订的《反垄断法》的整体修改幅度不大，修改后表述更加严谨和完善。整体来看，新修订的《反垄断法》：一是强化了竞争政策基础地位，并明确国家建立健全公平竞争审查制度；二是制定和实施与社会主义市场经济相适应的竞争规则；三是明确国务院反垄断执法机构负责反垄断统一执法工作；四是健全统一、开放、竞争、有序的市场体系。在这样的背景下，企业应根据《反垄断法》新修订的内容，在充分理解的基础上制定相应的合规策略。

二、热点问题及合规建议

(一)垄断协议

1. 轴辐协议

“轴辐协议”这一名称来源于美国判例法,是对一类特殊的垄断协议的形象化称呼,轴辐协议包括多个相互之间具有竞争关系的经营者(“辐条”)和与这些经营者存在纵向关系的上游或下游经营者(“轴心”),“轴心”既可以主动“组织”“辐条”之间达成垄断协议,也可以为“辐条”之间达成垄断协议提供被动的“帮助”作用。

根据修订前的《反垄断法》,除行业协会外,仅组织和协助经营者达成垄断协议,但本身不参与垄断协议,以及并非与其他竞争者具有竞争关系或者上下游交易关系的经营者不受《反垄断法》的规制,即反垄断执法机构既无法基于禁止横向垄断协议的规定(适用于具有竞争关系的经营者)对其予以禁止,也无法基于纵向协议的规定(适用于具有交易关系的上下游经营者)对其予以规制。2012 年湖南省物价局依法查处的“保险行业价格垄断案”便是一起典型的由行业协会牵头组织的轴辐协议案件:2012 年,娄底市保险行业协会牵头,组织 11 家财险公司设立娄底市支公司与湖南瑞特保险经纪有限公司,共同组建娄底市新车保险服务中心,由娄底市保险协会领导,与 11 家财险公司先后签订“合作协议”,规定所有新车保险业务必须集中在该中心办理,并划分了各公司在新车保险业务中的市场份额,在“中心”外办理新车保险业务,按实收保费的 2 倍处以违约金,同时扣减当年市场份额 1 个百分点。湖南省物价局经调查,决定给予娄底市保险行业协会等 7 个单位共计罚款 219 万元的行政处罚。

新修订的《反垄断法》针对上述情况,明确规定“经营者不得组织其他经营者达成垄断协议或者为其他经营者达成垄断协议提供实质性帮助”,即对轴辐协议的情形进行具体规制,并且与横向垄断协议、纵向协议适用同样严格的法律责任。鉴于上述修订,对企业来说,在与其他经营者(包括同业竞争者和具有交易关系的上下游经营者)进行沟通时,需要注意避免为其他经营者达成并实施垄断协议起到“组织”作用或者“实质性帮助”效果,如中介机构、第三方机构、互联网平台经营者以及上游(或下游)企业等组织具有竞争关系的经营者沟通“敏感信息”[①]或为其沟通“敏感信息”提供相应协助，导致其他经营者在相关方面达成一致并实施垄断行为。

2. 安全港制度

安全港制度是指具有竞争关系的经营者在协议所涉及的相关市场不超过特定市场份额，或者不具有竞争关系的经营者在协议所涉及的一个或多个相关市场不超过特定市场份额的情况下，推定这些经营者之间达成的协议不会产生排除、限制相关市场竞争的效果。

我国借鉴欧盟法域的相关规定，[②]在《反垄断法（修正草案）》中正式提议建立安全港制度，但采用了“原则豁免 + 例外规定”的模式，对于有证据证明经营者达成的协议排除、限制竞争的除外，这里包括两种情况：一是具有排除、限制竞争的目的；二是具有排除、限制竞争的效果。《反垄断法（修正草案）》将安全港制度一概适用于横向垄断协议、纵向协议以及轴辐协议，新修订的《反垄断法》综合考量横向垄断协议排除、限制竞争的效果较为显著，而纵向协议通常能够产生一些积极的效果，从而明确安全港制度仅适用于纵向协议。

安全港制度一方面可以优化执法资源配置，在一定程度上避免浪费执法资源，使执法机关能够将更多地时间和精力放在市场份额较大从而可能对相关市场产生更为严重地排除、限制竞争影响的案件；另一方面也有助企业根据自身在相关行业的具体情况预判其与上下游交易相对方之间经营活动的合规性，在一定程度上降低甚至避免部分企业在经销商管理等经营活动中违反《反垄断法》的风险。

（二）支配地位滥用行为

新修订的《反垄断法》贯彻落实党中央关于强化反垄断和防止资本无序扩

---

① 敏感信息，是指可能导致具有竞争关系的经营者之间协调彼此商业行为的信息，包括价格、数量、成本、与采购或销售商业条款相关的信息、客户名单、客户谈判信息、营销和战略规划、研发计划及技术成果等。

② 欧盟于2010年颁布并于近期通过了新的《纵向协议集体豁免条例》（VBER）和《纵向限制指南》。欧盟委员会称，新修订后的规则将帮助企业在因电子商务和在线销售增长而重塑的商业环境中，评估供销协议在欧盟的竞争规则下的合法性。VBER通过双重市场份额限制为供应商和经销商设置安全港：一方面，对符合安全港条件的分销供应协议推定适用集体豁免；另一方面，对含有核心限制条款的协议排除集体豁免的适用，并针对具体行为设置排除适用的例外。《纵向限制指南》则就如何解释和适用VBER，以及如何根据TFEU第101（1）条和第101（3）条对落在VBER范围之外的纵向协议进行评估提供了指导。

张的决策部署，根据平台经济领域的竞争方式和特点，进一步明确反垄断相关制度在平台经济领域中的适用规则。不仅在总则中规定“经营者不得利用数据和算法、技术、资本优势以及平台规则等从事本法禁止的垄断行为”，这里的垄断行为包括垄断协议、支配地位滥用行为和经营者集中；还专门在滥用市场支配地位章节中具体规定“具有市场支配地位的经营者不得利用数据和算法、技术以及平台规则等从事前款规定的滥用市场支配地位的行为”。

近年来，互联网平台经济领域暴露出的“平台封禁”“自我优待”“二选一”“大数据杀熟”“强制收集用户数据”等域内外热点问题，反映出目前互联网平台存在争议的滥用行为通常伴随“数据”“算法”“平台规则”等新型要素，从而使得平台经济领域的滥用行为看似更加复杂，且难以规制。新修订的《反垄断法》及时对近年来平台经济领域热点问题作出积极回应，增加了关于“数据”、“算法”、“平台规则”以及“资本优势”这些新型要素的相关规定，充分体现了国家对互联网平台经济领域的反垄断强监管信号。对于互联网平台经济领域经营者来说，需要重点关注“二选一”（限定交易行为）、“自我优待”和“大数据杀熟”（差别待遇行为）、“强制收集用户数据”（搭售或附加不合理的交易条件）等市场支配地位滥用行为，并进一步强化对用户个人信息和隐私方面的数据保护。

（三）经营者集中

1. 依法加强重要领域的经营者集中的审查

按照党中央关于加快建设全国统一大市场的决策部署，新修订的《反垄断法》要求国务院反垄断执法机构健全经营者集中分类分级审查制度，依法加强涉及国计民生等重要领域的经营者集中审查，进一步提高审查质量和审查效率。

“分类分级”并不是一个全新的监管方式。2021 年 10 月 29 日，国家市场监督管理总局就曾发布《互联网平台分类分级指南（征求意见稿）》，依据平台的连接对象和主要功能，将平台分为六大类，同时依据用户规模、业务种类、经济体量和限制能力，将互联网平台分为三大级别。在此之前，国家对于医疗器械生产、经营企业的监管，对于数据的保护，也都采用了“分类分级”的监管。

然而，新修订的《反垄断法》并未就如何“分类分级”进行具体阐述，仍有待国家出台进一步的规定予以明确。但根据国家市场监督管理总局近几年的执法实践不难看出，在对经营者集中进行反垄断审查和合规监管时，执法部门将考虑以下方面的情况来决定审查的力度：

(1)相关案件是否属于重点执法领域。金融、传媒、科技、民生等领域的经营者集中属于被重点关注的领域,民生领域具体又包括医药、交通运输、公用事业等行业。

(2)相关案件是否涉及涉及初创企业、新业态、劳动密集型行业。近年来,欧美反垄断执法机构逐渐加强大型企业针对涉及生物医药、科技等行业初创企业并购交易的审查,以应对大型企业通过并购方式扼杀初创企业、消灭潜在竞争威胁的举措,即"扼杀式并购"。2021 年公布的《国务院反垄断委员会关于平台经济领域的反垄断指南》对这种行为作出具体规定;新修订的《反垄断法》再一次明确,对于未达到申报标准但有证据证明具有或者可能具有排除、限制竞争效果的经营者集中,国务院反垄断执法机构可以要求经营者申报,经营者未进行申报的,反垄断执法机构应当依法进行调查。

(3)我们初步预想,未来经营者集中申报案件可能会根据其所涉及的行业、领域、企业规模等对案件进行分类审查,如平台经济领域、供水供气供电等自然垄断行业、医药行业等,在这过程中,稳步推进自然垄断行业改革,加强对电网、油气管网等网络型自然垄断环节的监管;再根据经营者集中申报案件排除、限制竞争的程度、产生的社会影响、时间紧迫程度等方面进行分级审查。从而进一步提高经营者集中案件审查质量和审查效率。

对于重点行业的企业来说,一方面,不得再通过 VIE 架构方式规避监管;另一方面,在投资并购过程中,应事前评估本次交易是否符合经营者集中的申报条件,[①]及时与反垄断执法机构进行商谈,主动提交申报材料并配合进行审查。

2. 中止审查期限制度(停钟制度)

新修订的《反垄断法》规定了中止计算经营者集中审查期限的三种情形:(1)经营者未按照规定提交文件、资料,导致审查工作无法进行;(2)出现对经营者集中审查具有重大影响的新情况、新事实,不经核实将导致审查工作无法进行;(3)需要对经营者集中附加的限制性条件进一步评估,且经营者提出中止请求。

《反垄断法》本就规定了"延长审查期限制度",在"进一步审查阶段"出现以

---

① 申报条件包括:(1)达到国务院规定的申报标准;(2)虽未达到国务院规定的申报标准,但有证据证明该经营者集中具有或者可能具有排除、限制竞争效果。

下三种情形的,可以延长审查期限,但最长不得超过60日:(1)经营者同意延长审查期限的;(2)经营者提交的文件、资料不准确,需要进一步核实的;(3)经营者申报后有关情况发生重大变化的。

停钟制度一方面增加了经营者集中审查期限的弹性,避免僵化适用审查期限所导致的不必要的程序性操作,如撤回再申报;另一方面通过明确停钟制度适用情形,也从一定程度上避免了审查期限过分延长而导致行政程序缺乏确定性的情况。但是,停钟制度的适用情形和适用方式应受到较为严格的限制,否则可能会削弱审限的正面作用,导致审查时间的进一步延长和不可预测性。从适用情形来看,中止审查期限制度与延长审查期限制度是两种不同的制度,前者比后者更为严格,未来有待在执法实践中针对不同的适用情形进行进一步严格区分;从适用方式来看,执法实践中需要进一步对中止审查期限制度期间的时长进行限制、并具体规定中止期间恢复的情形等。对于企业来说,在经营者集中审查过程中,应及时与反垄断执法机构进行沟通并配合调查,避免出现审查期限过长而出现具有重大影响的新情况、新事实,从而适用停钟制度的情形;在已适用停钟制度的情形下也可以避免中止审查期限过分延长从而导致的不可预测性。

(四)法律责任

法律责任部分的新修订内容也是企业反垄断合规应重点关注的问题,新修订的《反垄断法》大幅强化、细化了垄断行为需要承担的法律责任,如以后承担垄断行为法律责任的主体不再限于企业或单位,还包括它们的法定代表人、主要负责人和直接责任人员;经营者违反《反垄断法》受到的行政处罚将被记入信用记录,并向社会进行公示;情节特别严重、影响特别恶劣、造成特别严重后果的,将在罚款数额的2倍以上5倍以下处以罚款等。这些规定将进一步督促企业加强反垄断合规意识、推进日常合规建设,规避构成垄断行为的风险。

1. 上一年度没有销售额的情形

新修订的《反垄断法》第56条规定,经营者达成并实施垄断协议,上一年度没有销售额的,处500万元以下的罚款;尚未实施所达成的垄断协议的,可以处300万元以下的罚款。具体来看,上一年度没有销售额包含两种情形:一是垄断协议达成但未实施,因此没有销售行为和销售额;二是垄断协议达成并实施,但仅在上一年度没有执行,因此没有销售额。对于第一种情形,应当参照“尚未实施所达成的垄断协议的”进行处理,即处以300万元以下的罚款。对于第二种情形，若仅上一年度没有执行，则意味着垄断协议行为的中止；应当往前追溯到垄断协议执行的最后一个年度，并按照1%至10%进行处罚。[①]

2. 刑事责任

新修订的《反垄断法》规定："违反本法规定，构成犯罪的，依法追究刑事责任"。首先，经营者集中申报与审查是一种前置行政程序，暂不涉及刑事责任，可以针对本身违法的横向垄断协议规定具体的刑事责任，包括固定价格、限制产出、分割市场这三种限制最为严重的行为；其次，《反垄断法》可能涉及的相关罪名还可以通过《刑法》进行规制，如串通投标罪、强迫交易罪、妨害公务罪等，垄断行为刑事责任的适用还需反垄断执法机构和市场经营者在实践中进一步检验与完善。

三、其他问题

新修订的《反垄断法》还有诸多亮点值得关注，如（1）将总则中的"加强反垄断执法"修改为"加强反垄断执法司法"，并增加"依法公正高效审理垄断案件，健全行政执法和司法衔接机制"的规定；（2）设区的市级以上人民检察院可以针对垄断行为提起公益诉讼，虽然未将消费者协会和其他消费者组织列入可以提起公益诉讼的范围，但学者普遍认为不宜且不应理解为，据此条款中国消费者协会以及在省、自治区、直辖市设立的消费者协会就不能提起反垄断民事公益诉讼；（3）对于纵向协议中"固定向第三人转售商品的价格"和"限定向第三人转售商品的最低价格"的协议，经营者能够证明其不具有排除、限制竞争效果的，不予禁止；（4）约谈整改属于行政措施而非行政处罚，故明确约谈整改的范围为"涉嫌"违反反垄断法的行为；（5）恢复此前《反垄断法（修正草案）》删除的"除涉及经营者集中的相关决定外，对反垄断执法机构作出的决定不服的，可以依法申请行政复议或者提起行政诉讼"相关规定等。

四、影响和展望

《反垄断法》的制定目的在于预防和制止垄断行为，进而维护公平竞争的市

---

① 参见侯利阳：《论〈反垄断法（修正草案）〉中的四大争议问题》，载《江西社会科学》2022年第4期。

场秩序，距离我国第一次公布并实施《反垄断法》已过去 14 年之久。本次新修订的《反垄断法》基于过去一段时间的反垄断立法和执法经验，对我国经济发展中出现的新问题、新局面作出积极回应，具有非常重大的意义，其相关内容有待我们在实践中进一步适用与完善。企业也需要深化对新修订的《反垄断法》的了解，一方面，建立并有效执行反垄断合规制度，明确合规管理要求和流程，完善合规咨询、合规检查、合规汇报、合规考核等内部机制；另一方面，定期开展公司高管和关键岗位工作人员合规培训，增强反垄断合规意识，提升合规能力。

知识产权领域的企业反垄断合规指引

北京市盈科律师事务所　王俊林　孔繁琳

一方面，《反垄断法》保护经营者就其知识产权享有的独占权利，经营者依照有关知识产权的法律、行政法规规定行使知识产权的行为，不适用《反垄断法》；另一方面，知识产权也存在权利行使不正当，导致具有反竞争效果等问题。知识产权的行使不能突破《反垄断法》的边界和底线，经营者滥用知识产权排除、限制竞争的行为应受到《反垄断法》的规制。当前，随着知识经济和经济全球化深入发展，知识产权日益成为国家发展的战略性资源和国际竞争力的核心要素。把握好《反垄断法》与知识产权保护制度之间的平衡与协调，既可以有效保护知识产权，促进创新，又可以预防和制止滥用知识产权排除、限制竞争的行为，具有十分重要的现实意义。

2022 年 6 月 24 日，第十三届全国人民代表大会常务委员会第三十五次会议表决正式通过关于修改《反垄断法》的决定，新修订的《反垄断法》于 2022 年 8 月 1 日起正式施行。随着新修订的《反垄断法》的公布，2022 年 6 月 27 日，市场监督管理总局关于《禁止滥用知识产权排除、限制竞争行为规定（征求意见稿）》（以下简称《征求意见稿》）随之公布，其主要内容：（1）相关商品市场除包括技术市场和含有特定知识产权的产品市场外，还可能涉及创新（研发）市场；[①]（2）纳入轴辐协议的规定；（3）删除安全港规定；（4）增加认定市场支配地位的考量因素，完善限定交易、搭售、附加不合理限制条件等行为认定规则；（5）完善专利联营、标准制定和实施、标准必要专利和著作权集体管理组织四个重点领域的反垄

① 相关创新（研发）市场，是指经营者之间就未来新技术或者新产品的研究与开发进行竞争所形成的市场。

断规则。

一、《国务院反垄断委员会关于知识产权领域的反垄断指南》

国务院反垄断委员会于2019年发布的《关于知识产权领域的反垄断指南》(以下简称《指南》)首先明确知识产权既可以直接作为交易的标的,也可以被用于提供商品或者服务。并规定了分析经营者是否滥用知识产权排除、限制竞争的基本原则、分析思路、分析排除限制竞争影响的考虑因素、竞争积极影响的条件。

知识产权领域垄断行为是指经营者在行使知识产权或者从事相关行为时,达成或者实施垄断协议,滥用市场支配地位,或者实施具有或者可能具有排除、限制竞争效果的经营者集中,可能构成滥用知识产权排除、限制竞争的行为具体。

(一)垄断协议

《指南》在垄断协议部分首先规定了"安全港制度",是指具有竞争关系的经营者在协议所涉及的相关市场不超过特定市场份额,或不具有竞争关系的经营者在协议所涉及的某一个或多个相关市场不超过特定市场份额的情况下,推定该等经营者之间的协议不会引起排除、限制相关市场竞争的效果。《指南》紧接着具体列出了分析联合研发协议、交叉许可协议、排他性回授和独占性回授协议、不质疑条款、标准制定、限制知识产权使用领域等其他可能产生排除、限制竞争效果的知识产权协议的考虑因素。

企业合规建议:对于企业来说,联合研发协议、交叉许可协议、排他性回授和独占性回授协议、不质疑条款、标准制定、限制知识产权使用领域等其他限制,通常具有一定的商业合理性,能够节约研发成本,提高研发效率;但如果协议内容超出限度,排除、限制相关市场的有效竞争,并且阻碍创新,不仅构成非法垄断技术的技术合同本身无效,①企业(专利权人)以及法定代表人、主要负责人和直接责任人员对达成垄断协议负有个人责任的人员都将受到《反垄断

① 《民法典》第850条规定,非法垄断技术或者侵害他人技术成果的技术合同无效。

法》的规制。①

（二）市场支配地位滥用行为

首先，判断经营者是否拥有市场支配地位。经营者拥有知识产权，并不意味着其必然具有市场支配地位。《指南》规定，认定拥有知识产权的经营者在相关市场上是否具有支配地位，应依据《反垄断法》规定的认定或者推定经营者具有市场支配地位的因素和情形进行分析，结合知识产权的特点，还可具体考虑以下因素：(1)交易相对人转向具有替代关系的技术或者商品等的可能性及转换成本；(2)下游市场对利用知识产权所提供的商品的依赖程度；(3)交易相对人对经营者的制衡能力。

其次，判断经营者是否实施了具体的滥用行为。针对不公平高价许可、拒绝许可知识产权、涉及知识产权的搭售、涉及知识产权的附加不合理交易条件、涉及知识产权的差别待遇几项市场支配地位滥用行为，《指南》具体规定了不同的分析方法。值得注意的是，在分析经营者是否以不公平的高价许可标准必要专利时，还可考虑符合相关标准的商品所承担的整体许可费情况及其对相关产业正常发展的影响。

企业合规建议：对于企业来说，实践中常见的涉及知识产权的滥用行为包括"不公平高价许可"、"拒绝许可知识产权"以及"搭售"，除此之外，企业应注意避免通过禁止交易相对人对其知识产权的有效性提出质疑或提起知识产权侵权诉讼、限制交易相对人利用或者研发具有竞争关系的技术或者商品、在不提供合理对价的情况下要求交易相对人与其进行交叉许可等其他协议条款的方式实施附加不合理交易条件的滥用行为，否则将受到《反垄断法》的规制。②

（三）经营者集中

涉及知识产权的经营者集中主要体现在构成经营者集中的情形、附加限制性条件和审查的考虑因素等方面：首先，涉及知识产权的交易可能构成经营者集

① 《反垄断法》第56条第1款规定，经营者违反本法规定，达成并实施垄断协议的，由反垄断执法机构责令停止违法行为，没收违法所得，并处上一年度销售额1%以上10%以下的罚款，上一年度没有销售额的，处500万元以下的罚款；尚未实施所达成的垄断协议的，可以处300万元以下的罚款。经营者的法定代表人、主要负责人和直接责任人员对达成垄断协议负有个人责任的，可以处100万元以下的罚款。

② 《反垄断法》第57条规定，经营者违反本法规定，滥用市场支配地位的，由反垄断执法机构责令停止违法行为，没收违法所得，并处上一年度销售额1%以上10%以下的罚款。

中的情形主要是指,经营者通过涉及知识产权的交易取得对其他经营者的控制权或者能够对其他经营者施加决定性影响。在分析知识产权转让或许可是否构成经营者集中情形时,可以考虑以下因素:(1)知识产权是否构成独立业务;(2)知识产权在上一会计年度是否产生了独立且可计算的营业额;(3)知识产权许可的方式和期限。其次,涉及知识产权的附加限制性条件,同样包括结构性条件、行为性条件和综合性条件。最后,审查的考虑因素方面,如果涉及知识产权的安排是集中交易的实质性组成部分或者对交易目的的实现具有重要意义,在经营者集中审查过程中,考虑《反垄断法》第33条规定的因素的同时,还需要考虑知识产权的特点。

企业合规建议:对于企业来说,除股权收购、资产收购、新设合营企业,通过涉及知识产权的交易取得对其他企业的控制权或者能够对其他经营者施加决定性影响的,同样可能构成经营者集中,企业应及时向反垄断局进行申报,并且可以在申报过程中,适时提出涉及知识产权的附加限制性条件建议,与反垄断局进行沟通,否则将受到《反垄断法》的规制。①

此外,《指南》还针对专利联营、标准必要专利、著作权集体管理三种可能产生排除、限制竞争效果的实施知识产权的行为作出具体规定,关于专利联营和著作权集体管理本文将不再赘述,下文将主要对标准必要专利涉及的滥用行为进行详述。

二、标准必要专利

标准必要专利(Standards Essential Patents,SEP),即实施该项标准所必不可少的专利。建立标准必要专利的目的是推广技术,使得技术产品具有兼容性和统一性,避免资源浪费,提高生产效率。一旦作为私权的专利技术能够进入公共领域,成为标准,专利权人可以依仗技术的公共属性获得更多的利益。然而,专利权人行使标准必要专利权会引发专利劫持或反向劫持的风险,为此,标准组织设计FRAND承诺(Fair,Reasonable,and Non-discriminatory terms)来应对。标准

① 《反垄断法》第58条规定,经营者违反本法规定实施集中,且具有或者可能具有排除、限制竞争效果的,由国务院反垄断执法机构责令停止实施集中、限期处分股份或者资产、限期转让营业以及采取其他必要措施恢复到集中前的状态,处上一年度销售额10%以下的罚款;不具有排除、限制竞争效果的,处500万元以下的罚款。

必要专利使得权利人有了一定优势的市场力量,拒绝授权以及高额许可费会引起权利人与市场其他主体之间的利益冲突,标准专利组织希望通过 FRAND 承诺来化解矛盾。

(一)相关法律规定

《反垄断法》第 68 条规定:"经营者依照有关知识产权的法律、行政法规规定行使知识产权的行为,不适用本法;但是,经营者滥用知识产权,排除、限制竞争的行为,适用本法"。根据《指南》的相关规定,认定拥有标准必要专利的经营者是否具有市场支配地位,除上文中提到的"结合知识产权的特点"可以考虑的因素外,还可以考虑:(1)标准的市场价值、应用范围和程度;(2)是否存在具有替代关系的标准或者技术,包括使用具有替代关系标准或者技术的可能性和转换成本;(3)行业对相关标准的依赖程度;(4)相关标准的演进情况与兼容性;(5)纳入标准的相关技术被替换的可能性。《指南》还明确:拥有市场支配地位的标准必要专利权人通过请求法院或者相关部门作出或者颁发禁止使用相关知识产权的判决、裁定或者决定,迫使被许可人接受其提出的不公平高价许可费或者其他不合理的许可条件,可能排除、限制竞争。[①] 此外,《最高人民法院关于审理侵犯专利权纠纷案件应用法律若干问题的解释(二)》(2020 年修正)、《北京市高级人民法院专利侵权判定指南》(2017 年)也对标准必要专利权人公平、合理、无歧视的许可义务以及审理专利侵权纠纷实践中的常见问题作出了具体规定。

(二)热点问题

1. 不同司法辖区法院在 SEP 许可纠纷管辖权问题上的争议

通信领域的技术标准具有全球性,实施标准的下游终端产品市场通常横跨多个国家,而专利权又具有地域性,因此涉及 SEP 争议的当事人往往会在多个国家发起平行诉讼。另外,标准必要专利持有人通常会以"一揽子"许可的方式对外许可其持有的 SEP 组合,专利组合包含多个专利族并且覆盖全球多个国家。在这样的背景下,某一司法辖区法院能否成为域外 SEP 纠纷的管辖法院?

---

① 具体分析时,可以考虑以下因素:(1)谈判双方在谈判过程中的行为表现及其体现出的真实意愿;(2)相关标准必要专利所负担的有关承诺;(3)谈判双方在谈判过程中所提出的许可条件;(4)请求法院或者相关部门作出或者颁发禁止使用相关知识产权的判决、裁定或者决定对许可谈判的影响;(5)请求法院或者相关部门作出或者颁发禁止使用相关知识产权的判决、裁定或者决定对下游市场竞争和消费者利益的影响。

确定 SEP 许可纠纷管辖权的考量因素有哪些？该法院是否有权对 SEP 的全球许可费率作出裁决？这些待决问题的客观存在，使得不同司法辖区在 SEP 争议的管辖问题上相互博弈。

最高人民法院在中兴诉康文森案中主张中国法院对涉案 SEP 的许可费率争议具有管辖权，并且认为本案与海外法院的平行诉讼不构成冲突，中国法院属于方便管辖的法院。法院认为，“只要许可标的的所在地、专利实施地、合同签订地、合同履行地等任一地是在中国境内，就应当认为该 SEP 许可纠纷与中国存在适当联系，中国法院具有管辖权”。本案中作为许可标的的 SEP 为中国专利，专利实施地也在中国，因此中国法院对该案具有管辖权。在哪一法院审理本案更为方便的问题上，法院认为，“第一，国外正在进行的平行诉讼不影响中国法院的管辖权，无论本案与关联的英国诉讼是否存在重叠，均不影响原审法院对本案予以受理。第二，本案不符合不方便法院原则的适用条件。首先，中兴是中国公司，本案涉及中国法人利益；其次，争议的主要事实包括 SEP 是否实施，案涉专利是否有效，是否属于标准必要专利等，均发生在中国境内；最后，本案涉及中国标准必要专利许可问题，英国法院对此问题的审理不比中国法院更为便利，且中兴公司的经营收入 60% 来自中国，来自英国的经营收入占比不足 0.1%”。

未来在面对跨司法辖区的 SEP 许可纠纷平行诉讼时，作为被许可人的中国企业，可以采取以下行动：第一，对于标准必要权利持有人在境外法院发起的 SEP 侵权诉讼和确认 FRAND 许可条件诉讼，中国企业可以在中国法院同步发起平行诉讼，请求中国法院宣告对涉案中国 SEP 许可条件纠纷和许可费率设定的管辖权；第二，中国企业也可以主动在国内诉讼中提出全球许可费率裁决诉求，请求中国法院确定涉案 SEP 的 FRAND 全球许可费率；第三，中国企业还通过在境外诉讼中提出管辖权异议、在国内诉讼申请禁诉令，甚至在诉讼外发起反垄断举报等一系列措施对境外诉讼的进程乃至诉讼结果施加一定影响。

2. 请求法院确认标准必要专利许可费率

在华为诉 IDC 标准必要专利使用费纠纷案中，华为公司的诉讼请求：“按照公平、合理、无歧视（FRAND）条件判决确定 IDC 公司就其中国标准必要专利许可华为公司的许可费率或费率范围。”法院经审理认为：“第一，对于愿意支付合理使用费的善意的标准使用者，标准必要专利权人不得径直拒绝许可，否则将不恰当地将技术标准使用者排除在市场竞争之外，危及他人基于对技术标准的信任所作的各种投资的安全,有悖于专利法的宗旨以及技术标准的内在要求。第二,落实公平、合理、无歧视原则应平衡标准必要专利相关当事人之间的利益,既保证专利权人能够从技术创新中获得足够的回报,同时也避免标准必要专利权利人借助标准所形成的强势地位索取高额许可费率或附加不合理条件。第三,公平、合理、无歧视原则的核心在于合理、无歧视,关键在于许可费率的合理,而许可费的合理既包括许可费本身的合理以及许可费相比较的合理。第四,从许可费自身的合理来说,至少应考量以下因素:一是许可使用费数额的高低应当考虑实施该专利或类似专利的所获利润,以及该利润在被许可人相关产品销售利润或销售收入中所占比例。技术、资本、被许可人的经营劳动等因素共同创造了一项产品的最后利润,专利许可使用费只能是产品利润中的一部分而不应是全部,且单一专利权人并未提供产品全部技术,故该专利权人仅有权收取与其专利比例相对应的利润部分。二是专利权人所作出的贡献是其创新的技术,专利权人仅能够就其专利权而不能因标准而获得额外利益。三是许可使用费的数额高低应当考虑专利权人在技术标准中有效专利的多少,要求标准实施者就非标准必要专利支付许可使用费是不合理的。四是专利许可使用费不应超过产品利润一定比例范围,应考虑专利许可使用费在专利权人之间的合理分配。"

另外,裁决标准必要专利全球许可费率时,应裁决一个全球统一的许可费率,还是应区分不同国家的市场区域裁决若干个许可费率?学者认为应区分不同的情况作出相应的判断。比如,当标准必要专利权人和实施人均为中国企业时,由于在大多数情况下中国企业制造无线通信产品的地点在中国,然后再将一小部分无线通信产品出口到国外,国外市场占中国企业销售市场较小的份额,加之我国《专利法》规定专利权可以控制制造行为,因此,当纠纷双方均为中国企业时,可以根据标准必要专利权人所拥有的在我国标准必要专利的实力,裁决一个单一的中国许可费率视为标准必要专利的全球许可费率。但当纠纷一方的标准必要专利人为外国企业,而纠纷另一方的标准必要专利实施人为中国企业,裁决标准必要专利全球许可费率时,通常应区分不同国家的市场具区裁决若干个许可费率。

3. FRAND 定价问题

(1)考虑标准必要专利的自有价值:专利开发成本、替代性技术、地域覆盖情况、专利有效期限、专利受让费用等因素。

成本法是专利估值的基础性方法,专利开发成本需要评估生产增量成本、固定日常管理费用、产品研发和营销的费用等。理论上,替代性技术可以有效反映专利自有价值,但在实践中,由于标准化发展程度较高的行业往往为寡占市场,且标准必要专利技术集约度高,为接受评估的标准必要专利寻找合适的价格类比对象并非易事。专利的地域性和时效性等也是影响专利价值的因素,专利是否覆盖了世界主要市场、专利剩余有效期限的长短等因素均应体现在许可费中。对于受让获得的专利,可以参考受让费用或其他对价的货币价值,同时应遵循原专利权人曾经作出的 FRAND 承诺,原专利权人应对已出售的专利继续监督其履行 FRAND 许可承诺。

(2)考虑标准必要专利贡献价值:专利对产品的贡献价值与专利对标准的贡献价值。

判断专利对产品的贡献价值需要考量专利对产品功能、用户需求等方面的贡献,寻求一个合适的比例用以计算许可费用,其在一定程度上是对"整机价格×许可费率"这一业界所普遍采取的授权模式的反向应用。专利对标准的贡献价值则是在充分考虑专利差异性的基础上,对标准价值进行合理分配。

此外,许可协议的性质、范围、期限、已有许可、交叉许可折价和收费模式等也会对标准必要专利的 FRAND 定价产生影响。

三、经典案例

(一)禁诉令

在无线通信标准必要专利"禁诉令"三案中,最高人民法院知识产权法庭综合考虑必要性、损益平衡、国际礼让原则等因素,于 48 小时内作出行为保全裁定:"康文森公司不得在最高人民法院终审判决前申请执行上述德国判决;如违反本裁定,自违反之日起,处每日罚款人民币 100 万元,并按日累计。"这是中国法院在知识产权领域的首个"禁诉令"性质行为保全裁定,并开创性地适用了"日罚金"措施,确保了行为保全裁定的执行。在 OPPO 公司在与夏普株式会社进行标准必要专利许可谈判过程中,夏普株式会社在域外针对 OPPO 公司提起专利侵权诉讼。OPPO 公司认为,夏普株式会社单方面就谈判范围内的专利提起诉讼并要求禁令的行为违反了 FRAND 义务,遂向广东省深圳市中级人民法院提起诉讼,请求法院就夏普株式会社拥有的相关标准必要专利对 OPPO 公司进行许可的全球费率作出裁判。同时,鉴于夏普株式会社可能以"域外禁令"胁迫其进行谈判,OPPO 公司提出行为保全申请。一审法院裁定"夏普株式会社在本案终审判决作出之前,不得向其他国家、地区就本案所涉专利对 OPPO 公司提出新的诉讼或司法禁令,如有违反处每日罚款人民币 100 万元"。在一审法院发出"禁诉令"后 7 小时,德国慕尼黑第一地区法院向 OPPO 公司下达了"反禁诉令",要求 OPPO 公司向中国法院申请撤回禁诉令。一审法院围绕"禁诉令"和"反禁诉令",进行了法庭调查,固定了夏普株式会社违反行为保全裁定的事实和证据,并向其释明违反中国法院裁判的严重法律后果。最终,夏普株式会社无条件撤回了本案中的复议申请和向德国法院申请的"反禁诉令",同时表示将充分尊重和严格遵守中国法院的生效裁决。

(二)高通滥用市场支配地位案①

高通公司(Qualcomm Incorporated)滥用在 CDMA、WCDMA 和 LTE 无线通信标准必要专利(以下简称无线标准必要专利)许可市场及 CDMA、WCDMA 和 LTE 无线通信终端基带芯片(以下简称基带芯片)市场的支配地位。实施了收取不公平的高价专利许可费(包括对过期无线标准必要专利收取许可费和要求被许可人将专利进行免费反向许可)、没有正当理由搭售非无线通信标准必要专利许可、在基带芯片销售中附加签订和不挑战专利许可协议的不合理条件的滥用市场支配地位的行为。高通公司的行为排除、限制了相关市场的竞争,阻碍和抑制了技术创新和发展,损害了消费者利益,违反了我国《反垄断法》关于禁止经营者滥用市场支配地位的法律规定。国家发展和改革委员会依法对高通公司处以 2013 年度在中国境内销售额 8% 的罚款,计 60.88 亿元人民币。

综上,对于知识产权领域的企业,就专利持有人而言,尤其是在相关市场具有较大市场份额的企业,应注意避免在与交易相对人进行谈判或者签署协议过程中滥用知识产权排除、限制竞争,进而受到《反垄断法》的规制;就专利实施者而言,应重点关注如何在不构成专利侵权的前提下,合理利用中国司法程序、执法程序争取自身许可利益最大化。

① 《行政处罚决定书》(发改办价监处罚〔2015〕1 号)。

从案例看《反不正当竞争法》一般条款和仿冒混淆条款的适用

北京盈科(上海)律师事务所　闫雪艳

一、相关法律依据

(一)法律依据之一般条款的规定

对一般条款的法律规定,规定在《反不正当竞争法》的第 2 条,具体规定为:第 1 款“经营者在生产经营活动当中应当遵守自愿、平等、公平、诚实信用的原则,遵守法律和商业道德”;第 2 款是“本法所称的不正当竞争行为,是指经营者在生产经营活动中违反本法规定,扰乱市场竞争秩序,损害其他经营者或者消费者的合法权益的行为”;第 3 款是“本法所称的经营者,是指从事商品生产、经营或者提供服务(以下所称商品包括服务)的自然人、法人和非法人组织”。

针对《反不正当竞争法》第 2 条,自 2022 年 3 月 20 日施行的《最高人民法院关于适用〈中华人民共和国反不正当竞争法〉若干问题的解释》(以下简称《反不正当竞争法司法解释》)用三个条文进行了解释。

1.《反正当竞争法司法解释》第 1 条是“经营者扰乱市场竞争秩序,损害其他经营者或消费者合法权益,且属于违反反不正当竞争法第二章及专利法、商标法、著作权法等规定之外情形的,人民法院可以适用反不正当竞争法第二条予以认定”。这里我们需要注意的是这个“之外”已经把可以适用《商标法》、《专利法》和《著作权法》相关规定的情形排除在外,还有《反不正当竞争法》第二章具体的仿冒混淆、商业诋毁、商业秘密,虚假宣传等情形也不能适用第 2 条来进行认定。

2.《反不正当竞争法司法解释》第 2 条是“与经营者在生产经营活动中存在可能争夺交易机会、损害竞争优势等关系等市场主体,人民法院可以认定为反不正当竞争法第二条规定的‘其他经营者’”。怎么样的一个关系才可以被认定为具有竞争关系，对“其他经营者”的概念进行了进一步的解释。

3.《反不正当竞争法司法解释》第3条是关于商业道德。第3条第1款是“特定商业领域普遍遵循和认可的行为规范，人民法院可以认定为反不正当竞争法第二条规定的‘商业道德’”，法条是对商业道德进行定义，随着竞争关系越来越复杂，该规定给人民法院应该如何认定违反商业道德进行指引。第2款是“人民法院应当结合案件具体情况，综合考虑行业规则或者商业惯例、经营者主观状态、交易相对人的选择意愿、对消费者权益、市场竞争秩序、社会公共利益的影响等因素，依法判断经营者是否违反商业道德”。在判断是不是违反商业道德时，法院参考的因素还是非常多的。第3款是“人民法院认定经营者是否违反商业道德时，可以参考行业主管部门、行业协会或者自律组织制定的从业规范、技术规范、自律公约等”。在个案当中，如果有行业主管部门或者行业协会出具的从业规范、技术规范、说明、答复等，在认定是不是违反商业道德的时候可以作为重要参考。

（二）法律依据之仿冒混淆条款的规定

仿冒混淆条款是规定在现行《反不正当竞争法》的第6条，条文是“经营者不得实施下列混淆行为，引人误认为是他人商品或者与他人存在特定联系：（一）擅自使用与他人有一定影响的商品名称、包装、装潢等相同或者近似的标识；（二）擅自使用他人有一定影响的企业名称（包括简称、字号等）、社会组织名称（包括简称等）、姓名（包括笔名、艺名、译名等）；（三）擅自使用他人有一定影响的域名主体部分、网站名称、网页等；（四）其他足以引人误认为是他人商品或者与他人存在特定联系的混淆行为”。其中，“引人误认为是他人商品，或者与他人存在特定联系”是一个总领性的规定，可以适用于下面四种情形，而第四种情形是一个兜底的条款，也是开放性条款，用的是“足以”二字，就是有这种侵权可能性的行为也可以被认定受第6条的规制。

针对《反不正当竞争法》第6条的具体规定，《反不正当竞争法司法解释》用了大量的篇幅进一步说明，比如以下几个条款：

1.《反不正当竞争法司法解释》第4条第1款：“具有一定市场知名度并具有区别商品来源的显著特征的标识，人民法院可以认定为反不正当竞争法第六条规定的‘有一定影响的’标识”。法条中的措辞不是用的“知名”，而是“有一定影响”，在司法解释中是“有一定的知名度”，标识一定要有“显著特征”。

2.《反不正当竞争法司法解释》的第8条扩充了《反不正当竞争法》第6条第1项规定的“装潢”，将经营场所有独特风格的整体营业形象可以构成装潢，受《反不正当竞争法》的保护。

3.《反不正当竞争法司法解释》的第9条第1款进一步拓宽了受《反不正当竞争法》保护的境外企业名称，明确了在中国境内使用的境外企业名称也可以作为企业名称受到《反不正当竞争法》的保护。

4.《反不正当竞争法司法解释》的第12条第1款、第2款、第3款，第1款是“人民法院认定与反不正当竞争法第六条规定的‘有一定影响的’标识相同或者近似，可以参照商标相同或者近似的判断原则和方法”，《商标法》关于近似的判断，主要是从音形义进行整体比对、隔离比对来进行判断，在《反不正竞争竞争法》的框架下判断标识是否相同或近似时，可以参考商标的相同或近似来进行判断。第2款是进一步说明了“引人误认为是他人商品或者与他人存在特定联系”包括误认为与他人有商业联合、许可使用、商业冠名、广告代言等特定联系。第3款是对“足以造成与他人有一定影响”的标识进行解释，在相同商品上使用相同或者视觉上基本无差别的商品名称包装装潢的标识，应当认定为足以与他人的有一定影响的标识相混淆。

二、法条具体规定解读

1. 先看对《反不正当竞争法》第2条的理解，在1993年制定《反不正当竞争法》时，违反“本法规定”主要理解为违反了本法第二章所列举的侵权情形的规定，但是2022年《反不正当竞争法司法解释》明确说，违反本法规定不仅是违反了第二章所列举的侵权情形的规定，而是包括第2条的原则性规定，这样就奠定了《反不正当竞争法》第2条一般条款的地位。

关于《反不正当竞争法》第2条第2款中“损害其他经营者或者消费者的合法权益”按照我们一般的理解，竞争关系一般是同业竞争者，但是司法解释明确了不局限于同业经营者才具有竞争关系，要根据经营者所实施的具体经营行为来加以考量。比如做餐饮的经营者，不一定攀附的同业餐饮店的知名度，而是攀附的其他行业里面的品牌或装潢知名度，从而达到让消费者来购买的目的。那么这时考察这个行为是不是具有损人利己的可能性，不应仅仅局限于同业经营者。关于第 2 条中“消费者的合法权益”则主要涉及消费者的知情权、自主选择权、隐私权等。

关于《反不正当竞争法》第 2 条中“商业道德”的理解，在 2009 年最高人民法院的“马达庆案”中，最高人民法院关于商业道德具体阐述为“商业道德要按照特定商业领域中市场交易参与者即经济人的伦理标准来加以评判，它既不同于个人品德，也不能等同于一般的社会公德，所体现的是一种商业伦理。经济人追名逐利符合商业道德的基本要求，但不一定合于个人品德的高尚标准。”[(2009)民申字第 1065 号]，根据这个典型案例，个人品德主要是对个人的一些自我要求，比如善良、热情、谦虚等品质，社会公德是在与他人进行相处的过程当中所体现的一些品德，比如礼貌待人、敬老爱幼、见义勇为等。那么商业道德跟上面的社会公德和个人品德是不一样的，它违反的是一种商业经营过程当中的伦理，比如注重产品质量、不欺骗消费者、不以次充好、尊重人才、注重人才培养等商业伦理。

2. 关于《反不正当竞争法》中仿冒混淆条款的解读可以从以下 5 点展开：

(1)关于仿冒混淆行为的理解。其中“擅自使用相同或者近似的商业标识”可以理解为行为特征；“引人误认为是他人商品或者与他人存在特定联系”可以理解为结果特征，是从结果上进行判断这种仿冒混淆行为商品来源的混淆。

(2)关于商品来源的混淆的理解。“足以引人误认为是他人商品”指将商品误认为来源于同一生产经营者。

(3)关于关联关系或许可关系导致混淆的理解。“引人误认为与他人存在特定联系”主要是误认为经营者与被混淆对象存在商业联合、许可使用、商业冠名、广告代言等特定联系。

(4)关于商品名称和装潢的理解。首先，商品名称一定是注册商标之外的名称，它可能是图案、文字或广告短语以及上述元素的组合，比如泰山啤酒突出使用在酒瓶上的“7 天鲜活”就是一个商品名称。其次，商品名称要具有显著性、使用的稳定性，同时商品名称如果没有显著性，它的保护范围就可能会存在先天的缺陷。最后，关于“装潢”可以理解为识别和美化商品的文字、图案、色彩及排列组合。

(5)关于“有一定影响”，可以从三点来把握：第一是在中国境内的影响，在境外再知名也不受《反不正当竞争法》的保护；第二是在相关公众中的一定影响,相关公众一定是在特定领域的公众,比如日常所用到的这些日用消费品、化妆品等我们所有的大众都可以认为是相关公众,再如汽车或者大件工业用品,那么可能相关公众就不一样了。第三是在特定地域范围内的知名度,无须全国知名。

三、如何运用《反不正当竞争法》的一般条款和仿冒混淆条款

1. 第一个案例是2019年盈科上海代理的原告小米科技有限责任公司与被告广东品胜电子股份有限公司侵害商标权及不正当竞争纠纷案[(2019)粤03民终2719号],大致案情是小米的充电宝做的非常好,在淘宝上有其他商家将"小米"作为关键词使用在宝贝的商品标题中,被告商品标题的具体表述:"品胜充电宝10,000毫安小米手机移动电源LCD电库双USB输出数显苹果",特别长的一段商品标题中里面包括"小米",但是被告所售卖的充电宝产品是被告自有的品牌"品胜",原告认为被告在商品标题中出现"小米"构成了商标侵权和不正当竞争。本案在一审时法院认为被告在天猫网店销售产品的标题中使用"小米"二字属于描述性使用,不会造成消费者混淆,不构成商标侵权,同时认为淘宝网中的搜索引擎和搜索规则并非被告设置,原告主张的被告行为"抢占市场份额、吸引潜在客户"的证据不足,也不构成不正当竞争。

原告上诉并进一步举证证明被告在商品标题中去掉"小米"二字导致销量大幅下降,"小米手机"在产品标题中的描述不是正当且必需的描述,淘宝对卖家进驻其平台的详细规范和要求充分说明了被告在商品标题中添加其他品牌名称是违反淘宝规则的,最终二审深圳市中级人民法院认定被告构成了不正当竞争。

深圳市中级人民法院认定不正当竞争适用了《反不正当竞争法》的第2条,法院认为:"被上诉人通过在其淘宝店铺的商品标题中植入'小米'字样,使得相关用户在搜索'小米移动电源'时,直接找到被上诉人的品胜移动电源,被上诉人显然具有'搭便车'的主观恶意。本院认为,具有市场竞争关系的经营者应当恪守诚实信用原则,并遵守法律和商业道德。然而本案被上诉人却恶意利用'小米'品牌及其产品所积累的市场信誉和消费者吸引力,在未支付相应对价的情形下争取小米的潜在客户为自己谋取交易机会,抢夺同类产品的市场份额,为自身获取商业利益,扰乱市场竞争秩序,损害其他经营者的合法权益,其行为具有不正当性,应当认定构成对上诉人的不正当竞争行为。"

也就是本案被告恶意利用小米的品牌以及产品所积累的市场信誉，在未支付相应对价的情形下，争取了小米的潜在客户为自己谋取交易机会，抢夺同类产品的市场份额，可能导致相关公众在海量互联网信息当中，由于注意力被分散，不知不觉忘了消费的初衷，从而降低小米公司的用户黏性，不当攫取了本应属于小米公司应享有的市场关注度和商机，给小米公司造成了损害，从而违反了诚实信用原则和商业道德，具有不正当性。

2. 第二个案例是非常经典的“大众点评诉百度”案[（2016）沪 73 民终 242 号]，上海知识产权法院作出的这个判决非常具有参考意义。案件的背景是，当时大众点评网作为一个网络平台，消费者在平台上的商家购买或消费之后会有作出真实的留言评价，大众点评网的经营者是上海汉涛信息咨询公司（以下简称汉涛公司），这些消费者的留言评价对汉涛公司来说具有商业价值，汉涛公司前期也投入了大量的成本。百度公司经营的百度地图当中也推出了消费者的留言评价功能，百度地图全部复制并粘贴了大众点评网里面一些消费者的留言评价，所以大众点评网认为百度公司的行为构成不正当竞争。

案件审理中上海知识产权法院在认定百度公司是否违反商业道德的时这样论述：“商业道德本身是一种在长期商业实践中所形成的公认的行为准则，但互联网等新兴市场领域中的各种商业规则整体上还处于探索当中，诸多新型的竞争行为是否违反商业道德在市场共同体中并没有形成共识”，“就本案而言，一方面，需要考虑产业发展和互联网环境所具有信息共享、互联互通的特点；另一方面，要兼顾新获取者、信息使用者和社会公众三方的利益，既要考虑信息获取者的财产投入，还要考虑信息使用者自由竞争的权利，以及公众自由获取信息的利益，在利益平衡的基础上划定行为的边界”，“本案中，百度公司在使用来自大众点评网的评论信息时，应当遵循‘最少、必要’的原则，在百度公司通过搜索技术抓取并大量全文展示来自大众点评网的信息，已经超过必要的限度，实质替代了大众点评网的相关服务，百度公司明显可以采取对含涛公司损害更小，并能在一定程度上实现积极效果的措施。百度公司的行为不仅损害了汉涛公司的利益，也可以使得其他市场主体不愿再就信息的收集进行投入，破坏正常的产业生态，并对竞争秩序产生一定的负面影响”。法院论述的很深入也很经典，是关于新兴市场当中如何认定违反商业道德，行为是不是具有不正当性等方面进行了有益探索。

3. 第三个案例是盈科北京代理的泰山啤酒诉燕京啤酒的不正当竞争案[(2021)京73民终1099号],通过该案看法院如何适用《反不正当竞争法》的仿冒混淆条款。关于两款啤酒的外包装装潢如图1、图2所示。

图1　泰山啤酒

图2　燕京啤酒

关于混淆的认定,《反不正当竞争法司法解释》明确规定了可以参考商标相同和近似的判定,本案中两款啤酒的瓶子造型、颜色、突出显示部分、整体的视觉效果、文字部分、图形部分等,进行隔离比对、整体比对。本案中关于瓶子的造型还有相关酒业协会给法院的答复,说明了这个瓶子跟普通瓶子的区别特征,证实了原告推出之后在市场上具有一定影响力。

关于原告产品(泰山啤酒)的知名度,商品所获得的荣誉当然是比较重要的参考要素,但是不是拿到荣誉越多就越知名?法条中"有一定影响"的表述就没有了这方面的嫌疑,知名度不仅限于这些荣誉奖牌,还要考虑产品的销售范围、销售数量、产品推广宣传持续的时间、地域广告投放的区域、市场的投入等综合因素。本案中法院查明产品的上市时间是2016年8月,销售范围包括北京市、河北省、上海等城市,10余个省、市的销售量数额非常巨大,销售范围是全国各地,2016年至2018年产品宣传的时间是持续的。原告在举证广告宣传证据时,可以将广告合同、支付凭证、广告效果等形成证据链。我们2021年做"吾悦广场"不正当竞争案时,专门到当事人公司把所有涉及的广告合同、发票、转账记录、广告效果等材料全部梳理一遍,当然也可以请第三方专业机构进行审计,审计报告还是非常重要的。本案中法院最后结合以上知名度因素,认为在被告侵权产品上市之前,原告泰山啤酒生产的两款产品就已经具有了一定的知名度。

4. 第四个案例是杭州微易信息科技有限公司起诉北京云鼎盛世贸易有限公司不正当竞争纠纷案[(2020)京0105民初12169号],也是涉及仿冒混淆的认定,该案由北京市朝阳区人民法院审理,我们代理被告北京云鼎盛世贸易有限公司一方。案情大致是原告推出了一款 App 产品叫作“保险师”,是专门针对保险从业者开发,保险公司或保险经纪公司可以在 App 中直接售卖保险产品、制作保险计划书,投保人可以在 App 中直接支付保费等,功能比较全,而且经过原告的推广具有了一定的知名度。原告认为被告的使用侵犯了其有一定影响的特有名称“保险师”及“保险师”图文标识,认为被告的行为构成了不正当竞争。原告和被告的标识图形对比如图 3、图 4 所示。

图 3 原告标识

图 4 被告标识

法院在判决中认定,原告的标识由图形和文字组成,其中文字比较小,主要识别部分是图形,整体具有一定显著性和区分商品来源的功能,受《反不正当竞争法》的保护,但是原告主张的“保险师”三个字在保险相关领域,在原告使用保险师作为 App 商品名称之前,已经具有保险相关从业人员的第一含义,该词汇的显著性较低,经过原告多年的使用虽然获得了一定的显著性,但是鉴于该词汇的固有含义,其受法律保护的程度应个案判断。

被告在原告 App 上线之前就注册了网站域名:BAOXIANSHI. COM,在具体运营这个网站的时候没有任何的保险产品销售,也没有支付保费、投保等功能,网站上只有一些保险从业人员的事迹报道,新闻资讯等。同时,被告网页上使用的标识,整体上与原告的标识存在很明显的差别,加之被告的网站域名在原告 App 运营之前就已经注册,所以被告使用网站域名以及域名所对应的“保险师”汉字具有一定的合理性。从客观结果上来看,对相关公众而言,接触到被告公司的网站,仅能看出被告提供了部分保险公司从业人员信息,相关公众不会因为被告使用“保险师”而将其与原告运营的保险师 App 服务相混淆。该案最终法院驳回了原告的所有诉讼请求。所以通过本案可以说明《反不正当竞争法》中规定的“具有一定影响”要求标识具有显著性,先天缺乏显著性的标识受保护范围可能会受到一定程度的限制。

四、总结

1.《反不正当竞争法》第2条的构成要素可以包括以下三点:

(1)必须在生产经营活动当中发生的商业行为;其他部门法对该竞争行为没有作出特别规定,在《反不正当竞争法》第二章也找不到相关规定情形的情况下才可以适用。

(2)关于什么是商业道德,前面通过案例也进行了多次的阐述。

(3)损害了公共利益、消费者利益、其他经营者利益这三种利益,不一定同时构成对三种合法权益的损害,损害了其中任何一种利益就有可能构成不正当竞争行为。

2. 关于仿冒混淆条款的总结,可以包括以下四点:

(1)共同要件是“引人误认为是他人商品或者与他人存在特定联系”,具体可以包括商品来源的混淆、关联关系的混淆、许可关系的混淆等。

(2)“有一定影响”是构成侵权行为的前提条件,只有自己知名受保护的范围才越大,包括判赔金额等都跟知名度有非常直接的关系,法官有自由裁量的空间,但也不是没有边界,法院在综合考量案情的基础上进行自由裁量。

(3)商业标识的全覆盖。这个概念也是孔祥俊教授提出来的,我们在《反不正当竞争法》及其司法解释中可以看到,企业名称包括简称和字号,在中国使用的境外注册的公司名称和简称,商品的名称,包装装潢,社会组织名称,姓名笔名艺名译名等能够产生识别作用的标识,都可以作为商业标识,适用《反不正当竞争法》的保护。

(4)积极要件是要求商业标识要具有显著性,前文我们分享的保险师的案件中原告商业标识固有的缺陷就是没有显著性,所以显著性是它的一个积极要件。

"有一定影响包装装潢"不正当竞争案件的抗辩思路与案例分析

北京盈科(杭州)律师事务所　陈　梦

一、构成要件

《反不正当竞争法》第6条第1款规定:"经营者不得实施下列混淆行为,引人误认为是他人商品或者与他人存在特定联系:(一)擅自使用与他人有一定影响的商品名称、包装、装潢等相同或者近似的标识……"即若擅自使用与他人有一定影响的包装装潢相同或近似的标识,引人误认为是他人商品或者与他人存在特定联系,即会被认定构成不正当竞争。作为原告在此类案件中关键的一环是要证明其主张的包装装潢构成"有一定影响"。

《最高人民法院关于适用〈中华人民共和国反不正当竞争法〉若干问题的解释》(以下简称《反不正当竞争法司法解释》)第4条第1款规定:"具有一定的市场知名度并具有区别商品来源的显著特征的标识,人民法院可以认定为反不正当竞争法第六条规定的'有一定影响的'标识"。即"有一定影响包装装潢"要求"具有一定的市场知名度"(知名度)和"具有商品来源的显著特征"(特有性)。

关于知名度,根据《反不正当竞争法司法解释》第4条第2款规定,需要"综合考虑中国境内相关公众的知悉程度,商品销售的时间、区域、数额和对象,宣传的持续时间、程度和地域范围,标识受保护的情况等因素"来认定。

关于特有性,根据《反不正当竞争法司法解释》第5条规定,可以分为"本身具有特有性"和"后天具有特有性"。"本身具有特有性"要求该包装装潢本身具有区别商品来源的显著特征,非商品的通用名称、图形、型号;非直接表示商品的质量、主要原料、功能、用途、重量、数量及其他特点的标识;非由商品自身的性质产生的形状，非为获得技术效果而需有的商品形状以及使商品具有实质性价值的形状。“后天具有特有性”指该包装装潢本身不具有区别商品来源的显著特征，但其经过后天的使用取得显著特征，但若该包装装潢系由为获得技术效果而需有的商品形状以及使商品具有实质性价值的形状，无论其是否获得显著特征均不能得到保护。

二、案例分析

（一）椰树椰汁案

“椰树”作为驰名商标，椰树集团近年来在国内发起多个有关椰树牌椰汁产品涉及“有一定影响包装装潢”的不正当竞争案件，且基本大多案件都获得胜诉。本文以（2021）浙0782民初5537号案件中说理部分来梳理法院的裁判思路。

关于知名度：“本案中，原告椰树集团有限公司成立于1980年，先后获得多项荣誉，其‘椰树’商标在1999年即被商标局认定为驰名商标，其生产的椰树牌椰子汁产品也曾被授予中国名牌产品、海南省名牌产品等荣誉称号。并且，根据原告提交的证据可见，原告及其关联公司投入大量资金精力持续通过中央电视台等媒体发布广告对涉案商品进行广告宣传，涉案商品的销售范围也很广泛，且涉案产品也多次被作为有一定影响的商品给予反不正当竞争法上的保护。综上，原告所主张的‘黑罐椰汁’商品可以被认定为有一定影响的商品。”

关于包装特有性：“原告请求保护的‘椰树’椰子汁产品的特有包装为黑色易拉铁罐，特有装潢为罐贴正面文字、图案及色彩的排列组合。其中，易拉铁罐属于饮料食品包装行业中通用的包装，不能被独占使用，‘椰树’椰汁易拉罐包装的形状亦无区别商品来源的显著特征而不具有特有性，但其上的黑色应为其装潢的要素。”

关于装潢特有性：“‘椰树’椰汁所使用的罐贴于2005年7月15日申请外观设计专利并被授权，该装潢由一系列文字、图形、色彩、形状、大小等排列组合而成，具有独特性，形成了显著的整体形象，并与商品的功能性无关，经过长时间使用和大量宣传，虽在多年使用中有一定范围的更新和调整，但文字、图形、色彩、形状、大小等排列组合基本保持不变，已足以使相关公众将上述装潢的整体形象与原告的‘椰树’椰子汁产品联系起来，具有识别其商品来源的作用，应当属于

《反不正当竞争法》第6条所保护的装潢。综上所述，可以认定原告的'椰树'椰汁的装潢为一定影响的商品装潢。"

法院的裁判思路：(1)判断原告主张的商品是否为"有一定影响的商品"(具有一定知名度)；(2)判断原告主张的包装、装潢是否具有识别商品来源作用(具有特有性)。两者都满足的情况下，可以认定原告主张的包装装潢为"有一定影响"的包装装潢。

(二)特种兵椰汁案

不同于椰树牌椰汁的维权案件，"特种兵"椰汁有关"有一定影响包装装潢"不正当竞争维权案件在国内诉讼历经一波三折。

"特种兵"椰汁案历经一审、二审和再审程序，其中一审判决认定原告主张的特种兵包装装潢构成"有一定影响"的包装装潢，判决构成不正当竞争，二审维持原判。后再审最高人民法院[(2020)最高法民再113号]最终是撤销一审和二审判决，改判驳回原告的全部诉讼请求，以下为法院说理部分：

1."原告据以请求保护的权利基础是含有特种兵商标元素在内的包装、装潢整体。从商标标志要素来看，'特种兵'文字及盾牌图形元素是涉案包装、装潢的显著识别部分，其他要素或是与特种兵相关的元素，如瓶身整体的迷彩图案，或是商品名称，如'生榨椰子汁''植物蛋白饮料'。因此，'特种兵'文字及图形部分为涉案包装、装潢的核心组成部分，而非可以随意替换的要素"。

2."在已有生效判决认定'特种兵'文字及盾牌图形作为商标注册将产生不良影响的情况下，涉案包装、装潢将与上述商标构成完全相同的文字及图形部分作为显著识别部分，且包装、装潢中的其他构成要素均与上述文字及图形具有较高关联程度，易引发消费者将包装、装潢的整体与'特种兵'产生联想，涉案包装、装潢同样不应当作为反不正当竞争法意义上的具有一定影响的包装、装潢进行保护"。

法院认为，对于"有一定影响包装装潢"不正当竞争案件，除了考虑"知名度"和"特有性"的要件外，更应首要考虑原告主张的包装装潢是否为法律上应当保护的法益。根据《反不正当竞争法司法解释》第7条的规定，[①]"有一定影响

① 《反不正当竞争法司法解释》第7条规定：反不正当竞争法第六条规定的标识或者其显著识别部分属于商标法第十条第一款规定的不得作为商标使用的标志，当事人请求依据反不正当竞争法第六条规定予以保护的，人民法院不予支持。

的包装装潢”不得属于《商标法》第10条第1款①规定的不得作为商标使用的标志，即该包装装潢不能属于或者含有如国旗国歌等“有害于社会主义道德风尚或者有其他不良影响的”的标识。

（三）华太电池案

华太电池案历经一审、二审程序，一审判决认定原告主张的包装装潢属于“有一定影响”的包装装潢，判决构成不正当竞争，二审杭州市中级人民法院［（2019）浙01民终8503号］改判认为被告生产销售涉案包装装潢产品的行为不构成不正当竞争，以下为二审法院的说理部分：

法院认为，从原审法院认定的事实可见，华太公司经营有多款不同包装装潢的电池，在此情况下，商标或者企业的知名度不能完全等同于某一款商品的知名度。认定某一款商品的知名度时，主要应考量在被诉侵权行为发生时，该商品的销售情况、宣传情况、作为知名商品受保护的情况等因素，以此进行综合判断。但在本案中，华太公司提交的证据均为华太公司或者华太牌电池销售、宣传、所获荣誉等情况的证据，并未提交针对涉案R6S款电池知名度的相关证据，华太公司应对此承担举证不能的不利后果，故不能认定涉案R6S款电池的包装装潢为有一定影响的商品包装装潢，原审法院的认定有误，法院依法予以纠正。

法院认为：在原告经营有多款不同包装装潢的产品的情况下，原告仅举证企业或商标的知名度不能等同于其主张的某一款产品具有知名度，由此也不能认定该款产品的包装装潢具有知名度，原告对此应承担举证不能的不利后果。

（四）小苏打牙膏案

小苏打牙膏案历经一审、二审程序，一审杭州铁路运输法院［（2021）浙8601民初998号］认定原告主张的包装装潢不构成“有一定影响”的包装装潢，且认为被诉产品包装装潢不会导致公众产生混淆误认，最终判决驳回原告全部的诉讼请求；二审杭州市中级人民法院［（2021）浙01民终9300号］判决维持原判。以下为法院的说理部分：

关于知名度：“具体而言，商标或品牌知名不能代表商品的包装、装潢具有

---

① 《商标法》第10条规定，下列标志不得作为商标使用：（一）同中华人民共和国的国家名称、国旗、国徽、国歌、军旗、军徽、军歌、勋章等相同或者近似的，以及同中央国家机关的名称、标志、所在地特定地点的名称或者标志性建筑物的名称、图形相同的……（八）有害于社会主义道德风尚或者有其他不良影响的。

一定影响力,相关公众知晓商标和其通过包装、装潢识别出商品来源是截然不同的两种情形,在企业存在多种商品的情况下,商标的影响力不能完全等同于某一商品的影响力,更不能等同于某一商品包装、装潢的影响力。因此,就本案而言,原告所主张权利的包装、装潢尚不具有反不正当竞争法所要求具备的影响力。"

关于特有性:"结合本案认定的事实,原告主张的'小苏打'牙膏特有的包装为牙膏管的盖子采用与牙膏管顶部直径相同的圆形平顶设计,显然,该包装设计属于牙膏包装行业中通常使用的包装,该包装的形状亦无区别商品来源的显著特征,不能被独占使用。原告主张的装潢为包装盒和牙膏管上包括文字、图形、色彩等诸要素排列组合构成包装、装潢的整体设计。经对比,被诉侵权商品与原告权利商品的装潢主视图从左到右主要划分三个设计区域,依次显示商标、功效、成份及图案等整体组合方式,因牙膏商品界面设计空间有限,类似从左至右、从上至下的组合标示方式设计简单、较为常见,其中左侧标示的注册商标系表明商品来源的通用方式,中间标示的'小苏打牙膏''益生菌牙膏'字样等,用于表示该商品的成分及功效;右侧所使用的小圆点这一设计元素,被告早在 2015 年年底便开始使用,故原告无权禁止他人正当使用上述元素,同时关于自左而右依次标示商标、商品具体品类名称的设计与排布方式,从原被告提供的电商搜索截图来看,这种设计与排布方式在同品类商品中并不具有显著性,不能起到区分或识别商品来源的作用,结合其影响力,尚不足以认定该包装、装潢系具备显著性的特有装潢。"

法院的裁判思路:(1)先判断原告主张的包装装潢是否具有一定影响(知名度);(2)再判断原告主张的包装装潢是否具有特有性。

三、抗辩思路总结

(一)裁判思路总结

结合前文相关法律条文规定的构成要件,以及相关司法判例的裁判规则,可以总结出在"有一定影响包装装潢"不正当竞争案件中法院的裁判思路大致如图 1 所示。

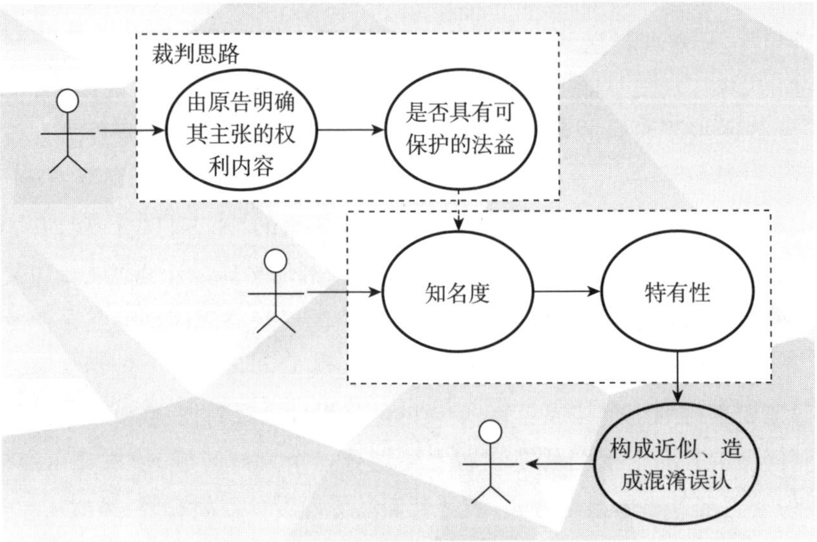

图1　法院裁判思路

首先,由原告在案件中明确其主张保护的包装装潢是什么,其次再判断该包装装潢是否具有可保护的法益,是否违反《商标法》第10条第1款规定的不得作为商标使用的标志(如该标志是否与中华人民共和国的国家名称、国旗、国徽、国歌、军旗、军徽、军歌、勋章等相同或者近似等有害于社会主义道德风尚或者有其他不良影响的)。

前述答案是否定之后,再判断原告主张的包装装潢是否属于"有一定影响的包装装潢",即是否满足"知名度"和"特有性"的构成要件。

关于知名度,对比上述椰树椰汁案和小苏打牙膏案的裁判思路,可知不同法院对于知名度的认定存在不同的裁判规则。椰树椰汁案中法院参考原告公司的知名度、商标的知名度以及原告销售推广商品的时间、范围等因素来综合认定原告主张的商品为"有一定影响"的商品,即认定满足知名度的要求。而小苏打牙膏案和华太电池案中,法院认为原告需要举证证明其主张的包装装潢属于"有一定影响",如果原告仅举证其公司、商标的知名度,而根据在案证据显示原告名下存在多款商品或者多款包装装潢的情况下,则原告的举证不能达到其证明其主张的包装装潢具有知名度的目的。

究其原因,系《反不正当竞争法》关于包装装潢条款进行了修改(具体条文修改对比情况详见图2),1993 年实行的《反不正当竞争法》中规定的是经营者不得擅自使用"知名商品特有的名称包装、装潢",即要求是该包装装潢附着的商品具有一定知名度;2019 年《反不正当竞争法》规定的是经营者不得擅自使用与他人"有一定影响"的包装装潢等相同或近似标识,即按照字面解释是该包装装潢具有一定知名度。由此而导致法院在具体适用过程中对于"知名度"采取了不同的认定规则。

1993年《反不正当竞争法》	2019年《反不正当竞争法》
第5条	第6条
经营者不得采用下列不正当手段从事市场交易,损害竞争对手: …… (二)擅自使用**知名商品特有的名称、包装、装潢**,或者使用与知名商品近似的名称、包装、装潢,造成和他人的知名商品相混淆,使购买者误认为是该知名商品; ……	经营者不得实施下列混淆行为,引人误认为是他人商品或者与他人存在特定联系: (一)擅自使用与他人**有一定影响的**商品名称、包装、装潢等相同或者近似的标识; ……

图 2 《反不正当竞争法》修改对比

本文认为,根据现行有效的《反不正当竞争法》,认定是否属于有一定影响的包装装潢时应当考虑的是该包装装潢的知名度。《反不正当竞争法》之所以要保护有一定影响的包装装潢系该标识具有商标的属性,只有该包装装潢的知名度达到能够使一般公众通过该包装装潢区别商品来源,该包装装潢才应该得到法律保护。而知名商品的包装装潢与知名(有一定影响)的包装装潢并不能完全画等号,在知名商品存在多种不同包装装潢的情况下,不同包装装潢的使用时间、宣传力度、推广范围等必然是不同的,如果一味地以商品知名就认定其包装装潢知名,则会导致对原告不同包装装潢均进行法律保护的情况发生,由此而给予原告的法益过大,损害了正当的市场竞争。

另外,在认定原告主张的包装装潢达到一定知名度之后,就要考虑原告主张的包装装潢是否具有特有性。

最后,在认定原告主张的包装装潢满足知名度和特有性的要求后,即可认定原告主张的包装装潢属于"有一定影响",属于应当保护的法益。再将被诉侵权产品的包装装潢与原告主张的包装装潢进行比对，若两者构成相同或者近似，则会导致公众对商品来源造成混淆或者误认为被诉侵权产品与原告存在特定联系，最终认定被告在被诉侵权产品上使用该包装装潢的行为构成不正当竞争。

（二）抗辩思路总结

结合前文总结的法院针对"有一定影响包装装潢"不正当竞争案件的裁判思路，可以总结出作为被告时如下的抗辩思路：

1. 是否具有可保护的法益。

在原告明确其主张的包装装潢内容后，作为被告可以分析该包装装潢中的元素是否存在违反《商标法》第10条第1款规定的内容，对于违反的元素，被告在后续比对过程中可以排除该元素的比对。

2. 包装装潢是否具有知名度。

原告在此类案件中一般会提供类似荣誉证书、销售合同、广告合同、参展合同等的证据来证明包装装潢的知名度。根据前文总结的裁判思路，可以从以下方面进行抗辩：（1）对于荣誉证书，可以从获奖的主体、获奖的时间、获奖的含金量、获奖时间相对应的产品包装装潢是否为原告主张的包装装潢等方面着手，如果获奖期间对应的产品包装装潢不是原告主张的包装装潢，则该荣誉证据不能达到其证明目的；（2）对于销售合同，可以从合同是否履行、合同约定销售的产品对应的包装装潢是否为原告主张的包装装潢以及销售的区域、数量和持续时间等方面进行抗辩，同样地，如果该合同销售的产品对应的包装装病非为原告主张的包装装潢，则该证据也不能达到其证明目的；（3）对于广告合同，同样可以从合同是否履行、合同宣传的产品对应的包装装潢是否为原告主张的包装装潢以及宣传的时间、范围等方面进行抗辩；（4）对于参展合同，可以从参展的时间、参展对应产品是否为原告主张的包装装潢以及展会的权威性、影响力方面着手进行抗辩。

总而言之，对于知名度的证据，要落实到原告在案件中主张的包装装潢上，如果原告仅是举证其企业字号具有很高知名度或者商标具有极高知名度、产品具有极高知名度，而被告可以抗辩其名下存在多款不同的产品以及多款不同的包装装潢的情况下，原告的举证就不能达到将其企业、商标等的知名度对应到涉案产品的包装装潢上的目的。

3. 包装装潢是否具有特有性。

首先,可以对原告主张的包装装潢元素进行分析,明确是否存在系通用图形、表示商品质量、原料等特点的标识以及是否由商品自身性质、技术效果、实质价值产生的形状,如果存在前述情况,则可以将其中相应的元素在后续比对中进行排除。

尤其对于原告主张的包装装潢是否系行业通用的包装装潢问题,被告可以通过与当事人沟通以及搜集相关产品证据的方式来证明原告主张的包装装潢或者其中某部分的元素系行业的通用标识,由此也可在比对过程中达到降低相似度的目的(参考小苏打牙膏案)。

其次,对于原告主张的包装装潢,被告可以对该包装装潢进行分解,分别评判其上的元素是否系其独创,如果能找到在先的相关产品设计元素,且被告能够举证证明原告主张的包装装潢将相关元素的组合方式也很普遍,则原告主张的包装装潢很可能缺乏特有性。

4. 比对。

根据《反不正当竞争法司法解释》第 12 条第 1 款规定,[①]对于"有一定影响包装装潢"的比对可以参照商标相同或近似的判断原则和方法。根据《最高人民法院关于审理商标民事纠纷案件适用法律若干问题的解释》第 10 条规定,"认定商标相同或近似按照以下原则进行:(一)以相关公众的一般注意力为标准;(二)既要对整体进行比对,又要对主要部分进行比对,比对应当在比对对象隔离的状态下分别进行;(三)判断商标是否近似,应当考虑请求保护对象的显著性和知名度"。

对于此类案件中的被告,除了传统的将原告主张的包装装潢和被告生产销售被诉产品的包装装潢进行比对外,被告还可以提供在先的产品包装装潢与原告主张的包装装潢进行比对,通过比对可将原告主张的包装装潢进行拆解,将在先的元素剔除,再将剩下原告独有的包装装潢元素与被诉侵权产品的包装装潢进行比对(参考小苏打牙膏案)。

---

① 《反不正当竞争法司法解释》第 12 条规定,人民法院认定与《反不正当竞争法》第 6 条规定的"有一定影响的"标识相同或者近似,可以参照商标相同或者近似的判断原则和方法。

专题六

互联网及娱乐

知识产权网络侵权案件办理实务

北京盈科(上海)律师事务所　王　玮

知识产权侵权行为屡禁不止,近几年随着电商平台的快速发展,侵权行为从线下转移到线上,本次课程王玮律师结合网络维权的实务经验,在总结团队典型案例和维权亮点的基础上,对网络侵权案件进行类型归纳和法律分析,分享网络维权的心得体会。

一、网络侵权案件的背景及特点

(一)网络知识产权侵权的背景

浙江省高级人民法院在2020年3月发布的《关于电商领域知识产权法律责任的调研报告》,其中提到涉电商知识产权案件是逐年增加的,2014年445件、2015年1159件、2016年2074件、2017年3440件、2018年5613件;虽然近两年2019年、2020年的数据暂时没有,但是根据案件办理经验,杭州市余杭区人民法院排庭需要1年多的时间,案号也1万多号,知产案件应有1万多件;OPPO在拼多多打假的案件1年就有3000多件,上海市徐汇区人民法院的排期也要3个月以上,可见涉电商知识产权案件呈爆发式增长。

上海的电商主要就是拼多多平台,上海市高级人民法院作出的集中管辖规定,涉及拼多多的案件由上海市徐汇区人民法院管辖,由于徐汇区人民法院案件量大,上海管辖权2021年年底作出了本市基层法院知识产权案件集中管辖的调整:徐汇区之前管辖六个区的知识产权案件,减少为三个区,仅保留徐汇区、长宁区、闵行区,之前的奉贤区划到浦东新区人民法院,松江区、金山区划到普陀区人民法院。

另外,国家层面也在继续完善配套法律,营造良好的司法保护环境。2020知产新规“增、修”35件,共计10万余字。包含法律类:《民法典》知识产权相关规定52条、《专利法》修改(2021年6月1日实施)、《著作权法》修改(2021年6月1日实施)等。司法解释、司法文件类:《关于审理侵犯商业秘密民事案件适用法律若干问题的规定》《关于涉网络知识产权侵权纠纷几个法律适用问题的批复》《关于依法加大知识产权侵权行为惩治力度的意见》等。地方法院发布的文件类:深圳市中级人民法院发布《关于知识产权民事侵权纠纷适用惩罚性赔偿的指导意见(试行)》、上海市高级人民法院发布《关于调整本市基层法院知识产权案件集中管辖的公告》等。国家知识产权局等发布的部门文件类:《地理标志专用标志使用管理办法(试行)》《商标侵权判断标准》等。

强化电商平台责任,净化网络市场,不仅是国际上的回应,也是我国发展的需求。当今,电商平台占据日常生活用品销售的重要位置,同时也是知识产权侵权纠纷频发的域场,知识产权问题已经成为制约世界各国跨境商贸交易的桎梏,有效防止电子商务平台销售侵犯知识产权的商品,在一定程度上也符合我国优化营商环境和促进跨境贸易的需求。

(二)网络购物环境的特点

网售环境不同于传统市场交易,产品标题、产品图片是卖家所售产品最直观的展示,通常使用的描述关键词与产品的品牌、生产厂商等直接相关联。消费者搜索、了解、认知商品或服务来源的主要途径源于商家对商品标题、商品详情等搜索关键词的选定及描述。

(三)网络侵权形态和特点

在线上侵权中,新的侵权形态不断涌现,有假货的类型,也有关键词侵犯他人商标权的类型;近几年还出现下沉市场现象,直播和短视频迅猛发展,直播中存在大量侵权行为,尤其是到了晚9点之后,直播平台活跃,这个时间段避开了公证机关等的工作时间,一些不法商家也故意在这些时间将侵权产品上架销售。

二、产品标题在网络销售中的作用

(一)注意力经济

现代社会对于注意力经济的定义:人类能够把注意力集中在处理的信息上

的能力有限,即注意力有限,而世界上的信息无限。形成一种类似经济学的有限资源与无限欲望的对价关系,甚至比实际货币的影响更宏大,关系到该企业或个人的收益成败,所以称为注意力经济。注意力经济也指企业最大限度地吸引用户或消费者的注意力,通过培养潜在的消费群体,以期获得最大未来商业利益的一种特殊的经济模式。

在这种经济状态中,最重要的资源既不是传统意义上的货币资本,也不是信息本身,而是大众的注意力,只有大众对某种产品注意了,才有可能成为消费者,购买这种产品,而要吸引大众的注意力,重要的手段之一,就是视觉上的争夺,也正由此,注意力经济也称为“眼球经济”。

产品标题如同商品展示的橱窗,是吸引“消费者眼球”的重要端口。产品标题中关键词的设置在网购环境下对商家增加商品的曝光量、提升店铺的交易机会至关重要。

(二)产品标题的切词技术

淘宝规则,产品标题的字符是60个。图示可以看到淘宝系统是如何给标题分词的,也就知道标题被切分后能组合成哪些关键词。标题无论怎样组合,最后能够真正带来流量的不是标题本身,而是它拆分出来的词根组合而成的关键词,只有这些组合成的关键词的权重上去了,宝贝才有更好排名,才会有更多流量的引入。

(三)产品标题设置不当的侵权问题

1. 商标侵权

(1)商标侵权的理论基础。

产品标题中使用他人商标构成商标性使用。网售环境不同于传统市场交易,产品标题、产品图片是卖家所售产品最直观的展示,通常使用的描述关键词与产品的品牌、生产厂商等直接相关联。

消费者搜索、了解、认知商品或服务来源的主要途径源于商家对商品标题、商品详情等搜索关键词的选定及描述。

商家在网络销售中的产品标题使用他人商标,使得消费者在使用他人商标作为关键词进行搜索时,可以从众多产品中搜索到其所售商品,在客观上起到识别商品来源的作用,构成商标性使用。

(2)法律依据:《商标法》第57条。

有下列行为之一的,均属于侵犯注册商标专用权:

①未经商标注册人的许可,在同一种商品上使用与其注册商标相同的商标的;

②未经商标注册人的许可,在同一种商品上使用与其注册商标近似的商标,或者在类似商品上使用与其注册商标相同或者近似的商标,容易导致混淆的;

③销售侵犯注册商标专用权的商品的;

……

如我们团队办理的小米科技诉锦绣河山一案,法院认为商家销售涉案移动电源商品时在产品标题中使用他人商标,使得消费者在使用"他人商标"作为关键词进行搜索时,可以从众多产品中搜索到其所售商品,在客观上起到识别商品来源的作用,构成商标性使用,从而侵犯他人的商标专用权。

2. 构成不正当竞争

(1)法理基础。

在产品标题中不当使用他人商标,利用与他人商标有关的关键词作为宣传己方商品的工具和捷径,可能导致相关公众在海量互联网信息中由于注意力被分散,不知不觉忘了消费初衷,从而降低了用户粘性,不当攫取了本应属于商标权利人所应享有的市场关注度和商机,该种借由他人商标知名度"引流"的行为,损人利己,违反诚信原则和商业道德,构成不正当竞争行为。

(2)法律依据:《反不正当竞争法》第2条第1款。

经营者在生产经营活动中,应当遵循自愿、平等、公平、诚信的原则,遵守法律和商业道德。

如我们团队办理的阿克苏地区苹果协会诉云南老宝公司一案中,法院认为被告未经授权将他人享有合法权利的商标、字号等作为引流关键词使用,以增加其商品被搜索可能性,提高商品推广交易机会,构成不正当竞争。

3. 商标侵权/不正当竞争(不同观点)

典型案例:OPPO广东移动通信有限公司与深圳市玖玖兴业电子有限公司(以下简称玖玖兴业公司)商标侵权及不正当竞争纠纷。

案号:(2019)粤03民终20100号。

产品标题:"OPPO超长待机不充电的无线蓝牙耳机单耳耳塞式入耳挂耳式

开车运动跑步苹果 VIVO 可接听电话防水手机男女通用型”。

实际销售品牌:HALFSun/影巨人。

一审法院观点:一审法院认为玖玖兴业公司在标题中使用“OPPO”字样属于商标性使用,玖玖兴业公司未经原告许可在标题中使用“OPPO”构成商标侵权,判赔 2 万元。

二审法院观点:二审法院认为不构成商标侵权。被告玖玖兴业公司的使用是描述性使用,而非商标性使用。

构成不正当竞争行为。玖玖兴业公司恶意利用“OPPO”积累的消费者吸引力的市场成果,在未支付相应对价的情形下为自己谋取交易机会,获得自身商业利益,具有不正当性,因此构成不正当竞争行为,改判 15 万元,全额支持原告方诉讼请求。

三、网络侵权案件涉关键词的类型

(一)产品标题中直接使用

典型案例:小米科技有限责任公司与深圳市锦绣河山电子有限公司(以下简称锦绣河山公司)、浙江天猫网络有限公司侵害商标权纠纷。

案号:(2020)浙 0110 民初 4419 号。

标题使用方式:“品胜充电宝 20,000 毫安便携通用苹果 6 手机超大容量小米专用移动电源”。

杭州市余杭区人民法院观点:该使用行为构成商标侵权。具体理由:网售环境不同于传统市场交易,产品标题、产品图片是卖家所售产品最直观的展示,通常使用的描述关键词与产品的品牌、生产厂商等直接相关联。消费者搜索、了解、认知商品或服务来源的主要途径源于商家对商品标题、商品详情等搜索关键词的选定及描述。锦绣河山公司销售涉案移动电源商品时在宝贝标题使用“小米”字样,使消费者在使用“小米”作为关键词进行搜索时,可以从众多产品中搜索到其所售商品,在客观上起到识别商品来源的作用,构成商标性使用。被告锦绣河山公司在宝贝标题中使用“小米”的行为构成商标侵权。

法院判决:原告小米公司起诉 50 万元,余杭区人民法院判决停止侵权,赔偿原告经济损失 45 万元。

典型案例：小米科技有限公司(以下简称小米公司)与深圳市智卉淘贸易有限公司(以下简称智卉淘公司)不正当竞争纠纷。

案号：(2018)粤0115民初3402号。

判决书说理：小米公司涉案标识之所以能够成为搜索热词，在相关公众中产生广泛影响，正是依靠于其大量的营销和努力使得该类关键词在互联网上起到类似"灯塔"的指引作用，让相关公众能在第一时间搜寻到目标商品和经营主体。现代社会对于注意力经济的定义："人类能够把注意力集中在处理的信息上的能力有限，即注意力有限，而世界上的信息无限。形成一种类似经济学的有限资源与无限欲望的对价关系，甚至比实际货币的影响更宏大，关系到该企业或个人的收益成败，所以称为注意力经济。"

智卉淘公司利用与小米公司商誉有关的关键词作为宣传己方商品的工具和捷径，可能导致相关公众在海量互联网信息中由于注意力被分散，不知不觉忘了消费初衷，从而降低小米公司的用户黏性，不当攫取了本应属于小米公司所应享有的市场关注度和商机，必然给小米公司造成损害，违反诚实信用原则和商业道德，具有不正当性。

(二)产品推广的创意标题中使用

创意标题是在淘宝直通车推广中使用的标题。淘宝"直通车"的产品原理是，卖家设置与推广商品相关的关键词，在买家搜索相应关键词时，推广商品获得展现，买家点击该推广链接之后，再进行扣费。淘宝直通车是产品推广的方式，也是精准营销和流量变现的工具。

典型案例：小米科技有限责任公司(以下简称小米公司)与深圳博熙数码有限公司(以下简称博熙公司)的商标侵权及不正当竞争纠纷。

案号：(2020)浙0110民初9691号。

参加淘宝直通车推广商品链接的创意标题："【月销量超万笔】【小米】充电宝80,000毫安VIVO大容量超薄小巧便"。

杭州市余杭区人民法院观点：

1.本案中，涉案商品链接的创意标题中显著标明"【小米】"明显起到识别商品来源的作用，属于商标使用行为。

2.被告博熙公司属于在相同类别上使用与原告相同的商标，并且其标注和售卖的品牌均非小米公司生产的移动电源，因此博熙公司未经小米公司许可在涉案商品创意标题中使用"小米"行为侵犯了小米公司涉案商标专用权。

法院判决:构成商标侵权,判赔 100 万元,全额支持原告方诉讼请求。

(三)"描述性"使用

典型案例:阿克苏地区苹果协会与云南老宝食品有限公司(以下简称老宝公司)侵害商标权及不正当竞争纠纷。

案号:(2020)浙 0110 民初 12452 号。

标题使用方式:"云南昭通冰糖心丑苹果野生水果 5 斤新鲜红富士并非阿克苏·盐源苹果"等。

杭州市余杭区人民法院观点:构成不正当竞争,理由:在电子商务交易环境下,通过搜索关键词查找所需购买的商品并在搜索结果中选择商品是消费者常用的购物方式。因此,关键词的设置在网购环境下对商家增加商品的曝光量、提升店铺的交易机会至关重要。在商品推广经营中,商家有权根据具体情形自行设置搜索关键词及商品标题,但在此过程中,应遵循诚实信用原则和商业道德,对可能侵害他人合法权益的情形加以谨慎审查并合理避让。未经授权将他人享有合法权利的商标、字号等作为引流关键词使用,可能构成不正当竞争。通过在标题中使用"阿克苏苹果",使消费者在使用"阿克苏苹果"作为关键词搜索时,老宝公司的涉案商品也会一并呈现,客观上起到了引流的作用。被告老宝公司在设置关键词时没有对他人合法权益进行合理避让,主观上存在过错,构成不正当竞争。

法院判决:判赔 5 万元,全额支持原告方诉讼请求。

(四)对比型使用

典型案例:嵊州市鸿渐茶叶专业合作社、杭州市西湖区龙井茶产业协会侵害商标权纠纷。

案号:(2019)浙民终 1792 号。

标题使用方式:"2019 春茶明前龙井茶叶龙井 43 头采 338 元/斤赛西湖龙井火热批发"。

详细信息:

品牌:越乡龙井,产品类别:龙井,生产厂家:嵊州市鸿渐茶叶专业合作社,商品照片"越乡龙井";西湖龙井协会于 2019 年 4 月 8 日购买上述商品四盒,公证处随机对其中一盒进行拍照、封装；该次网购所得茶叶实物的外包装上使用“越乡”及“龙井茶”商标，标注“越乡龙井”以及“中国茶叶之乡——浙江嵊州”字样。

法院观点：

1. 构成商标侵权。

“赛西湖龙井”几个字较为简洁，在商品标题中与其他内容相对分离，易使相关公众误认为是一种茶叶品牌，以相关公众的注意力为标准，考虑到西湖龙井的知名度较高，一审认定构成商标近似并无不当。此外，涉案网店还存在“赛”与“西湖龙井”换行设置等不规范的行为，意在导致公众混淆，因此构成商标侵权。

2. 构成不正当竞争。

对于被诉产品赛过或好于“西湖龙井”，鸿渐茶叶合作社未提供任何证据予以证实，亦非显而易见，该商业宣传具有虚假成分，容易误导消费者的购买选择，同时对“西湖龙井”品质产生贬损后果，因此构成虚假宣传的不正当竞争行为。

四、判赔额的分析

（一）现有实践赔偿情况

商标法规定的四种赔偿计算方式：权利人的实际损失，侵权人所获得利益，商标许可使用费的倍数，法定赔偿。一般实践中，前三种计算方式均难以计算，因此大多数案件都是采用的法定赔偿计算方法。

法定赔偿的参考因素：涉案商标知名度、被告侵权行为的性质、主观过错程度、权利人为制止侵权所支出的合理费用等因素。

此外，此类案件中还应重点考量被告侵权行为持续期间的商品成交量、“关键词”对整个商品成交的引流贡献占比及可能实现的交易转换率、行业热搜词的不同引流能力等进行综合确定。

典型案例：小米 vs 锦绣河山案。

案号：（2020）浙0110民初4419号。

法院观点：关于赔偿数额，小米公司明确主张法定赔偿，本院综合考虑涉案商标的知名度、被告侵权行为的性质、主观过错程度、小米公司为制止侵权所支出的合理费用等因素确定赔偿数额。同时，法院注意到以下事实：（1）涉案商品的总销量122,558件;(2)涉案商品本身不侵权;(3)网售环境下,卖家在商品名称或标题中对关键词的选择与设置影响着该商品链接的成交,涉案商品名称中除"小米"外,还包含其他搜索关键词;(4)"小米"标识在涉案商品成交量中的引流贡献占比及该标识在涉案商品的销售利润中的贡献占比均应合理确定等。

(二)该类案件法定赔偿的参考因素

对于确定此类案件的损害赔偿数额,权利人及其商业标识的知名度、侵权人的主观过错、侵权规模等因素仍然十分重要。由于淘宝"生意参谋""生e经"等软件的存在,淘宝后台能清楚展现该宝贝是通过何词进行引流,何词进行成交,数量是多少。因此,法院除了考虑商标的知名度等要素之外,也应当重点关注此关键词作为推广标题的引流次数和成交次数,将其作为衡量侵权人获利和权利人损失、决定损害赔偿数额的重要参考因素。

电子商务平台经营者知识产权保护

北京市盈科律师事务所　王　晔

电子商务平台作为一个提供交易服务的平台在现在社会生活中,已成为社会公众日常中比较常用的交易方式,随着电子商务平台交易量的增加,电子商务平台中的知识产权保护成为电子商务经营者的重要责任。电子商务平台经营者在经营中如何保护知识产权呢?本文将做一简述。

一、电子商务平台的知识产权保护责任

(一)电子商务平台经营者

《电子商务法》对其平台上的主体做了分类:第一类就是电子商务平台的经营者,它是整个电子商务平台的运营者,电子商务平台经营者在整个平台经营活动过程当中,占据主导地位。第二类与电子平台经营者相对应称为电子商务平台内经营者,电子商务平台内经营者是在电子商务平台中实际提供商品或服务的一方。在电子商务平台的实际经营中,电子商务平台经营者与电子商务平台内经营有时会发生重合,例如,有一些平台会有自营的商品,在此时经营主体同时承担电子商务平台经营者与电子商务平台内经营的责任,为了更加方便电子商务平台经营者理解其在知识产权保护中的责任及权利,本文所称的电子商务平台经营者不涉及自营类经营者。

(二)电子商务平台中常见的知识产权侵权行为

1. 侵害著作权导致的诉讼或投诉

著作权侵权行为通常表现为平台内经营者为了宣传其产品,在宣传过程中使用了他人的图片、照片、宣传文案、背景音乐等,在开设了网络直播间的电子商

务平台中，还会涉及其现场布置是否存在侵害他人设计的问题。著作权侵权行为是电子商务平台知识产权诉讼案件量比较多的一类知识产权客体。

2. 侵害商标权导致的诉讼或投诉

在电子商务平台中的侵害商标权导致的诉讼也较多，电子商务平台内经营者的产品并不真实地展现在用户的面前，其完全通过虚拟的网络空间向消费者展示，因此，如果是一个知名品牌的产品，就会增加产品的销量。同时因为商标侵权行为在网络上相对明显易查找，导致电子商务平台上的商标侵权纠纷的发生率相对较高。

3. 侵害专利权行为

在电子商务平台中侵害专利权被诉较多的是外观设计专利权，外观设计专利权利相对于其他专利权利，其更容易通过网络发现其侵权行为，因而导致其相对于另外两种专利权利更容易引起纠纷。

以上是在电子商务平台中常见的容易侵害的知识产权类型。对这些侵权行为，虽然电子商务平台提供了展示的平台，但是电子商务平台经营没有能力对其平台上众多的平台内经营者的行为时刻进行监管，如果要求电子商务平台对于其平台的所有侵权行为均承担责任，给电子商务平台经营者强加了其无法承担的责任，不利于电子商务平台的发展。因此《电子商务法》规定了电子商务平台经营者对其平台内经营者的侵害知识产权并不承担共同侵权的责任，同时依据电子商务平台经营者是否履行了规定的义务而决定其承担责任的方式。

(三)电子商务平台中涉及的知识产权侵权的处理

电子商务平台方，无法对其平台内经营者的所有行为进行严格的监管，一些平台内经营者会利用电子商务平台经营者管理上的这一点，从事一些侵害第三人知识产权的行为。《电子商务法》《民法典》对电子商务平台保护知识产权均作出了相应的要求，具体为：(1)依据法律规定电子商务平台经营者可以通过：通知—采取措施—反通知，一般称为“避风港”原则来避免承担责任；(2)电子商务平台经营者对明知或应知的侵权行为承担连带责任，一般称为“红旗”原则；(3)电子商务平台有建立知识产权保护规则的义务，该规则建立的目的是保护知识产权人的权利。

二、电子商务平台经营者的"通知—采取措施"义务

(一)"通知—采取措施"义务简介

"通知—采取措施"其最早规定在《电子商务法》中,其主要含义是指知识产权权利人,在发现电子商务平台上存在侵害其知识产权的行为时,有权就该侵权行为通知电子商务平台经营者,电子商务平台经营者在接到通知后应当对平台涉嫌侵权的商品或服务采取措施,并且需要向双方转送相关的通知、反通知文件等,在电子商务平台经营者履行了其义务后,对于平台上的知识产权侵权行为不需要承担责任。

(二)"通知—采取措施"义务的履行程序

《电子商务法》对于电子商务平台经营者在其平台上发生知识产权侵权时,需要履行的相关义务进行了较为细致的规定,具体程序:

第一步:"通知—采取措施"义务的引发,知识产权权利人首先向电子商务平台经营者发出侵权通知。

第二步:电子商务平台经营者在接到通知后,进行两步工作,一是将通知转给被投诉的平台内经营者,二是根据权利人的要求及权利人提供证据,评估出的侵权成立的风险,对于平台内经营者的侵权商品或服务采取措施。

第三步:等待平台内经营者是否有回复,根据具体情况采取下一步措施。

依据《电子商务法》如果平台内经营者认为其不存在侵权行为,则在其接到电子商务经营者的通知后,其需要向电子商务平台经营者发出其不构成侵权的声明,及其真实的经营主体身份。如果平台内经营者没有回复,则电子商务平台经营者保持采取的措施。如果平台内经营者有回复,电子商务平台经营者在收到符合要求的回复时,需要将该回复转给权利人,在转给权利人时不仅需要有被诉侵权人的回复,还需要有明确的提示,提示权利人可以采取救济手段,依据《电子商务法》的规定,该手段包括行政手段或诉讼手段。

第四步:等待权利人的回复,电子商务平台经营者的不侵权通知及提示到达权利人后,电子商务平台经营者需要等待权利人的回复,如果没有收到权利人采取相应手段的回复,则电子商务平台经营者需要及时解除其所采取的措施。如果收到权利人已经采取手段的回复,则需要维持其已经采取的措施。

第五步：公示相关的通知、声明，原则上来说公示义务并不是在所有程序结束后再进行的，其是贯穿于整个过程中的。《电子商务法》对于该信息的公示要求是“及时”，从规定上判断，该公示应当是在接到每一步通知或声明后即需要公示。

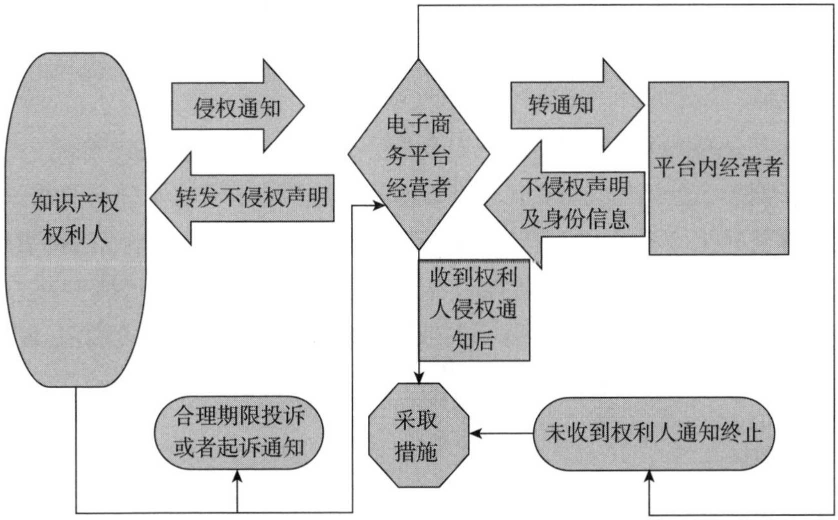

图 1　侵权通知的处理流程

（三）“通知—采取措施”中必要措施的范围

依据《电子商务法》第 42 条第 1 款的规定，必要措施指删除、屏蔽、断开链接、终止交易和服务等。在这几项措施中删除是最为严厉的措施，在采取删除这一措施后，平台内经营者关于该产品在电子商务平台上多年的销售记录将一并被删除，其积累下的客户资源也一并消失；而屏蔽措施相对缓和，其后果需要根据电子商务平台的设置方式来分析，其屏蔽的范围是多大，是屏蔽了所有的买家还是全部的买家？这需要根据具体情况分析；断开链接一般是将商品进行了下架处理，其虽然保留了商品的交易数据，但是断开链接后即便后期再恢复也会导致其原积累客户的丢失；终止交易和服务是电子商务平台很少采取的措施，但是如果发现其平台内的经营者是侵权为业时，应当及时采取这一措施，否则有可能会被认定主观上应当知道侵权的存在，而承担责任。

最初电子商务平台接到通知后一般会采取删除链接，终止服务的方式来解决知识产权投诉。这一点实质上与《电子商务法》的规定是有差别的。《电子商务法》中的必要措施是指与制止损失相适应的措施，一旦发生投诉错误时电子商务平台经营者还需要解除其采取的措施以免造成平台内商户的更大损失，但是删除这一措施明显无法在后期有解除措施的可行性，因此电子商务平台经营者，在经营过程中如果不是有明确证据证明构成侵权，并且只有删除商品或服务这一种情况才可以避免权利人损失扩大时，建议考虑其他方式处理侵权行为，以避免给平台内经营者造成不可逆转的损失。

（四）对于权利人发出通知内容的要求

电子商务平台经营者在收到权利人的通知后即需要及时采取必要措施，同时转通知被诉侵权人，但并不是所有的侵权通知，电子商务平台经营者都需要采取措施，《电子商务法》中规定通知应当包含构成侵权的初步证据，《民法典》中对通知的内容作了更为详细的要求。依据《民法典》第1195条的规定，侵权通知应当包括下列内容。

1. 发出通知的权利人的真实身份。

权利人的身份是指通知电子商务平台经营者采取措施的一方的主体身份，该通知人可以是知识产权的原始权利人，也可以是继受权利人，还可以是使用权人或其他有利害关系的人，如果发出侵权通知的权利人没有披露自己的真实身份，则电子商务平台经营者有权不采取措施也不通知侵权人，在好奇星教育科技有限公司（以下简称好奇星公司）与浙江淘宝网络有限公司（以下简称淘宝公司）著作权权属纠纷一案中，虽然好奇星因同一侵权问题向淘宝公司进行了两次以上的投诉，但是因为好奇星公司在两次投诉过程中均没有表明自己的身份，因此淘宝公司对该两次投诉均没有处理，后好奇星将淘宝公司起诉至法院，但是因为其没有明确自己的身份，法院最终没有支持其追究淘宝公司责任的请求。由此可见，通知中明确投诉人的真实身份是通知的一个重要内容。

2. 构成侵权的初步证据。

构成侵权的初步证据，是指权利人需要提供初步证据证明平台内经营者实施了侵权行为，如果侵害的是商标权、外观设计专利权、著作权中的固态作品是相对比较容易举证的，只需要提供相应的侵权行为与权利作品的对比即可。但是如果涉及了实用新型、发明，或者音频、视频类作品就比较复杂，对于这种无法以直观视觉方式显示的内容，需要权利人以可以特别的方式，告知电子商务平台经营者侵权行为的存在。无论是《民法典》还是《电子商务法》对于通知中的证据要求均只是“初步证据”即权利人证明其对某一知识产权的客体享有权利，而被诉侵权人声称或实际上提供了相关的产品及服务即可，不能要求权利人提供其无法提供的证据。

同时在涉及实用新型、外观设计专利侵权时，因为相关权利在授权时没有经过实审，原则上电子商务平台可以要求投诉人提供上述权利的专利评价报告。

3. 明确的侵权行为指向。

电子商务平台是一个虚拟平台，有些平台上的虚拟空间很大，而侵权行为有时涉及的只是虚拟平台中一个小商户的某一个产品，或某一产品内的具体配件，因此权利人在发送通知时应当指明具体侵权行为的类型及在虚拟空间中的位置，以便于电子商务平台经营者可以准确找到侵权行为，才可以处理相应的侵权行为。

4. 有具体的处理措施。

关于采取的必要措施，原则上应当由权利人一方提出，但是电子商务平台经营者需要有一定的分辨能力，依据《电子商务法》该措施一定是具有必要性才可以。分析必要性有多少的材料，是依据通知中所附的初步证据，但是原则上不建议平台方采用删除这一处理办法，删除一定需要谨慎选择，在没有确定最终侵权行为，或权利人的通知中没有要求删除时，擅自采取删除这一处理办法，有可能会给平台方带来损失。

（五）违反“通知—采取措施”原则的后果

电子商务平台经营者主观上并不具有侵权的故意，其所运营的平台只是为侵权人提供了侵权行为实施的一个途径，因此原则上电子商务平台经营者并不需要对平台上侵害知识产权的行为承担责任。但是在权利人明确、合格的通知到达电子商务平台经营者后，这时赋予电子商务平台经营者对侵权行为制止的义务，电子商务平台经营者此时需要及时采取必要的措施来制止权利人损失的扩大。电子商务平台经营者不履行采取必要措施给权利人造人的损失此时才开始发生，因此电子商务平台才需要承担责任。

“通知—采取措施”原则，又称“避风港原则”，这个形象的比喻将电子商务平台经营者的位置以形象的方式呈现出来，只要电子商务平台经营者以履行了相应的义务，其就可以在“避风港”中躲开知识产权侵权这场风暴。

三、电子商务平台经营者不能免责的情况——“红旗原则”

如前所述电子商务平台经营者是有自己的避风港的，但是这个“避风港”并不能躲开所有的侵权风浪。《电子商务法》第45条规定：“电子商务平台经营者知道或者应当知道平台内经营者侵犯知识产权的，应当采取删除、屏蔽、断开链接、终止交易和服务等必要措施；未采取必要措施的，与侵权人承担连带责任。”在这种情况下无论权利人是否有合格的通知给电子商务平台经营者，其均需要采取相应的措施处理在其平台的侵权行为。

(一)适用该条件的前提是电子商务平台经营者知道或者应当知道平台内经营侵权知识产权的

第一主观状态是知道，电子商务平台对于其平台上侵害知识产权的行为在主观上是知道的。主观上知道一般发生在电子商务平台经营者是侵权行为主导方的情况下，在这种情况下电子商务平台经营者实际上参与了侵权行为，因此其对于侵害他人知识产权的行为是明知的。

第二主观状态是应知道，电子商务平台应当知道其平台上有侵害知识产权的行为，并不要求电子商务平台经营者真实地知道侵权行为的存在，而是要求电子商务平台经营者在尽到了自己的监管义务时就可以发现侵权行为存在情况。

法院在审理过程中对电子商务平台经营者应当知道的认定，主要包括以下几点：

1. 是否履行了制定知识产权保护规则。

电子商务平台应当制定知识产权保护规则，如果一个电子商务平台没有知识产权保护规则，没有提示其平台内经营不得侵害知识产权的情况下，容易被主张其主观上对平台内经营者的侵权行为是明知的。

2. 是否履行了审核平台内经营者经营资质的义务。

电子商务平台经营者对平台内经营者的经营资质具有审核的义务，如果电子商务平台经营者未对平台经营者的经营资质进行审核，导致平台内经营的资质虚假或者未能审核到其主体身份发生变更时，则电子商务平台对于平台上侵权行为需要承担责任。

3. 是否采取有效技术手段，过滤和拦截包含“高仿”“假货”等字样的侵权商品链接。

电子商务平台经营者在经营中,对于其平台搜索的关键词,对于其设置的优先排名引擎等的设置需要注意,不能含有侵权指向的关键词,如“高仿、水货、假货”等。在平台开发时,可以考虑在其搜索中设置过滤和拦截功能,对于含有明显侵权指向语词的搜索词条即以屏蔽或拦截。否则有被认定承担责任的风险。

4. 对于特别店铺的主体资格审查。

对于平台上的旗舰店、品牌专营店,在设立时即需要审查其是否享有相应的商标权或者是否获得了明确的授权,在没有明确授权文件的情况下,不能由这类具有授权明示或暗示的店铺资质。

以上是笔者总结的法官在案件审查过程的审查要点,实务中法官会根据电子商务平台的实际经营行为及发生侵权行为的原因综合判断电子商务平台主观上是否对侵权行为存在明知或应知的情况,电子商务平台应当根据其自身的经营情况进行判断,尽可能地排除平台的侵权行为。

(二)电子商务平台经营者被认定为明知后需要承担的责任类型

依据《电子商务法》的规定,电子商务平台经营者对于其平台上的侵权行为是明知或应知时,其所承担的责任类型为连带责任,这一责任类型远高于“避风港”中的责任类型,近几年对于知识产权类法律法规修改较大,最明显的一点依据现行法律无论是专利侵权,还是商标侵权,抑或是著作权侵权,其法定赔偿的最高额度均为500万元;并且在《最高人民法院关于审理侵害知识产权民事案件适用惩罚性赔偿的解释》中规定在一方存在恶意侵权行为时,可以对其处以1~5倍的惩罚性赔偿。因此知识产权侵权赔偿责任是比较重的。这对于电子商务平台来说是一个很大的损失。因此电子商务平台经营者对于其平台上的侵权行为不能放任不管,而是要信法履行好其监管职责,对以上行为进行规范。

四、建立知识产权保护规则

电子商务平台建立知识产权保护规则的法律依据是《电子商务法》第41条规定,依据该规定电子商务平台经营者应当建立知识产权保护规则,与知识产权人加强合作,依法保护知识产权。但是法律关于如何建立知识产权规则,规则应该包含什么内容并没有规定,因此这就需要各个电子商务平台经营者,根据自己运营平台的特点来制定。目前电子商务平台经营者的一般做法是在自己的平台上,或者单设一个网站在作为知识产权投诉的端口。我们来分析两大电子商务

平台的做法:

阿里巴巴知识产权保护规则,是单独建立了一个阿里巴巴的知识产权保护平台,权利人注册为平台会员之后,便可以对阿里巴巴旗下的所有平台的侵权行为进行投诉,大大便利了知识产权权利人,方便知识产权权利人对平台上存在的大量侵权人进行投诉。其缺点在于,注册手续比较烦琐,只适用于在同一控制方的平台上存在大量侵权情况。

美团平台的知识产权保护规则在其平台中,是以投诉指南的形式建立的,其与阿里巴巴基本类似,也是首先要注册为知识产权权利人,但是其注册程序相对于简单,美团内的账号可以通用;在有账号的情况下通过上传身份信息、知识产权信息、选择要投诉的商户即可以完成知识产权侵权投诉,投诉也是针对美团旗下的全部电子商务平台。

以上是目前较为成熟的电子商务平台建立的知识产权保护规则,因为法律没有规定知识产权保护规则的具体内容,因此电子商务平台经营者可以依据自己的理解来建立平台独有的保护规则,该规则不应当仅涉及知识产权的侵权投诉,还应当包括以各种手段约束平台内经营者合法经营。

科技是第一生产力,伴随科技发展的是对知识产权的重视及保护。电子商务平台更需要重视对知识产权的保护,才可以稳健经营。

域名备案信息所带来的知识产权侵权风险应对

北京市盈科(常州)律师事务所　邱　影

一直以来,企业多将官方网站作为其互联网宣传的主战场,为此企业纷纷申请了域名,在通过工信部备案后制作成企业官网供宣传使用。但是,随着手机App软件及公众号的兴起,人们的浏览习惯也从电脑端转入手机端,企业的宣传主阵地也随之作出了转移,由此造成大量的域名在到期后被废弃,同时这些废弃的域名大多曾在工信部进行了备案。域名到期后,由于企业的疏忽导致可以查询网站备案主体身份的网站备案未能及时注销,导致一些不法分子通过抢注已经备案过的域名实施不法行为,造成原备案企业陷入一场又一场诉讼中。

这些纠纷以知识产权侵权尤为众多。被遗弃的域名被不法分子用于开办可供大众浏览的如在线电影、小说或招商加盟等网站,来谋取不法利益,这些网站多存在侵害他人的商标权或著作权的内容。但是我们认为,也不能排除有部分网站被恶意地放置了侵权内容,用于通过诉讼来谋取不法利益,而这种行为极有可能构成虚假诉讼。为了应对类似案件的发生,我们通过一些案例来和大家探讨此类案件的办案策略。

一、域名以及网站备案的基础知识

首先,办理此类案件我们需要对互联网知识有所了解。我们先了解一下什么是域名。我们知道想访问一台计算机需要知道这台计算机的IP地址,但IP地址由多个字符数字组成,字符长度较长,不方便记忆。而访问一个网站,其实就是访问某一台电脑服务器下的相关文件内容。但由于IP地址过长,所以通过发明域名来简化记忆,域名可由自由组合的数字、字母或其他字符组成。简单来说,域名就相当一个门牌号,有了这个门牌号地址大家就无须记住这个地址的经纬度坐标,可以很轻松地找到自己想访问的服务器。我们再简单了解域名的访问机制。首先,在 DNS 域名解析服务器中存储了大量的域名与 IP 主机地址对应的数据。所以,访问域名需要通过 DNS 域名解析服务器来解析出对应的主机 IP 地址,同时通过主机内置的 IIS 等程序来绑定该网站所绑定的文件夹及网页文档。

其次,域名是如何分类呢?域名可分为国内域名和国际域名,比如 cn 结尾的为国内域名,而 com 或 net 等结尾的多为国际域名。而通过域名类别来分,还可以分为代表政府网站的 gov 域名;org 代表的是非营利性组织;edu 所代表的是教育机构等。

而且,域名是独一无二的,就和公网的 IP 地址一样具有唯一性。所以,如果访问某一台计算机,不可能有两个相同的域名进行解析。域名的取得是适用先注册先取得原则,而且域名也会过期,因为每个域名注册者仅在相应的期限内享有使用权,使用者必须通过每年的续费来维持使用权。域名如果在使用期届满后没有进行续费,那么到期的当天域名服务商就会停止域名的解析,无论是国际域名还是国际域名。比如 com 域名,如在 72 小时内如果未能续费,就会指向一个广告页面进行停放。38 天内可以自主续费,续费后可以恢复之前的解析;在 39 天至 70 天内处于赎回期内,赎回期内的域名无法管理,需要进行赎回后再行进行管理。75 天内不续费,该域名就会被彻底删除,其他任何人都可以进行重新注册。而国内域名与之也比较类似,只是时间上会有些许区别,在这里不做过多的赘述。

那么域名为什么要进行备案呢?我国职能部门为了加强网站内容的监管,防止非法或不良信息的传播,依据《互联网信息服务管理办法》对经营性互联网信息服务实行许可制度,而对非经营性的互联网信息服务实行备案制度。未能取得许可或备案手续的,不得从事互联网信息服务。在实务中如果未能取得相应的域名备案,主机商因为强制性的义务必须拒绝未经备案域名的接入。这种备案是必须提交网站开办主体的身份信息并供社会公众查询,所以在办理互联网侵权案件中,多通过该备案查询功能来确认网站的开办主体。众多网站开办者当然地认为如果域名到期了备案信息也就会自动到期。但是,通过上述《互联网信息服务管理办法》可以看出，非经营性互联网信息服务提供者在备案有效期内，如果需要停止提供服务的，应该登录备案系统进行备案注销的手续。所以说，注销网站备案也是网站开办人的一个强制性义务。

二、此类案件的裁判实务

此类案件中，被告多采用的抗辩理由包括：涉案网站在域名到期后并非被告经营，并且被告多提供了涉案域名的注册人的身份信息。那么提供了涉案域名的注册人身份信息是否就可以免除被告的侵权责任？不幸的是，通过类案检索，我们发现仅提供注册人身份信息的案件，被告的抗辩多未能获得法院支持。

在此，众多被告就有一个疑问：被告所持有的涉案域名已经到期，并且已经被他人抢注。提供了域名的所有人并非备案的主体的证据，为什么法院还要判决网站的备案主体承担相应的侵权责任？法院在各个判决书中都有基本近似的描述：域名注册人仅表明特定域名的持有人，并不代表特定域名项下的运营者。域名注册人与域名项下网站的经营者不存在一一对应的关系，不能以域名注册人来认定网站的经营者。虽然是域名持有人发生了变更，但在案证据不能证明在案网站的主办和运营方，也不能证明域名持有者与涉案网站运营者的关系。

法院的观点也是存在一定的可能性的，而且在现实中也是客观存在的。所以此类案件的最主要争议焦点：被告是否为涉案网站的经营者，并且实施了被诉侵权行为。所以争议焦点必须落到涉案网站的实际经营者的身份的认定上。

我们通过一个抗辩成功的案件来学习该案的被告是如何进行举证的。北京丹鼎四海文化传播有限公司诉葛洲坝电力投资有限公司（以下简称葛洲坝公司）侵害作品信息网络传播权纠纷一案[（2017）京 0105 民初 62535 号]。起因：葛洲坝公司未经该公司许可，通过其运营的瓜子小说网，向公众提供涉案作品的在线浏览和下载服务，侵犯了该公司对涉案作品享有的信息网络传播权。通过企业名称我们可以看出，葛洲坝公司的经营范围与小说下载或在线浏览没有任何关系。被告的代理律师在一审中作了以下的事宜：一是调查域名的现在所有人的注册信息；二是调查了对该域名或者网站进行 CDN 加速服务的人员注册信息。三是出具了两份说明，分别说明上述两人并非其公司的员工，用以证明该网站在域名到期后并不由该公司实际控制，而且侵权的主体也并非葛洲坝公司。但一审法院对被告的证据认为是涉案域名持有人发生了变更，但在案证据不能证明涉案网站的主办方和运营方也不能证明域名持有者与涉案网站的运营者关系。葛洲坝公司出具的两份说明系其自述,并非证据。因此,一审法院未能对此证据进行认定,该公司抗辩未能成功。二审中,葛洲坝公司补充了证据若干,包括:徐州市文广局对上海浦东新区法院的一个复函;徐州市文广局对现在的域名所有人所做的询问笔录;徐州市文广局对现域名所有人进行行政处罚的决定书。

根据在案证据我们可以看出,葛洲坝公司向具有行政执法权的单位文广新局进行了投诉,投诉涉案域名在后注册人侵害他人著作权。该局对该在后注册人做立案调查处理,制作了相应的询问笔录。被询问人在笔录中对侵权行为予以自认,故此该局对其下达了行政处罚决定书。根据该行政处罚决定书以及相应的笔录证据,二审法院认为:新增证据与一审中被告提供的证据可以相互印证,形成完整的证据链,足以认定被诉侵权行为发生期间涉案网站的经营者并非葛洲坝公司,葛洲坝公司并非涉案网站的经营者,也没有实施被诉侵权行为。所以这里律师是如何调查到相应的证据的,我们后文一一进行梳理。

三、通过 whois 功能获取域名的初步信息

域名申请通常需要通过注册商进行代理注册,国内注册商有阿里云、新网等,国外的域名注册商有 godaddy 等,所以我们通常要先找出域名的注册商。我们通常可以使用 whois 信息查询系统来查询域名解析的 IP 地址以及注册商信息。但是,随着欧盟 GDPR 的实施,以及 ICANN 的临时政策细则加大了对域名所有人隐私的保护,所以在 2018 年 10 月之后很多域名注册商都已经停止了域名注册人、管理人、技术联系人及财务联系人信息的主动披露。在此之后,通过 whois 信息无法显示域名所有人名称及联系方式等重要信息。这些信息在被屏蔽之后,我们只能通过向该注册商调查该些信息,给我们的调查取证增加了一定的难度。

如果域名是 cn 结尾的,我们可以通过中国互联网络信息中心的网站来进行查询。该中心是工信部直属的事业事业单位,行使的是国家互联网信息中心的管理职责,通过它的官网可以查询到 cn 域名相应的 whois 信息。如果是 com 或 net 等国际域名,我们可以通过商业平台的 whois 功能来进行查询,比如阿里云的 whois 查询平台或中国站长站等。

根据查询结果我们可以发现 com 等国际域名没有披露注册者的名称,身份

关联信息只披露了注册商的名称和相应的联系邮箱。另外,还披露了域名的更新时间、创建时间、过期时间及更新时间。有了注册商信息后,我们可以通过注册商的在线客服或客服电话再次确认该域名是否在该注册商的管理之下。确认之后,我们可以向法院申请律师调查令或者法院调查函的方式向域名注册商申请查询该域名的注册人信息。需要我们注意的是,如果域名注册商是国外的企业,可能就无法通过律师调查令或法院调查函的方式来调取证据。

律师调查令申请书一般对申请查询的内容尽量包含注册商可以提供的全部信息,我们可以通过更多的信息来寻找案件的关键线索。查询内容首先是该域名持有者信息,包括持有者名称,联系人,通讯地址,电话,身份认证信息。其次,我们可以申请调查购买该域名而产生的发票的信息,包括发票抬头及发票邮寄地址等。最后,我们还可以申请调查购买者在注册商处的账号注册信息,包括绑定的手机号、邮箱或者实名认证信息。在取得联系方式之后,我们可以通过编撰话术的方式,通过电话录音来向该些联系方式取得案件关键证据。

此前我们办理的案件中,被控侵权网站上留有很多广告位,我们在查询到相应的信息之后与该手机号进行联系,表明购买广告位的意愿,添加微信聊天,最终获取到实际经营者的身份信息,并向法院进行披露。

四、通过服务器主机信息调查网站的实际经营者

除了根据域名 whois 信息查询到相应的域名所有人信息,是否还有其他方式来调查网站的经营者信息?我们刚刚跟大家谈到,域名通过解析可以对应一个 IP 地址,这个 IP 地址是一台网站服务器在互联网上的绝对地址,只有通过 IP 地址访问了服务器上的文件才可以完成网站的浏览。而网站服务器的架设需要使用固定的 IP 地址,加之硬件及存放空间要求极高,所以通常架设网站服务器的费用也非常高。为了适应用户需要,市场上出现许多网站服务器服务提供商。他们通过虚拟主机或虚拟空间等方式大大地降低了网站服务器的成本,在一台实体网站服务器上可以设置成百上千的网站。需要开通网站的用户仅需要将其网站文件上传到该服务器的指定文件夹内,将域名通过 DNS 解析到该服务器的 IP 地址上,并将该文件夹与域名通过 IIS 等程序进行绑定,即可以完成网站的布置工作,这样大大地降低了成本。所以我们也可以通过取得服务器主机服务商的信息,再通过服务器主机服务商调查购买主机服务的使用者。因为相较于域

名使用者,服务器主机的购买者具有更大的网站经营者的可能。

首先,我们可以通过计算机自带的命令提示符功能的 ping 命令 ping 一下域名,即可获取到该域名对应的 IP 地址信息。取得 IP 地址信息之后,可以通过中国互联网信息中心官网中的 IPv4 或者 IPv6 查询功能来对该 IP 地址的所有人进行查询。此后,我们可以通过向法院申请调查令的方式来调查一下这个域名所绑定的虚拟服务器或虚拟空间的所有者信息。当然,这种调查方式仅限在案件诉讼过程中域名可以正常访问的案件。如果在调查期间网站不能正常访问,也就无法通过这种手段来调查服务器主机相应的使用者信息了。

五、通过网站的广告或推广信息确认网站经营者身份信息

根据《互联网广告管理暂行办法》的规定,互联网广告主、广告经营者、广告发布者之间在互联网广告活动中应当依法订立书面合同。互联网广告发布者、广告经营者应当按照国家有关规定建立、健全互联网广告业务的承接登记、审核、档案管理制度;审核查验并登记广告主的名称、地址和有效联系方式等主体身份信息,建立登记档案并定期核实更新。互联网广告发布者、广告经营者应当查验有关证明文件,核对广告内容,对内容不符或者证明文件不全的广告,不得设计、制作、代理、发布。由此可以看出,广告发布者的义务包括留存广告主的身份信息以供核验。

此前我们代理被告的案件,原告通过搜索引擎搜索到一侵权网站,该网站上有侵害原告商标权及不正当竞争的内容,并且网站对应的域名备案信息仍然是被告此前申请的,在域名到期后被告并未注销网站备案而域名被他人抢注。我们经过调查发现该域名通过境外域名服务商注册,网站的服务器也位于境外,无法通过上述的方式来取得该网站的真实经营者信息。但是我们在原告证据中发现:原告在取证过程中通过搜索引擎搜索关键词到达被控侵权网站。在搜索引擎进行搜索的过程中,搜索引擎在该网站的链接上显示了“广告”的图标。由此我们可以得知,该网站的实际经营者通过在搜索引擎竞价排名的方式取得了较为靠前的搜索结果排名,此种竞价排名也是互联网广告的一种方式,所以该搜索引擎必须在其链接处标注“广告”字样。

鉴于该网站链接已经无法访问,故无法通过搜索引擎上公示的信息取得网站实际经营者的身份信息。故此,我们通过向法院申请律师调查令的方式

向该搜索引擎公司申请调取了该广告主的身份信息。搜索引擎的运营公司向法院回函,披露了该广告的发布者的主体信息资料。我们再结合其他在案证据,使得合议庭对原告撤回了本案的起诉,将我们调取到的广告主作为被告另案起诉。

六、此类案件的其他注意事项

此类案件的办理,单独的证据很难获得合议庭的自由心证,所以需要大量的证据组成证据链来使得合议庭产生确信,所以我们可以尝试通过其他方式来加强证据的证明力。其中,原告是如何发现被控侵权网站也是案件审理需要考量的因素。

不同于传统线下侵权行为,权利人可以通过走访,偶然路过等方式获得侵权线索。但是相对于互联网的海量信息,如何取得被控侵权线索本就是一个很困难的问题。如果权利人陈述其系偶然地输入了一个域名即到达了被控侵权网站,我认为是比较难有说服力。所以我们提出个假设:在批量维权诉讼中是否可能存在权利人恶意抢注一个已经备案且已经到期的域名,然后故意在域名所指向的网站中放置被控侵权信息,通过此种行为以此谋利呢?所以对于侵权线索发现的方式我们认为权利人亦需作出相应的举证。

在众多的案件中,权利人多使用搜索引擎通过关键词检索的方式来取得侵权线索。在我们办理的一个案件中,为了验证我们的想法,我们在各大搜索引擎使用类似:"site + inurl"命令来查询被控侵权网站在搜索引擎中的收录情况,但是均未能查询到被控侵权页面。所以我们抗辩理由为本案原告取得被控侵权网站的方式存疑,而原告未能作出合理解释。并且,该域名涉及多起侵权诉讼案件。根据原告提供的证据显示,涉案的域名均为二级域名。众所周知,一个一级域名可以拓展多个二级域名,其区别在于,一级域名也称顶级域名,其表现形式多为 www. xxx. com 或 xxx. com;而二级域名是一级域名下的主机名,其表现形式可为 news. xxx. com 或 bbs. xxx. com 等,由此区分一个主网站下的不同功能板块等。该案中权利人的主体各不相同,权利类型包括商标和著作权等,权利人主体分布于多个省市,各主体之间毫无关联,但是有相同的取证人员和代理律师。借由上述原因,我们要求原告合理解释上述问题,原告一直未能向法庭陈述出一个可以信服的理由。最终,该案在我们多方取证下,借由上述抗辩理由,原告自行撤诉结案。

综上所述,此类案件的办理最大的难度在于涉案网站的经营者取证过程,需要代理人了解相应的互联网知识方能抽丝剥茧取得经营者身份信息等涉案重要证据。而此类案件也警示企业经营者,在域名到期不再使用时一定要及时注销网站备案信息,以防陷入诉讼纠纷给企业正常经营带来负面影响。

电子商务经营中的公示义务及其法律责任

北京市盈科律师事务所　王　晔

随着互联网经济的发展,电子商务平台在我国经济发展中占据的位置越来越重,10 年前提起“网购”一词脑海里浮现的可能更多是“淘宝”平台或“京东”平台,而现在的“网购”则很难让人与哪一个具体的平台关联起来。“拼多多”“抖音”“快手”“唯品会”等都成了人们购置商品的主流平台。

电子商务平台交易的双方可以不受距离、时间等因素的限制从而实现远程交易,消费者可以在任意的时间及地点选择自己有意向的商品或服务。而商家的商品也可以全年不间断地向消费者进行展示及销售,虽然这样的交易形式非常便捷,但是交易双方对于对方的真实身份、产品的真实情况,很难获得真实、准确的认知。为了促使消费者增加信任度,最好的办法就是将相应的信息及规则进行充分公示。

因此《电子商务法》《网络交易监督管理办法》《消费者权益保护法》《最高人民法院关于审理网络消费纠纷案件适用法律若干问题的规定(一)》《个人信息保护法》等法律法规中,都对电子商务平台的公示义务提出了强制或指引性的要求,以促进电子商务的健康有序发展。

一、公示的含义及功能

电子商务经营中的“公示”,是电子商务经营者告知电子商务平台使用者,电子商务经营者的各项信息、交易规则、披露影响消费者交易意愿因素以及变更情况的一种通告。公示是电子商务经营者改善服务的一种手段,电子商务经营者期望通过该类公示获得平台使用者的信任,以望增加平台交易数量;消费者或其他使用者期望通过该类手段,更加准确地获知电子商务经营者的真实信息、交易规则等,以达到交易的安全性。因此笔者认为“公示”在电子商务平台中具有以下特点。

1.“公示”是电子商务经营者的强制性义务。

电子商务经营者的公示义务是电子商务经营者的强制性义务。电子商务经营者在经营过程中,应当依据法律、法规的规定,进行相应的公示。例如,在《电子商务法》《个人信息保护法》《网络交易监督管理办法》均规定,电子商务经营者需要公示其收集、使用个人信息的规则。依据该规定公示规则应属于电子商务经营者的强制性义务。即便是在“在线争议解决规则”的建立上,虽然电子商务平台经营者,可以自主选择是否建立“在线争议解决规则”,但是一旦建立了“在线争议解决规则”,则“在线争议解决规则”的公示仍然是强制性的。

2. 公示手段需要具有显著性。

《电子商务法》及其他相关法律,虽然都规定了电子商务经营者具有公示的义务,但是所谓的“公示”是以何种方式、在什么位置、用什么样的字体等并没有特别详细的要求,但是都要求其需要具有显著性。例如,《电子商务法》第 15 条要求电子商务经营者需要在首页显著位置公示营业信息;第 16 条电子商务经营者自行终止从事电子商务的,应当提前 30 日在首页显著位置持续公示有关信息;第 33 条、第 34 条在公示交易规则及协议,或对交易规则或协议变更时,也是需要在显著位置公示,这是与公示的目的相关的。

3. 公示义务未履行或履行有瑕疵时需要承担相应的法律责任。

公示作为电子商务经营者的义务,在电子商务经营者没有履行相应的义务时,其需要承担相应的责任。责任分为两类,一类是行政责任,由主管单位对其未履行义务的行为进行监管,抑或进行处罚;另一类是民事责任,在电子商务经营者未履行相应义务时,在民事纠纷中有承担不利后果的法律风险。

二、电子商务中公示的分类

《电子商务法》规定了电子商务经营者的公示义务,该公示义务分散在各个条文分中。笔者从两个角度对电子商务经营者的公示义务作以下两种分类。

（一）依据公示主体分类

电子商务平台经营过程中会有众多的参与者，《电子商务法》中对主体的分类为电子商务平台经营者与电子商务平台内经营者。电子商务平台经营者是指在电子商务中为交易双方或者多方提供网络经营场所、交易撮合、信息发布等服务，供交易双方或者多方独立开展交易活动的法人或者非法人组织。常见的如经营京东平台的京东公司、经营淘宝平台的阿里公司等。电子商务平台内经营者是指通过电子商务平台销售商品或者提供服务的电子商务经营者。泛指入驻各个平台的商户。《电子商务法》在公示义务中并没有明确哪些是由平台内经营者应当承担的公示义务，其公示义务与平台经营者具有重合性。因此统一使用了电子商务经营者的概念。但鉴于二者主体承担责任不同的，因此对其作出区分。依据《电子商务法》的规定，电子商务平台经营者的公示义务较多，这与电子商务平台经营者对整个平台享有主导权利是相适应的。而电子商务平台内经营者的义务相对较少，其散见在《电子商务法》的第 15 条、第 16 条、第 21 条、第 23 条、第 24 条以及《最高人民法院关于审理网络消费纠纷案件适用法律若干问题的规定（一）》中，其实质上是要求电子商务平台内经营者对自己的主体信息及主体信息的变化进行公示，公示的位置应当在电子商务平台内经营者的首页内。电子商务平台经营者承担的责任会高于电子商务平台内经营者。在民事责任领域，电子商务平台内经营者一般承担的是销售者的责任，而电子商务平台经营者则需要根据其未履行职责的行为程度，承担连带责任或补充责任。

（二）依据公示内容分类

如前所述电子商务中的公示义务有很多种。依据公示内容的指向来分可以分为四类。

1. 主体信息公示

主体信息包括两类，一是指电子商务平台经营者对自身信息的公示；二是指电子商务平台经营者对商品来源或展示来源的主体信息公示。

2. 规则类信息公示

依据《电子商务法》的规定，电子商务平台经营者需要公示其交易规则、评价规则，收集、使用个人信息的规则等规则，在建立了在线争议解决规则的情况下，相关的争议解决规则也需要进行公示。

3. 变更类公示

电子商务平台上的信息也不是一成不变的,其需要随着客观事实的变化而发生变化。但是,电子商务平台囊括着众多的消费者与电子商务经营者的相关交易信息及行为。因此法律要求,在电子商务经营者退出经营或变更规则时,均需要提前公示。

4. 提示类公示

电子商务交易的各方只是通过网络进行交易,因此电子商务平台经营者对于影响消费者购买意愿的因素需要进行公示。

三、电子商务平台公示的内容及其具体要求

电子商务平台公示内容规定在各个法律中,《电子商务法》的规定相对更加系统、完整,以下将依据《电子商务法》的规定为主,对具体内容进行阐述。

(一)主体信息类公示

主体信息类公示,在《电子商务法》第 15 条、第 37 条、《网络交易监督管理办法》第 12 条和第 27 条中均有规定。综合各个法律、法规的规定,在电子商务中对于主体类信息的公示,电子商务经营者需要遵守以下要求。

1. 电子商务平台经营者公示电子商务平台经营者的营业执照信息、行政许可信息,上述信息的公示位置应当为平台的首页或在首页显著位置,或者在首页上放置上述信息的链接。

2. 不仅电子商务平台经营者需要公示其营业执照信息,平台内的经营者也需要公示其营业执照信息、行政许可信息等。上述信息也需要在其首页的显著位置公示,但是这里的首页应当为电子商务平台内经营者产品所在的页面,或电子商务平台内经营者所属页面的首页,而不是整个平台的首页。

3. 电子商务经营者要对电子商务平台内经营者公示信息的真实性、及时性负责。因此要求电子商务经营者在信息发生变更时,需要在 3 日内向电子商务平台经营者进行信息修改的申报。这就要求电子商务平台经营者需要至少每 6 个月对于平台内经营者的信息是否发生变更进行核实并公示。

4. 电子商务平台内,不需要办理营业执照的主体,虽然不需要公示营业执照信息,但是需要公示自我声明以及实际经营地址、联系方式等信息。自我声明指该类平台内经营主体,声明自己未办理营业执照的原因。同时对于该类主体与

已办理市场主体登记的主体，需要作明确的区分。该类区分需要具有明显的可识别性，足以引起消费者的注意。

5. 对于平台上经营的商品或服务是否属于自营业务需要作出明显的标识。自营业务是指由电子商务平台经营者自己经营的业务（实践过程中也包括电子商务平台经营者的关联方的业务），对于该类业务标识要求做到显著，原则上可以在商品的展示处、商品独立展示页等处作出标记，对于标记的方式法律没有严格限制，只是要求做到显著。

（二）规则类信息公示

电子商务平台经营者需要建立平台规则，通过公示的规则使得平台上的使用者知晓自己在使用平台时都需要遵守哪些相应的行为规范，知晓自己需要履行的义务或提供的信息。关于电子商务经营者需要公示的规则，在《电子商务法》第21条、第24条、第32~34条、第39条、第63条，《网络交易监督管理办法》第13、28条，《个人信息保护法》第17~18条，《网络安全法》第41条、第46条中均有规定。

1. 公示押金的收取及退还规则

在收取押金的情况下电子商务经营者有义务公示押金规则。即电子商务平台内经营者或电子商务平台经营者任何一方收押金时，均需要订立相应的收取、退还规则，并将该规则进行公示。依据《电子商务法》的规定，押金退还规则的公示义务，仅由存在收取押金行为的电子商务经营者承担。因此在电子商务平台不收取押金，但是平台内经营者收取押金的情况下，公示责任则由电子商务平台内经营者承担。需要注意的是，押金退还的方式及程序原则上应当与押金收取的方式及程序相适应，否则会导致不当增加一方的义务而使得相应的程序无效或不发生法律效力。

2. 公示个人信息收集规则

依据《个人信息保护法》第17条电子商务经营者在收集个人信息时，应当向个人明确：个人信息处理者的名称或者姓名和联系方式；个人信息的处理目的、处理方式，处理的个人信息种类、保存期限；个人行使本法规定权利的方式和程序；法律、行政法规规定应当告知的其他事项等。

《电子商务法》第23条规定，电子商务经营者在经营过程中应当遵守《个人信息保护法》的规定。因此电子商务经营者在公示过程中一定要与技术部门进行详细的沟通,了解在平台运营中涉及了哪些信息的收集,由技术部门分析收集的必要性,并在规则中明确地公示出来,否则会给公司带来巨大的风险。

公示个人信息收集规则的主体不仅是电子商务平台经营者,对于平台内经营者一样适用。但是,截至目前笔者还没有发现电子商务平台内经营者订立自己独立的个人信息收集及使用规则。从合规的角度分析,电子商务平台经营者收集个人信息与平台内经营者收集个人信息,是两个收集行为,应当分别进行公示才是符合法律规定的。

3. 公示平台的交易规则及服务协议

电子商务平台对于其制定的交易规则及服务协议应当予以公示。《电子商务法》第 33 条中作了概括性的规定,《网络交易监督管理办法》第 28 条对此进行了进一步的明确。依据以上条款规定,电子商务平台经营者在公示该类规则时,首先应当在首页的位置挂有相应的公示或公示规则的链接;其次该规则及服务协议是需要具有可下载或可复制的功能的;最后该规则最好可以实现查阅历史版本的功能,以便明确发生纠纷时的处理规则,且在订立该类规则时应当注意规则的公平性、公正性。

4. 公示信用评价规则

电子商务平台的信用评价是一部分消费者决定是否购买商品的重要因素。但是在有限的网络资源下评价展示的位置及顺序,都会影响到消费者查阅的概率。而评价规则决定了消费者评价展示的可能性,是电子商务交易平台中相对重要的规则。《电子商务法》第 39 条第 1 款明确规定:“电子商务平台经营者应当建立健全信用评价制度,公示信用评价规则,为消费者提供对平台内销售的商品或者提供的服务进行评价的途径。”一个好的评价规则在公示后可以发生重要的作用。

5. 公示在线争议处理规则

电子商务平台作为一个新兴事物虽然发展得很快,但是并没有形成一个较为完整的成熟体系。电子商务平台在交易中可以发挥多少作用,可以为交易提供多少服务,目前还没有一个完整的定论。《电子商务法》第 63 条规定,电子商务平台的经营者,可以建立争议在线解决机制,通过在线解决机制将电子商务中发生的争议通过在线的方式解决,在线解决机制可以加快争议解决的速度及进程,降低解决成本。但是对于在线解决机制如何运行,其机制的构成及流程,法律并没有作出统一或示范性的规定，而是将该机制的制定权限交给了电子商务平台经营者。

（三）变更类信息公示

电子商务平台中的信息不是一成不变的。规则的修改、电子商务平台经营者的变更，对于平台使用者的交易安全均会造成影响。因此在上述信息发生变更时，电子商务经营者具有公示的义务，依据《电子商务法》的规定，上述信息的变更根据变更项目的不同，具有不同的变更要求。

1. 主体信息类变更

电子商务平台内经营的信息发生变更时，依据《电子商务法》第 15 条的规定，电子商务平台内经营者在其信息发生变更后应当及时变更，电子商务平台经营者需要给平台内经营者开展变更的通道。法律对于该变更的时限要求为"及时"，因此电子商务平台内经营者在发生变更后应当在最短时间内及时向平台经营者发出通知，进行变更。如果电子商务平台内经营者没有向平台经营者发出通知，依据《网络交易监督管理办法》电子商务平台内经营者至少每 6 个月需要核实平台内经营者的信息。

2. 经营持续性变更的公示

电子商务经营者如果要退出电子商务经营活动，也需要在其平台上进行公示之后才可以退出。依据《电子商务法》第 16 条的规定，该公示的期间为 30 日以上，公示的位置为首页。对于首页的理解，应当根据退出的电子商务经营的主体身份进行确定，如果退出的为电子商务平台经营者，则需要在平台的首页进行持续性的公示；如果退出的为电子商务平台内经营者，应当在电子商务平台内经营者的经营页面的首页进行公示。

3. 平台服务协议和交易规则的变更

平台服务协议和交易规则变更的公示分为两部分。第一部分是公开征求意见的公示，第二部分是最终协议和规则的公示。依据《电子商务法》第 34 条的规定，电子商务平台经营者在变更其平台的服务协议和交易规则时，应当公开征求意见。依据公示的通常惯例，建议电子商务平台一般对于该公示保持在 30 日左右的时间为妥。

（四）预警提示类信息公示

电子商务平台经营者对于平台内经营者存在的影响消费者购买意愿的情况

需要进行公示或标注。

1. 商品展示性质为广告的需标明“广告”

电子商务平台的排名一部分依靠的是产品销量或定价等。但是电子商务平台经营者的利润有时是来源于其为电子商务平台内经营提供的展示机会。《电子商务法》第 40 条规定,竞价排名的商品或服务应当标明“广告”字样,这样消费者在选择时,可以明确知晓展示商品可以展示的原因,从而依据自己的决策来购买商品。

2. 公示涉及知识产权的侵权通知、声明、处理结果等信息

依据《电子商务法》第 42 条及第 43 条的规定,在电子商务平台经营过程中接到知识侵权通知时,需要向平台内经营者转送通知,平台内经营者可以发出声明,电子商务平台会根据证据、通知等作出初步判断并采取措施。但是平台上的产品是否涉及了侵权投诉,也是影响消费者决定是否购买的重要因素。因此《电子商务法》第 44 条规定对于上述通知、声明、处理结果,电子商务平台经营者应当及时公示。

3. 公示投诉、举报方式等信息

电子商务平台的交易便捷性,也必然同时滋生一些交易纠纷或侵权投诉纠纷等。电子商务平台应当建立一个快捷有效的投诉途径,处理的途径首先需要有一个畅通的投诉、举报方式。因此从合规的角度分析,电子商务平台应当尽快建立专业的投诉处理团队,并进行系统化、专业化的培训。

四、违反公示义务需要承担的责任

(一)未公示主体信息或变更信息、信息收集等义务时的法律责任

电子商务经营者应当及时公示自己的信息,包括营业执照信息、是否为自营、是否为不需要登记的市场主体、个人信息的收集等均需要明示,一旦其没有明示则需要承担相应的责任。

依据《电子商务法》第 76 条的规定,电子商务经营者如果没有持续公示主体信息或主体信息不合格时,对其处以 1 万元以下的罚款。相较于电子商务经营者的处罚,电子商务平台经营者的责任则更重一些,依据《电子商务法》第 81 条的规定,电子商务平台经营者,在存在上述未公示的情况下,面临的行政处罚责任是 2 万元以上 10 万元以下的罚款,在情节严重的情况下,罚款数额会在 20

万~50 万元。

电子商务平台经营者不仅需要注意自身的公示义务是否完全履行,还需要注意平台内经营者的公示义务是否完全履行。如果在其平台上的经营者没有履行公示义务或没有履行变更义务,造成消费者损害的,电子商务平台经营者还需要承担民事责任。

(二)未明确押金退还方式的法律责任

电子商务经营者在收取押金时,同时需要明示押金的退还方式。如果没有约定的,则需要面临承担行政处罚的责任。依据《电子商务法》第 78 条的规定,电子商务经营者如果没有明示押金的退还方法,主管机关有权要求其改正,并可以处以 5 万元以上 20 万元以下的罚款,情形严重的还可处以 20 万元以上 50 万元以下的罚款。

(三)未履行平台服务协议及交易规则公示的法律责任

电子商务经营者有公示平台交易规则及服务协议的义务,在其没有公示时,平台经营者、平台内的经营者及消费者,平台与消费者间的交易行为就失去了准则。电子商务平台经营者作为电子商务中的平台提供者,其有义务制定相应的规则并予以公示,一旦其没有公示相应的规则,则会导致交易的各方无规可循,最终导致交易的混乱或风险。因此依据《电子商务法》第 81 条第 1 款及第 2 款的规定,电子商务平台经营者在经营过程中:未在首页显著位置持续公示平台服务协议、交易规则信息或者上述信息的链接标识的;或修改交易规则未在首页显著位置公开征求意见,未按照规定的时间提前公示修改内容,或者阻止平台内经营者退出的。行政机关可以根据其情节在 2 万~10 万元、20 万~50 万元进行处罚。

2019 年 9 月 26 日,丰台市监局对联惠旺商公司进行现场检查,发现联惠旺商公司作为电子商务平台经营者,未在首页显著位置持续公示平台服务协议、交易规则信息或者上述信息的链接标识,即依据《电子商务法》的规定,对其罚款 2 万元。因此电子商务平台经营者应在平台首页进行相应的公示。

(四)未履行警示、提醒义务需承担民事责任

除了上述的义务范围外,在发生知识产权侵权纠纷或处罚等情况时,电子商务平台经营者还应当在相关页面对该情况予以公示,以使得消费者知晓相应的

风险。否则因为电子商务经营者怠于履行相应义务造成消费者损失时,电子商务平台的经营者需要对该损失承担责任。

综上所述,“公示”在电子商务平台中起着重要的作用,其约束了电子商务平台中的各方当事人。作为平台功能及交易的管理者,电子商务平台经营者更需要严格按照法律、法规规定,履行相应的公示义务,在设立或革新平台时也需要注意为平台内经营者预留其履行公示义务的相应版块及功能。同时随着网络的迅猛发展,公示义务在平台中的重要作用,电子商务平台在建立初期可以尝试各种公示手段,为临时公示预留通道,以适应后期法律及交易发展的需求,从而为电子商务平台的高速发展铺平道路。

李　华

盈科律师事务所创始合伙人、盈科全国业务指导委员会主任。

李华律师作为盈科全国业务指导委员会主任，负责盈科体系内的专业化建设，带领盈科律师，构建出完整的专业化法律服务体系，包括研究院、专业委员会及综合性法律中心，推动盈科律师专业化的法律服务，以适应法律服务市场不断细分的需要。在此基础上，通过集成各专业委员会纵深化的法律服务能力为客户提供综合性的法律服务。

曾荣获全国律师行业优秀党员律师、北京市优秀律师、朝阳区优秀律师、朝阳区首届优秀女律师、朝阳区优秀党员的荣誉称号，钱伯斯《大中华区指南2023》TMT：数据保护&隐私领域上榜律师。

王承恩

西南政法大学法学学士、中山大学民商法硕士。任盈科第四届、第五届全国知识产权法律专业委员会主任，盈科深圳第四届、第五届管委会委员、知识产权法律事务中心主任、高级合伙人律师。入选工信部工业和信息化领域知识产权专家库专家、深圳市知识产权专家库专家。

陈　晨

上海大学工科学士、民商法学硕士。具有律师执业证和专利代理师资格证双证。现任盈科全国知识产权法律专业委员会秘书长、盈科上海公司法律事务部副主任，上海市律师协会知识产权专业委员会委员，苏州市知识产权保护中心专利侵权判定咨询专家、上海市松江区外聘法律顾问储备库成员、上海大学法学院校外职业导师、华东理工大学法学院校外导师，华东理工大学法学院“陈晨知识产权就业奖学金”创立者。

向海龙

北京邮电大学民商法学硕士，任盈科全国政府与社会公共服务法律专业委员会副主任，盈科宜昌高级合伙人律师、管委会副主任、涉外与知识产权法律事务部主任，宜昌市律师协会副会长，政协宜昌市第六届、第七届委员会委员，三峡大学法学与公共管理学院法律硕士专业学位点硕士研究生行业导师。

伍峻民

现任盈科长沙管委会副主任、网络与高新技术法律事务部主任、高级合伙人律师，系湖南省知识产权法律服务律师团成员、湖南省知识产权维权援助咨询专家、长沙仲裁委员会仲裁员、广州仲裁委员会仲裁员、湛江仲裁委员会/湛江国际仲裁院仲裁员。